Dieter Wartenweiler   Jenseits von Zen

Dieter Wartenweiler

Jenseits von ZEN

Wege zum spirituellen Erwachen

TWENTYSIX – Der Self-Publishing-Verlag
Eine Kooperation zwischen der Verlagsgruppe Random House und BoD – Books on Demand

© 2017 Wartenweiler, Dieter

Herstellung und Verlag:
BoD – Books on Demand, Norderstedt.

ISBN: 9783740728984

Umschlagbild: Kalligraphie © Sanae Sakamoto

Inhalt

Einleitung — 5

Teil I Zen und der innere Weg — 9

Wie hell ist das Licht des Zen? — 12
Alles ist nicht genug — 19
Konventionen und die Krise des „Ich" — 28
Vom Entschluss zur Präsenz — 39
Fünf Arten Zen — 58
Anbindung ans „Selbst" — 67
Das Platzen der Blase — 76

Teil II Eckpunkte des Seins — 85

Ohne Wasser kein Eis — 88
Was wir Wirklichkeit nennen — 97
Religion und Spiritualität — 105
Unsere Welt ist im Bewusstsein — 114
Wer oder was nimmt wahr? — 122
Stille Präsenz — 128
Die Fülle der Leere — 136

Teil III Wegmarken der Erkenntnis 145

Wellen im Ozean 148
Jenseits der Person 156
Meditation und Selbsterforschung 165
Körper und Geist fallen lassen 178
Erwachen ist kein Ereignis 186
Das Leben ist alles 192
Die Wirkkraft innerer Freiheit 198

Teil IV Es gibt nichts zu tun 205

Weder Sein noch Nicht-Sein 208
Stille. Nichtwissen 217
Bodhisattva des Mitgefühls 224
Einheit 231

Ausklang 239

Einleitung

Als der indische Weise und buddhistische Großmeister Bodhidharma etwa im Jahr 450 nach China kam, wurde er von Kaiser Bu von Ryo empfangen. Dieser fragte ihn nach der „heiligen Wahrheit" und seiner Botschaft, worauf Bodhidharma antwortete: „Unendlich weit und leer, nichts von heilig."[1] Das also war seine Botschaft, und sie ist bis heute gültig und Wegweiser für jeden spirituellen Sucher. Es geht um das Erfassen einer zeit- und raumlosen Unermesslichkeit als Basis und Kernpunkt unseres Daseins. Die Erkenntnis, dass unser tiefes und eigentliches Wesen nicht unsere äußere Gestalt ist, sondern das allem vorangehende Bewusstsein, wird seit je her als „Erwachen" bezeichnet. Zen unterstützt uns wie manch andere spirituelle Richtung darin, diese Dimension zu erschließen. In den verschiedenen Zen-Schulen werden einzelne spirituelle Erfahrungen in ihrer Bedeutung unterschiedlich gewichtet, und das ist bis heute sowohl in Japan wie im Westen so. Bedeutsam scheint mir dabei, ob entsprechende Erfahrungen in isolierter Form im alltäglichen Bewusstsein bestehen bleiben, oder ob sie zu einer dauernden Veränderung des Bewusstseins führen. Willigis Jäger, ein zeitgenössischer Zenmeister, unterschied diese beiden Formen mit der treffenden Charakterisierung: „Ich bin nicht Materie, die eine spirituelle Erfahrung macht. Ich bin ein spirituelles Wesen, das diese menschliche Erfahrung macht."[2] Einzelne spirituelle Erfahrungen zu machen gehört dem alltäglichen Bewusstsein zu, währendem es im zweiten Fall um eine Veränderung der Bewusstseinsposition geht. Erst dann kann von „Erwachen" die Rede sein.

Das Besondere daran ist, dass spirituelles Erwachen nichts mit uns als Person zu tun hat. Wir können nicht dahin gelangen. Es ist vielmehr das Ende von etwas. Das Ende von unserem „Ich" und von dem, was wir „mein" Leben nennen. Wir erkennen uns als etwas viel Größeres, Umfassendes, jenseits von Raum und Zeit. Zen war im Osten ein Weg, der zu dieser Erfahrung führt. Die alten Meister scheuten sich nicht, ihre Schüler auf alle Arten herauszufordern. Heute erscheint Zen im Osten als ritualisiert und im Westen als domestiziert. Bodhisattva Manjushri schwingt sein Schwert nicht mehr oft. Es ist das Schwert, das alle Illusionen abschneidet.

Das vorliegende Buch widmet sich den beiden Themenkreisen Zen und Erwachen. Es ist dabei in vier Teile gegliedert. Im ersten geht es unter dem Titel „Zen und der innere Weg" um Grundlagen eines inneren Weges und typische Situationen, denen Suchende begegnen. Der zweite Teil mit der Überschrift „Eckpunkte des Seins" behandelt verschiedene Aspekte, welche den Hintergrund eines spirituellen Weges ausmachen. Dazu gehört die Erörterung von Themen wie Erfahrung, Wirklichkeit, Religion, Spiritualität, Bewusstsein und Urgrund. Im dritten Teil „Wegmarken der Erkenntnis" werden dynamische Aspekte dieses Weges behandelt – also was beachtet werden sollte, wenn man sich auf diesen Weg begibt. Im vierten Teil mit dem Titel „Es gibt nichts zu tun" wird schließlich die Konsequenz aus den Erfahrungen und Erkenntnissen des Weges gezogen. Viele Ausführungen sind dabei auf Zen und den allgemeinen Hintergrund des spirituellen Ostens bezogen, der bei uns an die Türe klopft und nach Antworten verlangt. Im Gesamten will das Buch Möglichkeiten aufzeigen, die spirituelle Dimension zu verstehen und sich ihr in ihrer ursprünglichen Form anzunähern. Das Losungswort heißt: Alles loslassen. Auch Zen. Das Unermessliche liegt jenseits jeder Form und doch vor unseren Füssen.

Dieses Buch ist wie eine japanische Kalligraphie entstanden und hat zugleich den Charakter einer Bach'schen Fuge. Japanische Künstler meditieren lange über einem leeren Blatt Papier und malen die Schriftzeichen dann in kurzer Zeit. Diese zeigen den inneren Zustand des Malers und können nachher nicht mehr verändert werden. Übermalen wie bei uns im Westen geht nicht. In seinem Aufbau ist das Buch wie eine Fuge von Bach gestaltet. Es folgt einem Hauptthema – dem Wesen spiritueller Erkenntnis – und weist einige damit zusammenhängende Nebenthemen auf, die alle in vielfältigen Variationen bearbeitet werden. Erst in ihrer Umkreisung können die Themen ihrem tieferen Gehalt angenähert werden und diesen so überhaupt zum Ausdruck bringen. So wie eine Melodie erst im Ablauf und Zusammenklang einzelner Töne erkennbar wird und ein ganzes Musikstück erst in der vielfältigen Behandlung melodischer Elemente seine Form findet, widmet sich dieses Buch in vielfältigen Formen seinen Grundthemen. Und so wie die Stille nach dem Schlussakkord eines Konzertes alle vorangehenden Klänge in sich enthält und darüber hinausgeht, verlieren sich die Klänge dieses Buches schließlich in der Stille reinen Seins. Alle darin angestellten Erwägungen verkünden keine Lehre und keine Wahrheit, sondern sind nur eine Einladung; die Einladung sich selber zu ergründen, sich der tiefen inneren Welt und Weisheit des eigenen Lebens zu widmen.

Mein Dank geht an alle Menschen, die mich auf meinem eigenen inneren Weg unterstützt haben. Es sind dies zuerst meine Eltern und im Besonderen mein Vater, der mich in frühen Jahren mit dem „Leib-Seele-Problem" konfrontierte und mich in Gespräche über den freien Willen verwickelte. Es ist mein Jugendfreund Ralph R. Faes, der mir bis heute ein wichtiger Gesprächspartner für spirituelle Themen ist, in denen er sich dank tiefer eigener Erfahrung auskennt. Dann ist es Marie-Luise von Franz, die ehemalige wissenschaftliche Mitarbeiterin von C.G. Jung, die mich im Rahmen meiner Dissertation in einer umfassenden Auseinandersetzung mit der Tiefenpsychologie beleitete, und Arnold Mindell, der nachmalige Begründer der prozessorientierten Psychologie, mit dem mich der Forschergeist verbindet, der für das Neue den Verzicht auf das Alte riskiert. Da ist auch meine Frau Susanna Arnuga zu nennen, die mir die Türe zu ersten Erfahrungen der „anderen Welt" aufstieß, in der sie sich schon in jungen Jahren bewegte, und die mit ihrer Wahrnehmung und ihrem Wissen heute viele Menschen in schwierigen Lebenslagen begleitet. Auf dem Weg des Zen förderte mich Niklaus Brantschen Roshi mit großer Hingabe, und dem Hinweis der vor kurzem verstorbenen Pia Gyger Roshi verdanke ich den Mut, Zen-Lehrer zu werden, wozu mich später beide ernannt und in ihre Linie aufgenommen haben. Beiden gehört mein großer Dank. Kongo An Roshi und Shinzan Miamae Roshi verdanke ich einen Einblick in das japanische Zen und damit in den Ursprung des heute im Westen gelebten Zen. Es gibt auch Lehrer, die ich nicht persönlich treffen konnte, weil sie gestorben waren, bevor ich sie entdeckt hatte. Dazu gehören in erster Linie Jiddu Krishnamurti und Yamada Kôun Roshi, die mich beide mit ihrer klaren Sichtweise in ihren Büchern sehr geprägt haben. Alle diese Begleitung förderte mich auf dem Weg in jene Dimension, die jeder nur in sich selbst finden kann. Sie wirft in ihrer ursprünglichen Lebenskraft alles Erreichte immer wieder über den Haufen und ist keine Freundin von übernommenen Lehren. Keiner von uns ist je Nachfolger eines anderen – wir alle sind der ursprüngliche Geist.

Dieter Wartenweiler

---

[1] Koansammlung Hekiganroku, Fall 1, Ausgabe Yamada Kôun Roshi, Kösel Verlag 2002, Bd. 1, S. 21
[2] Willigis Jäger, Geh den inneren Weg, Herder Verlag Freiburg i. Br. 1999

Teil I

Zen und der innere Weg

Zen ist eine vielschichtige Angelegenheit. Seine Wurzeln liegen in den Anfängen des Buddhismus, welcher wiederum im Hinduismus begründet ist. Es kann keine Geburtsstunde des Zen benannt werden – langsam hat es sich entwickelt als eine erfahrungsorientierte Form des Buddhismus. Seine Geschichte ist geprägt vom stetig wiederkehrenden Ansinnen, zu den Anfängen von Buddhas Lehren zurückzukehren, welche andererseits zu einer Volksreligion ausgeweitet und dogmatisiert wurden. Die Koan-Sammlung „Denkoroku"[1] (Übertragung des Lichts) enthält die Berichte über die Erleuchtungserfahrungen der ersten zweiundfünfzig Nachfolger Buddhas, womit sich Zen direkt auf Buddha bezieht. Zu Beginn steht dabei die Übertragung von Buddhas Lehre durch ihn selbst an seinen Schüler Mahakashyapa. Dieser war natürlich kein Zen-Lehrer, aber er war auch noch nicht dem ganzen späteren Dogmatisierungsprozess des Buddhismus ausgesetzt. Diesen versuchte Zen stets zu umgehen. Da aber auch Zen selbst (wie alle spirituellen Schulen) zu einer gewissen Dogmatisierung neigt, gibt es auch innerhalb des Zen viele wiederkehrende Bemühungen, zu seinen Ursprüngen zurückzufinden.

Für die Entstehung des Zen wird die Verbindung des aus Indien kommenden Buddhismus mit dem Taoismus in China als wesentlich angesehen, wofür der in der Einleitung erwähnte Bodhidharma exemplarisch steht. Wenn Zen im vergangenen Jahrhundert von Japan nach Amerika und Europa gekommen ist, unterliegt es ebenso einem Prozess der Reduktion und Inkulturation, wie seinerzeit ums Jahr 1200, als es von China nach Japan gebracht wurde. Im Westen müssen wir uns neu fragen, was die Essenz des Zen ist, und wie dieser innere Erfahrungsweg heute und in unserer kulturellen Umgebung gegangen werden kann. Gleichzeitig führt diese Frage über die Formen des uns übertragenen Zen hinaus zum großen Thema der spirituellen Erfahrung und Entwicklung überhaupt. Zen bereichert den Westen vor allem durch seine konsequente Übung der

Verinnerlichung, die in den Traditionen christlicher Mystiker aber durchaus ihre Parallelen hat.

Der vorliegende Buchteil geht nicht diesen historisch und theologisch interessanten Parallelen nach, sondern ist ganz auf die Möglichkeit direkter spiritueller Erfahrung in der heutigen Zeit ausgerichtet. Es geht um die Voraussetzungen für einen spirituellen Weg schlechthin, um die Widerstände, die sich einem entsprechenden Bemühen entgegenstellen, und um die Stationen, die typischerweise auf einem solchen Weg abzuschreiten sind. Nach grundlegenden Erwägungen zum Zen im Westen sind diese Stationen in dreifacher Form dargestellt: als Weg vom Entschluss, einen inneren Weg zu gehen, bis zum Gewinn von tiefen Erfahrungen; als fünf Aspekte oder Arten des Zen, die alle Elemente eines Weges beinhalten; und schließlich als Entwicklung einer Beziehung zu unseren tiefen seelischen Schichten bis hin zu einem Wechsel der Bewusstseinsposition. Die Komplexität des Themas lässt die Annäherung von verschiedenen Seiten her als gerechtfertigt erscheinen, auch wenn sich darin gewisse Überschneidungen ergeben.

---

[1] The Denkoroku, The Record of the transmission of the light, by Keizan Zenji, z.B. Hubert Nearman, Sasha Abbey, California 1993 oder Francis Cook, Wisdom Publications, Boston 2003

Wie hell ist das Licht des Zen?

Auf meinem Schreibpult steht eine Tischlampe, die mit einer der modernen Halogen-Glühbirnen bestückt war. Sie stammt aus meinem Elternhaus und stand neben dem Sofa, wo sie an manchen Abenden die Gespräche erhellte – damals noch mit einer wirklichen Glühbirne, die mehr Hitze abstrahlte als Licht. Vor einigen Tagen fiel diese Lampe zu Boden. Dabei zersprang der moderne Leuchtkörper, der immer noch wie die alten Glühbirnen aussieht, im Innern aber ein helles kleines Halogenlicht hat. Genau gesagt war es so, dass der äußere bauchförmige Glasmantel zersprang und die innere Lichtquelle unversehrt blieb. Sie leuchtete fast noch heller als zuvor – war aber nicht mehr geschützt. Genau so verhält es sich beim spirituellen Erwachen. Der Glasmantel des Ich zerspringt und legt das innere Licht ganz frei. Und dabei versteht man, dass das Licht immer schon da war, und fragt sich, warum man das vorher nicht gesehen hat. Da lebten wir doch im vollen Licht der inneren Quelle und sahen es nicht. So leben viele Menschen, und einige gehen auf die Suche nach dem Licht. Und dabei sind sie die Lampe selbst, die jenes Licht ausstrahlt, das sie suchen.

Viele Menschen leiden an sich selbst. Meistens gründet dies darin, dass die Welt nicht den eigenen Vorstellungen entspricht und man damit nicht zurechtkommt. Wie soll man sich in diesem Falle verhalten, um nicht weiter zu leiden, depressiv oder aggressiv zu sein? All dies spielt sich in jenem Bereich ab, den wir das „Ich" nennen – verglichen mit meiner Halogenlampe im Bauch der Glühbirne –, wo alle unsere Erinnerungen, Prägungen, Erwartungen, Meinungen, Beurteilungen und all das liegt, was uns als „Person" ausmacht. Darin liegt wohl auch der Grund unserer Unfreiheit, ebenso wie die Sehnsucht nach deren Überwindung. Dabei muss nur die äußere Birne platzen, um das immer schon leuchtende innere Licht als Quelle freizulegen. Wir leiden an unseren Strukturen und damit an unseren Problemen. Durch all unsere Meinungen, Vorstellungen, Wünsche, Gefühle und Urteile werden wir ja erst zur „Persönlichkeit", die sich so tapfer durchs Leben schlägt.

Eine wachsende Anzahl von Menschen ist damit aber nicht mehr zufrieden, und sie gehen auf die Suche. Wenn das Wesentliche nicht in der Welt ist, dann muss es anderswo sein. Zu spüren, dass „etwas fehlt", ist dabei bereits Teil des Findens. Dennoch kann man nicht sagen, dass das Finden direkt mit der Suche zu tun hat. Finden passiert auf einer anderen Ebene als Suchen. Die Birne muss herunterfallen, damit sie zerplatzt, und wie soll man sie zerplatzen lassen, wenn man in ihrem Glasbauch sitzt? Das kann man nicht machen. Es muss geschehen. Vielleicht braucht es einen Anstoß von außen, jemand der am Kabel zieht. So wie ich mich mit dem Fuß versehentlich im Kabel verheddert und meine Lampe deshalb herunterfiel.

Zen ist eine Form der Suche im geistigen Osten. Aus Japan kam Zen im vergangenen Jahrhundert bei uns in einer äußerlich abgespeckten Form an, und bezüglich seines Gehalts ist nicht klar, in welcher Form Zen im Westen Bestand haben wird. Es scheint deshalb notwendig, den Zen-Weg gründlich zu reflektieren, um eine Einstellung und Formen zu finden, die den westlichen Gegebenheiten entsprechen. Dabei geht es nicht nur um Formen wie die Rituale, sondern vor allem um den Kern – wie wird vermittelt, dass das Eigentliche alles übersteigt? Welcher Zen-Lehrer sagt, dass wahres Erkennen jenseits aller Sitzkissen und Meditationsformen liegt?

Im Westen gibt es viele Versuche der Anpassung des Zen an die westliche Kultur, und nur zu leicht nimmt der Kern dabei Schaden. Die Radikalität des Zen – das Schwert des Manjushri, das alle Illusionen abschneidet – ist vielleicht schon in Japan stumpf geworden, und bei uns wetzt man nicht die Klinge, sondern macht dafür ein schönes Futteral. In der Variante „light" heißt es im Westen jetzt „Meditation im Stile des Zen", wozu Sitzkissen aus der Zen-Welt verwendet werden, sogenannte Zafu, oder kleine Bänke, welche das Sitzen angenehmer machen. Manjushri hat aber auch in den ernsthaft geführten Zen-Zentren des Westens nicht überall einen leichten Stand. Da wird intensiv meditiert und man geht den Zen-Weg sehr verbindlich, doch – sind wir bereit, auf alles zu verzichten, was unsere „Person" ausmacht? Sind wir bereit, selbst Zen zu überschreiten?

Andere Versuche, Zen im Westen zu inkulturieren, erweitern Zen um die Erkenntnisse der westlichen Psychologie und dabei vor allem um die Arbeit an den „Schattenseiten" des Individuums. Der Schatten wird dabei als jene Seite der Persönlichkeit verstanden, die man an sich nicht so gerne sieht. (Wer über seinen Schatten mehr wissen möchte, kann sich bei seinen Nächsten – zum Beispiel der Partnerin oder dem Partner – danach erkundigen, und wird sofort eine Liste von Eigenschaften erhalten, mit denen man sich im Rahmen der „Schattenintegration" auseinandersetzen kann.) In Japan hat die Beschäftigung mit dem Schatten weniger Tradition, weil es dort eher um die Gesichtswahrung zu gehen scheint, als darum, sich selber zu hinterfragen. Wie diese psychologische Arbeit aber in Zen einbezogen werden kann, scheint noch nicht klar zu sein. Manche empfehlen, sich parallel zur Zen-Meditation auch einer Psychotherapie zu unterziehen oder diese Seiten sonstwie mit Menschen zu besprechen. Das kann durchaus nützen, denn manche kommen in der Meditation nicht tiefer, weil sich innere Aspekte in einem Knoten verwickelt haben.

Im Westen stellt sich die Frage, was Zen „eigentlich" ist. Dafür müssen wir zu seinem ursprünglichen Anliegen zurückgehen, so wie dies in der Geschichte schon einige Male geschehen ist. Jedes Mal, wenn Zen von einem Kontinent zum nächsten kam – von Indien nach China und später von dort nach Japan – erneuerte es sich, indem es wieder zu seinen Ursprüngen zurückkehrte. Das steht auch an, wenn Zen jetzt in den Westen gekommen ist. Dabei genügt es nicht, nur die äußeren Formen und Rituale anzupassen. Zen im Westen hat die Gelegenheit, sich wieder ganz auf seinen Kern zurückzubesinnen, weil es hier keine Rücksicht auf historisch entwickelte Formen zu nehmen braucht. Der Kern ist die Wahrnehmung dessen, was im Buddhismus als das „Wahre Selbst" bezeichnet wird, und dieser muss im Vordergrund stehen. In Zen-Kreisen wird viel davon geredet, und es gibt auch Erfahrungen davon, aber es ist zweifelhaft, ob sie tief und radikal genug sind. Vielleicht sind wir im Westen erst dabei, das wahre Wesen des Zen zu ergründen. Dieses wahre Wesen gibt es auch außerhalb des Zen, und Zen ist nur ein Weg, uns dahin zu führen. Dies klar zu sehen scheint mir wichtig für eine fruchtbare Beschäftigung mit der Frage des Zen im Westen.

Auch die Zen-Schulung im Westen muss zum Kern vorstoßen, um den es wirklich geht. Das entscheidende Tor, das durchschritten werden muss, ist nicht die erste Schranke, welche die Patriarchen für die Zen-Schüler aufstellten. Diese Schranke wird von den Zen-Lehrern im Allgemeinen in Form des Koan MU errichtet. Koan sind Lehrgespräche zwischen alten Zen-Meistern und ihren Schülern, welche diesen zu einem Durchbruch verhelfen sollen. Im Falle des Koan MU ist es die Antwort des alten Zen-Meisters Jôshû, der im 8. Jh. in China lebte. Es trägt den Titel „Jôshûs Hund" und ist das berühmteste Koan überhaupt. „Ein Mönch fragte Jôshû in allem Ernst; ,Hat ein Hund Buddhanatur oder nicht'? Jôshû sagte: ,MU!'."[1] Der Begriff Mu wird im Japanischen häufig in Wortkombinationen mit der Bedeutung von un- verwendet, (wie im deutschen etwa in „unerfreulich"). MU wirkt in der Zen-Meditation wie ein Mantra und hilft, die Schranke des Denkens zu überwinden. Es geht hier nicht darum, dieses Koan zu kommentieren, sondern um die Feststellung, dass das Durchschreiten dieser ersten Schranke für eine volle Erfahrung noch nicht genügt. Ist der entscheidende Punkt erkannt, so hat man doch erst eine Ahnung davon, um was es geht. In manchen Zen-Schulen wird dieser erste Schritt für eine Bestätigung der Erkenntnis anerkannt, aber Zen im Westen muss sich der vollen Herausforderung stellen.

Dazu gibt es die berühmte alte Zen-Geschichte vom „Ochs und seinem Hirten"[2], in welcher der Hirte sein wahres Selbst (den Ochsen) sucht und ihn nach langem schließlich auch findet. Damit hat er ihn aber noch nicht gefangen und schon gar nicht gezähmt, was seine Zeit dauert. Das sind schöne Bilder von der Zeit der spirituellen Suche, in der man erfährt, wie leicht sich eine erste Erkenntnis verflüchtigen kann und man wieder am Anfang steht. Bis man schließlich auf dem Ochsen „nach Hause" reiten kann, braucht es viel. Es ist die Situation, wo man nach langem Bemühen gelassen im Strom des Lebens schwimmt und dem vertraut, was sich ereignet. Aber das genügt noch nicht – man muss die Sache radikal begreifen, nicht nur sich anvertrauen. Erst dadurch entsteht ein wirklich neues Verhältnis zum Leben. Wir glauben zunächst, als Person im Zentrum unseres eigenen Lebens zu stehen, was aber nicht einer tieferen Wirklichkeit entspricht. Die Zen-Geschichte vom Ochs und seinem Hirten geht deshalb weiter: Ochs und Hirte verschwinden – alles ist ein leerer Kreis, und erst danach geht der Hirte – jetzt allein – auf den Marktplatz. Er ist nicht zum Ochsen geworden – das wäre zu einfach. Es ist alles weg, die Blase ist geplatzt, es gibt kein „Ich" mehr, ein anderes Wesen geht zum Marktplatz (tritt ins Leben), und doch hat es unseren Körper. Das Leben selbst ist jetzt auf dem Marktplatz, so wie es ist, nicht so wie wir es erfunden und uns zurechtgelegt haben, jenseits von allen Konditionierungen, Meinungen, Ansichten, Identitäten. Wir sind im „Jetzt" angekommen, wie es etwa Eckhart Tolle[3] beschreibt – das Leben ist ganz da, ganz da, ganz da. Ohne Vergangenheit, ohne Zukunft, ohne Irgendetwas.

Und wir spüren, es war immer schon so – warum nur haben wir es vergessen?

Bezüglich der Praxis des Zen fragt sich, wie wir die Anhaftung an das „Ich" aufgeben, jenen Kern der Persönlichkeit, mit dem wir uns normalerweise identifizieren, wenn wir zugleich an Zen-Formen festhalten – nicht nur äußerlich, sondern vor allem auch innerlich. Wie können wir den Kern unseres Seins wahrnehmen – im Zen „Buddhanatur" genannt – der nicht von Formen, Zielen und Wegen abhängt, und zu dessen Erkenntnis es deshalb auch keinen Weg gibt – auch nicht den „Zen-Weg"? In einem Zen-Text heißt es: „Triffst Du einen Buddha, töte einen Buddha". Wir müssen von allen Konzepten frei werden, auch von denen eines Buddha oder des Zen. Die Schwierigkeit ist, dass wir nicht suchen können, was wir schon sind – jeder Mensch hat Buddhanatur, heißt es –, und doch wollen wir es erfahren. Um das Wesentliche auf den Punkt zu bringen: Wahres Zen ist „Nicht-Zen", jenseits von allen Formen und mitten im Leben. Wahres Zen ist vollkommen jenseits von Zen.

Auf dem Weg dazu muss man sich entscheiden, nur noch für dieses Eine zu leben, für diese Erkenntnis – ob sie komme oder nicht –, sich ganz hinzugeben, aber nicht an etwas, sondern einfach nur sich hinzugeben. Kein Ziel, keine Erwartung, nichts. Äpfel reifen auf diese Weise, bis sie ganz leicht vom Baum fallen. Es ist, als ob wir normalerweise in einer Blase leben würden, und plötzlich platzt sie, wir sind neu geboren, wir sind „hier". Es ist, als würden wir aus einem Traum erwachen, dem Traum eines Lebens als „Ich", als abgegrenzte „Person". Dies ist nicht das „Wirkliche" und „Eigentliche". Wir sind nicht unser Ich – das ist eine Illusion – wir sind etwas ganz anderes, etwas Großes, Unnennbares, Unermessliches. Der 1989 verstorbene Zen-Meister Yamada Kôun Roshi sagte, dass die „Buddhanatur", unser tiefstes und eigentliches Wesen, nichts anderes sei, als das Leben selbst.[4] Wir müssen erfahren, was dieses Leben wirklich ist.

---

[1] Koan-Sammlung Mumonkan, Yamada Kôun Roshi, Kösel Verlag 1989, Fall 1, S. 29

[2] Publiziert z.B. von Ohtsu Daizohkutsu, Der Ochs und Sein Hirte, Neske Verlag Pfullingen, 1976

[3] Eckhart Tolle, „Jetzt", Die Kraft der Gegenwart, Kamphausen Verlag Bielefeld 2000

[4] Yamada Kôun Roshi, Hekiganroku, Kösel Verlag München 2002, Bd. 1, S. 496

Alles ist nicht genug

„Fehlt noch etwas in diesem Augenblick?", dies fragt das in Zen-Kreisen oft rezitierte Lied auf Zazen von Hakuin Zenji[1] zum Textschluss, gerade vor dem Hinweis, dass „Nirvana vor unseren Augen" liege. Wir haben aber meistens nicht Nirvana vor unseren Augen, sondern den Kühlschrank, der repariert werden muss, den Ärger mit einem Nachbarn oder mit der Müllabfuhr, die Gefühle für einen lieben Menschen, die Kapriolen schlagen, die Forderungen der Berufswelt und/oder der Kinder und viele andere Dinge, die uns gerade beschäftigen. Vielleicht denken wir, dass das Leben doch viel angenehmer wäre mit einer neuen Tätigkeit, einem anderem Partner oder einer anderen Partnerin, wenn wir mehr Geld hätten, endlich umgezogen wären, das Wetter besser, die Ferien nicht versaut, und überhaupt alle Wünsche erfüllt wären. Leider wachsen diese aber nach und vermehren sich wie die Köpfe der Hydra, und wir fühlen uns im Rad des Samsara gefangen. Das ist offenbar unser normales Bewusstsein – ist das nicht verrückt? Ständig rennen wir irgend etwas nach, und wenn wir es erreicht haben, löst es sich sogleich in Luft auf. Ratlos stehen wir da und fragen uns – „und jetzt?". Und sogleich fällt uns ein neues Ziel ein, das noch erreicht werden muss. Die Werbebranche hilft dabei kräftig mit und stellt uns weitere verlockende Ziele und Dinge in Aussicht: von der Weiterbildung für eine gute Berufskarriere über das richtige Shampoo bis zum Actionfilm, der unserem Leben einen Kick geben soll. Es ist ja nichts gegen Weiterbildungen und Shampoo einzuwenden, aber deren Verbindung mit künftigem Glück ist etwas weit hergeholt. Und doch funktionieren wir so – die Werbebranche ist ein Abbild unseres allgemeinen Bewusstseins. Im Grund streben wir alle nach Glück und der Vermeidung von Unglück. Damit verdienen viele Unternehmen ihr gutes Geld und bezahlen ihrem Topkader entsprechend hohe Löhne. Hohe Einkommen machen aber nicht automatisch glücklich. Auch unsere hochbezahlten Manager sind im Hamsterrad des Samsara gefangen – vielleicht noch mehr als andere Menschen. Und jene, welche eines Tages mit Burn-out zitternd vor der Türe eines Arztes oder Therapeuten stehen, können sich zu den Glücklichen zählen, weil das Schicksal ihnen einen Marschhalt verordnet und sie aufgefordert hat, das Leben neu zu überdenken. Die anderen aber, denen das nicht widerfährt, rasen im Schnellzug durchs Leben und stellen erst zum Schluss fest, dass sie die Aussicht nicht gesehen, geschweige denn genossen haben, und dass sie nirgends ausgestiegen sind, um sich die Dörfer, Städte und Menschen anzuschauen, die Menschen, denen sie hätten begegnen können.

Ich kenne einen ehemaligen Bergbauern, der in einer abgelegenen Hütte in einem Tal lebt, und der sich dort um seine Gänse und Hühner kümmert. Ich will keine Naturromantik propagieren – und doch verkörpern solche Menschen etwas, das vielen von uns fehlt. Brauchen wir für unser Glück also noch ein Ferienhaus in den Bergen? Ich glaube, dass es um eine Frage des Bewusstseins geht. Der Bergbauer ist mit sich im Reinen, es fehlt ihm nichts. Mehr als was er hat, will er nicht. Aber er ist in gewisser Hinsicht unbewusst, er ist noch nicht mit sich selber in Zwiespalt geraten, woraus erst ein bewusstes Sein entspringen kann. Wir brauchen den Widerspruch mit uns selbst und die entsprechende Not, um uns selber zu erkennen. Erst wenn wir mit uns selber nicht mehr klarkommen, werden wir uns über unsere verschiedenen Seiten bewusst, z.B. über Gefühl und Verstand, wenn diese zueinander im Widerspruch sind. C.G. Jung glaubte, dass der Zwiespalt mit sich selber die Voraussetzung für Bewusstwerdung und einen inneren Reifungsprozess darstellt.

Nun ist es aber so, dass viele Menschen zwar in diesem Zwiespalt stecken, es aber nicht wissen. Irgendwie fühlen sie sich unwohl, sehen aber nicht warum. Wenn wir in der

Welt einigermaßen verwirklicht haben, was uns wichtig ist, bleibt doch ein Gefühl des Unerfüllten, und wenn wir der Versuchung des „Noch-mehr" oder der Beschäftigung mit irgendwelchen neuen Angelegenheiten nicht erliegen, beginnen wir, uns selbst zu begegnen. Und dann geht so einiges ab. Die Selbstbegegnung ist einfach – wir müssen nur fortlassen, was uns ablenkt, und schon begegnen wir uns selbst. Mit allem was wir sind. Mit Gedanken, Wünschen, Bedürfnissen, Ängsten, Dunkelheiten, Erinnerungen, Sorgen. Wir erfahren, wie sehr unser Geist angefüllt ist, und wir spüren klar, was eigentlich im Hintergrund immer da, aber meistens verdeckt ist. Es sind die Spuren unseres bisherigen Lebens, und der ganze Zivilisationsmüll, der sich in uns ansammelt. Bleibt man für Tage oder Wochen allein – ohne Programm, auch ohne ein spirituelles – begegnet man dem, was einen ausmacht, im Dunklen und im Hellen. Sucht man, was nicht in der Außenwelt zu finden ist, begegnet man zuerst oft Angst und Schrecken, und nicht schon dem großen Glück. Diese Erfahrungen gehören zu jedem inneren Weg. Im Dasein ohne Ablenkung öffnen sich innere Türen – eine nach der andern.

Die Sehnsucht des Menschen richtet sich zumindest in der heutigen westlichen Kultur nach außen. In der Welt ist viel zu erreichen und zu gestalten – und man sieht in den großen Agglomerationen, wie weit wir es diesbezüglich schon gebracht haben. Die Technik und in neuerer Zeit die Elektronik haben uns immer weiter geführt und immer neue Horizonte erschlossen. Und doch ist es nur stets „more of the same". Und auch wir selber sind so: Wir lernen immer mehr, arbeiten immer differenzierter, verstärken unsere Wirkkraft in der Außenwelt mit Hilfe von Werkzeugen, Motoren und Instrumenten. Man kann dieses Verhalten mit der Struktur und Wirkweise eines Computers vergleichen: Wir können immer wieder neue Software laden und neue Programme laufen lassen, und die Einsatzmöglichkeiten werden immer vielfältiger. Das Betriebssystem bleibt aber das gleiche, die Wirkweise bleibt gleich. Ein Quantensprung wäre, ein ganz neues Betriebssystem zu schaffen, das völlig anders funktioniert. Statt „more of the same" käme etwas Neues. Wie wäre es, wenn sich der Computer mit einer ganz neuartigen inneren Vernetzung selbst zum Objekt der Untersuchung machen könnte? Irgendwann würde er feststellen, dass er nicht die Programme ist, die da ständig laufen, nicht all die Bilder auf dem Bildschirm – sondern dass er etwas völlig anderes ist. Aber was? Um das zu erkennen, müsste er über seine eigene Programmstruktur hinaussehen können, müsste er etwas erkennen, das außerhalb seiner Funktionsweisen liegt. Er würde die Hardware entdecken und würde über sich selbst bewusst.

Wie in diesem Vergleich gibt es in uns eine Sehnsucht, die über das hinausgeht, was unsere tägliche Funktionsweise ist. Wir möchten herausfinden, was wir „eigentlich" sind, unabhängig von dem, was wir tun. Das Streben des Menschen, das sich auf die äußere Welt (einschließlich des eigenen Körpers, der Gefühle und Gedanken) gerichtet hat, könnte sich auf die andere Seite nach Innen wenden. In unserer westlichen Welt gelten solche Ansätze nicht viel – nur zu leicht werden sie in die „esoterische Ecke" abgeschoben. Was soll diese „Innenschau", wenn wir in der Welt doch so viele dringende Probleme zu lösen haben? Umweltfragen, Kriege, politische Systeme, Übervölkerung, Hunger und so weiter. Im geistigen Osten ist dies anders, da maß man diesem Bereich des Menschen – seinem „Wesen" – seit je her mehr Bedeutung zu. Aber dies wird im Westen nicht als gleichwertige Anstrengung anerkannt. Selbst C.G. Jung – der westliche Meister der inneren Welt – erachtete es bei seiner Reise nach Indien in den 1930er Jahren nicht als notwendig, den damals berühmtesten spirituellen Meister – Ramana Maharshi – zu besuchen. Er begründete es damit, dass er „von der indischen Atmosphäre belangloser Weisheit" so erfüllt war, dass ihn sogar zwölf Maharshis gleichgültig gelassen hätten.²

Beide Meister – diese „Titanen des Geistes in Ost und West" – haben aber Selbsterforschung betrieben. Sie wollten verstehen, wie der menschliche Geist funktioniert. Wie kommt es denn zu den Entwicklungen in der Welt, die uns Sorge machen? Das hat doch etwas mit unserem Geist zu tun. Also macht es Sinn, sich darum zu kümmern. Es macht aber nicht nur Sinn auf ein Ziel hin – um mit einigen Problemen der Welt besser umgehen zu können und sie späterhin gar zu vermeiden –, es hat auch Sinn in sich selbst. Warum sollten wir nicht wissen wollen, wer wir sind? Die Psychologie hat da schon einiges erreicht, indem sie die inneren Funktionsweisen des Menschen untersuchte. Aber deren Basis – die Hardware des Seins gewissermaßen, ist noch weitgehend unbehandelt. Es braucht nicht nur den Fortschritt der Technik, es braucht auch geistigen Fortschritt, Fortschritte im Bewusstsein und in der Selbsterkenntnis des Menschen; es braucht ein Gleichgewicht von äußerer und innerer Entwicklung. Der Inbegriff des Ungleichgewichtes zeigt sich in den Kriegen – mit modernsten Waffen schlagen sich die Parteien wie im Mittelalter die Köpfe ein. Und noch schlimmer ist die Phantasie von Atomwaffen in der Hand von Terroristen. Modernste Technik verbindet sich mit einem Weltbild, das die Wirklichkeit nicht zulassen kann – nämlich, dass andere Menschen anders fühlen und denken als man selbst.

Was also braucht es, wenn alles zu haben nicht genug ist? Wenn selbst der Terrorist eines Tages erkennt, dass er nichts gewonnen hat, wenn er alles Andersdenkende ausgelöscht hat und die ganze Welt ihm gehört? Wer alles Äußere hat, dessen tiefe Sehnsucht ist deshalb nicht gestillt. Dies erkennend können wir mit der Suche nach einer neuen Ausrichtung beginnen. Wir müssen damit nicht warten, bis die Aktienkurse noch weiter gestiegen sind oder das neue Haus bezogen ist – wir können es jetzt tun. Wohin tendiert die

Sehnsucht, wenn sie nicht mehr auf die äußeren Erscheinungen ausgerichtet ist? Wenn es nicht das Äußere ist, dann kann es nur das Innere sein. Dann geht es um eine andere Dimension unseres Seins. Wir wenden uns nach innen und fragen uns, woher denn diese Sehnsucht kommt. Wir haben sie nicht selbst geschaffen, wir haben sie uns nicht ausgedacht. Sie treibt die Menschen aber seit jeher in allen Weltgegenden an. Es scheint die Lebenskraft schlechthin zu sein, die „in uns steckt", ja die wir sind. Wir sind auf der Spur von etwas, das uns übersteigt. Wir stellen fest, dass wir weder unsere Sehnsucht noch uns selbst geschaffen haben. Eigentlich ist das logisch, und doch denkt fast niemand daran. Wir alle meinen, unser Leben (und die Welt) würden ohne unser Bemühen nicht funktionieren. Wir „erschaffen" uns mit unseren Gedanken selbst und meinen, das sei notwendig – obwohl wir ja schon leben.

Was ist das „wahre Leben"? Ist es denn verschieden vom Leben, das wir vorfinden? Viele Menschen spüren, dass sie „nicht wirklich leben", und formulieren das auch so – obwohl sie leben. Können wir denn „wirklicher" leben? Und dennoch – die tiefe Sehnsucht steckt in uns, die Sehnsucht, ganz zu sein, ganz zu leben, ganz zu verstehen. Irgendwie spüren wir, dass wir nicht richtig bei uns selbst sind, nicht „angekommen". Mit genügender Aufmerksamkeit stellen wir jedoch leicht fest, dass die Welt sich selber gestaltet. Sie hat schon lange vor uns Menschen existiert, und sie kann uns auch ohne weiteres überleben. Vielleicht sind wir Menschen nur eine Episode in der Geschichte dieser Erde, so wie die Dinosaurier und Mammuts. Wenn wir uns selbst nicht geschaffen haben, warum meinen wir denn, dass wir uns Tag für Tag mit aller Willensanstrengung auf den Beinen halten müssen? Das „cogito, ergo sum" – ich denke, also bin ich – von Decartes haben wir noch nicht überwunden. Mein Zen-Lehrer Niklaus Brantschen Roshi erweiterte dies für die heutige Zeit so: „I shop, therefore I am". Die tiefe innere Sehnsucht des Menschen bildet einen

Gegenpol dazu. Obwohl ich kein Shopping mache, bin ich. Auch wenn ich nicht denke, gibt es mich. Das ist interessant.

Wir spüren, dass es in uns etwas gibt, das die Grenzen der normalen Wahrnehmung übersteigt. Irgendwie fühlen wir, dass unsere normale Lebensauffassung zu eng ist, dass wir mehr sind, als die vordergründige Identifikation mit unserem Körper und unserer Geschichte. Ich nenne dies die „existenzielle Sehnsucht", die uns allen innewohnt, und der wir eines Tages begegnen. Wenn wir alles erreicht haben, was zu erreichen uns wichtig war, oder auch wenn wir genügend Misserfolge erlitten haben, dann gehen wir auf die Suche. Wir schließen uns gewissermaßen der existenziellen Sehnsucht an und beginnen, uns damit zu identifizieren. Wir werden „Suchende". Da gibt es etwas Unermessliches, das uns lockt. Das ist mehr, als nur mit dem Status quo unzufrieden zu sein. Dieser Impuls hat eine Ausrichtung, auch wenn wir noch nicht wissen, auf was er ausgerichtet ist. Es scheint, dass uns das eigene Innere vorwärts stößt – vorwärts zu mehr Bewusstsein. Die große Sehnsucht ist erwacht, die Sehnsucht, die sich nicht mehr auf äußere Dinge und auch nicht mehr auf andere Menschen bezieht. Die Sehnsucht, die sich auf das Grundsätzliche unseres Daseins ausrichtet. Da wir diese Sehnsucht nicht selber erschaffen haben, sondern sie zu einem bestimmten Zeitpunkt unseres Lebens vorfinden, geht es um einen autonomen Impuls und Prozess. Die Sehnsucht richtet sich auf sich selber aus. Da gibt es einen nicht von uns erschaffenen Lebensimpuls, der sich selber erkennen will. Das Bewusstsein will sich seiner selbst bewusst werden. Diesem Prozess können wir nur zuschauen, wenngleich wir darin eingebunden sind. Durch uns richtet sich die Sehnsucht auf sich selbst, durch uns will sich das Bewusstsein über sich selber bewusst werden. Wir spielen eine Rolle in der Entfaltung der Schöpfung, in der Bewusstwerdung der Schöpfung über sich selbst. Wir sind ja selber diese Schöpfung, die sich durch uns betrachtet.

Krishnamurti, ein bedeutender indischer Weiser des letzten Jahrhunderts, sprach davon, dass der „Beobachter" und das „Beobachtete" eins seien. Die Schöpfung beobachtet sich durch unsere Augen selbst, und beides ist eins.

Im Zen gibt es ein Koan mit dem Titel „Sechs können es nicht fassen". Es findet sich in der Sammlung „Hekiganroku"[3] und lautet: „Ein Mönch fragte Ummon: ‚Was ist der Dharma-Körper?' Ummon antwortete: ‚Sechs können es nicht fassen'." Meister Ummon wirkte im 10. Jh. und hatte eine sehr direkte Art, Zen zu unterrichten. Er wurde von diesem Mönch sinngemäß gefragt, um was es wirklich geht, was das „Wesen" dieser Welt sei. Ummon antwortete, dass es nicht gefasst werden könne. Es ist jenseits unserer üblichen Wahrnehmungsebene und entzieht sich einer Charakterisierung. Man könnte sagen, dass der Urgrund unseres Seins nicht fassbar und ohne abgrenzbare Qualitäten ist. Mit „sechs" sind die sechs Sinnesorgane (unsere fünf Sinnesorgane und das Bewusstsein) gemeint. Letztlich ist die Aussage die, dass unser Wesen (im Koan als Dharma-Körper bezeichnet) nicht fassbar ist. Wenn wir unserer inneren Sehnsucht nachgehen, so richtet sie sich auf etwas, das nicht zu greifen ist. Und dennoch zieht es uns dahin. Wir spüren ein „Etwas", das zugleich auch irgendwie „nichts" ist. Es übersteigt nicht nur alle Formen des Daseins, sondern auch alle Kriterien, mit denen etwas beschrieben werden könnte. C.G. Jung nannte dieses Unfassbare das „Selbst" und bemerkte dazu, dass es im Tiefen unser Wesen und gleichzeitig nicht zu beschreiben sei. Er sprach von einer „leeren Mitte", von etwas Größerem, das mit dem Bewusstsein nicht zu fassen ist, das in seiner Ausdehnung unbegrenzt ist, die Form eines „Nicht-Ich"[4] und den Charakter der Ewigkeit hat. Und zugleich manifestiert es sich in seiner Unbegrenztheit im individuellen Menschen. Mit dem Begriff des „Selbst" bezeichnet C.G. Jung das, was wir letztlich sind – wir können uns selbst, unser eigentliches Wesen, nicht mit dem Verstand erfassen. Dieses Selbst wiederum entspricht weitgehend dem, was im Buddhismus das „Wahre Selbst" genannt wird, das alle Dimensionen sprengt, ohne Gewicht, Größe, Raum und Konzepte ist, und dessen Wahrnehmung als Befreiung erlebt wird. Wenn wir meditieren, nähern wir uns dieser Dimension an, aber dies bringt uns auch in Schwierigkeiten.

---

[1] Im Internet in zahlreichen Versionen zu finden
[2] Vergl. C.G. Jung, Briefe Band 2, Walter Verlag Olten, 1972, 2. Band, An Dr. H.G. Mees vom 15.9.1947, S. 97
[3] Koan-Sammlung Hekiganroku, Yamada Kôun Roshi, Kösel Verlag München 2002, Bd 1, Fall 47 S. 500ff.
[4] C.G. Jung, Vorwort zu Suzuki, Die große Befreiung, in Ges. Werke Bd. 11, Walter Verlag Olten 1973, S. 586

Konventionen und die Krise des „Ich"

Wir sind es gewohnt, die Welt von einem Standpunkt wahrzunehmen, den wir das „Ich" nennen. Das Ich steht im Zentrum unseres Wünschens, Denkens und Handelns. Und in gleicher Weise beziehen wir die Welt auf uns: Was uns geschieht, freut uns oder macht uns traurig, regt uns zu diesem oder jenem an, lässt uns aufhorchen oder langweilt uns. „Ich bin ärgerlich", „ich habe dieses oder jenes Ziel", „ich verstehe die Situation so und so", „ich möchte, dass sich mein Partner oder meine Partnerin anders verhält", „ich will glücklich werden" usw. Ich, ich, ich... Wer aber ist eigentlich dieses „Ich", das da ständig von sich spricht?

Wenn man Menschen fragt, wer sie seien, dann antworten sie in der Regel damit, was sie schon alles erlebt und getan haben. „Ich heiße Q, bin in X-Stadt aufgewachsen und dort in die Y-Schule gegangen, habe später Z studiert und arbeite in der Firma A in der Funktion von B. Meine Hobbies sind C und D, und außerdem habe ich eine liebe Frau / einen lieben Mann namens E sowie zwei Kinder F und G." Wenn wir das hören, denken wir vielleicht, wir wüssten nun, wer der/die andere sei, und auch diese Person ist wahrscheinlich davon überzeugt, das Wesentliche über sich gesagt zu haben. Je nach persönlicher Beziehung können an die Schilderung auch noch die Probleme H und I angeschlossen werden, an denen man gerade leidet oder arbeitet, was dann schon als „sehr persönlich" gilt. Interessant daran ist, dass sich die meisten Menschen mit einer solchen Abfolge von Ereignissen identifizieren und meinen, das seien tatsächlich sie. Auch in der Gesellschaft wird dieser Identifikationscode allgemein akzeptiert – er ist auch das „Eintrittsbillet" in jede wirtschaftliche oder politische Funktion –, sofern der Code des Kandidaten von der Organisation als passend angesehen wird. Neuerdings kommen zu diesen Charakterisierungen auch noch „soft facts" dazu, wie etwa

Teamfähigkeit, Kommunikationskompetenz, Charakterstärke usw.

Unsere Gestalt – wie wir wahrgenommen werden und uns selber verstehen – hängt davon ab, wie sich unsere Lebensverhältnisse geformt haben: wie und wo wir aufwuchsen, wie die Eltern uns prägten, welche frühen und auch späteren Eindrücke für unsere Entwicklung von Bedeutung waren, was wir lernten etc. Mehr noch hängt sie aber von unseren Grundgegebenheiten ab – ob wir Mann oder Frau sind, welche Anlagen wir auf den Lebensweg mitbekamen, welche Persönlichkeitszüge uns auszeichnen und vielleicht unverwechselbar machen. All das haben wir aber nicht geschaffen, sondern vorgefunden, und das Weitere ist uns im Lebensverlauf geschehen. Damit identifizieren wir uns, und wir verbinden es mit dem Namen, den die Eltern uns gaben. Wir stellen uns in dieser Weise kompakt bei anderen Menschen vor: „Mein Name ist Peter Müller" – „Sehr erfreut, ich heiße Alex Steiner". Beide meinen dann, einen Eindruck vom anderen zu haben, aber das täuscht. Viele vergessen die genannten Namen auch gleich wieder, auch wenn sie sich an das Gesicht des anderen durchaus erinnern können. So wichtig scheint der Name nun auch wieder nicht zu sein. Unser Name verbindet uns auch mit der Identität der Sippe – manche Namen sind sogar Programm. „Ein Churchill hat Erfolg" – dieses Programm hat der gute Winston nach einigen Anfangsschwierigkeiten schließlich erfolgreich verinnerlicht und seinen Vater sogar erheblich übertroffen.

Wenn wir die Angelegenheit mit der Identität etwas näher untersuchen, dann stellen wir allerdings fest, dass diese keine fixe Größe ist. Wären wir unter anderen Umständen und in einem anderen Land zur Welt gekommen und in anderen sozialen Verhältnissen aufgewachsen, wären wir nicht der gleiche Mensch, der wir jetzt sind. Dennoch aber hätten wir das Gefühl, „ich" zu sein, eine andere Person vielleicht, aber doch eine Person. Im Kleinen ergeben sich solche Veränderungen auch durch die Lebensumstände.

So hatte sich eine Bekannte von mir nach langem kinderlosem Dasein entschlossen, ein Kind aus dem fernen Osten zu adoptieren. Dieses wuchs damit nicht in seinem Ursprungsland auf, und es wurde ihm sogar ein anderer Namen gegeben. Der Junge hieß nun nicht mehr Thien (der Sanftmütige), sondern etwas modischer Luan (Held). Aber ist er nun trotz Änderung aller Lebensumstände ein anderes Kind? Wenn er „ich" sagt, ist es nun ein anderes „Ich", das da spricht?

Damit stellt sich die Frage, wie es zur Identifikation mit den Umständen und Anlagen kommt, die unser Leben gestalten. Schon bevor ein Kind seine Charaktereigenschaften benennen kann, sagt es „ich". Es grenzt sich damit von der Mutter und der Welt ab, nachdem sein Bewusstsein aus dem Urgrund aufgetaucht ist, welchen C.G. Jung „Ouroboros"[1] nannte. Der Ouroboros wird in alchemistischen Bildern als Drache dargestellt, der sich in den Schwanz beißt, und verkörpert in der Mythologie die Ureinheit allen Seins. Er steht gewissermaßen für die „Ursuppe" der phylogenetischen Schöpfung und des ungeteilten Bewusstseins, aus welchem sich das individuelle Bewusstsein des Kindes ontogenetisch über verschiedene Stufen erhebt. In einem ersten Schritt identifiziert sich das Kind mit seinem Körper, den es als getrennt von der Mitwelt erlebt, und auf Basis dieser ersten „Anhaftung" erfolgen dann alle weiteren Anhaftungen bis hin zu einer ausgeprägten Identitätsbildung. Das „Ich", das sich selber erfahren kann, wird im Laufe des Lebens durch immer mehr Inhalte angereichert, bis das ursprüngliche reine Sein nicht mehr erkennbar ist. Zufolge der Identifikation damit glauben wir, dass wir ein bestimmtes Wesen und einen bestimmten Charakter hätten, wobei doch alles nur durch die Umstände bedingt ist. So glauben manche Menschen, dass ihr „Charakter" ein bedeutender Wesenszug von ihnen sei, obwohl man bei genauerem Studium in vielen Fällen leicht erkennen kann, dass es sich nur um verfestigte Strategien aus der

Kindheit handelt. Das Mädchen, das stets zwischen den zerstrittenen Eltern vermitteln musste, vermeint, einen „ausgeglichenen Charakter" zu haben, und jener Junge, der nie gegen seinen Vater aufkam, fühlt sich später nur als „gewaltbereiter Mann" in seiner eigenen Haut wohl.

Hinsichtlich unseres tiefen Seins halten derartige Identifikationen einer genaueren Prüfung nicht stand. Wir sind aber daran gewohnt, uns selbst so wahrzunehmen, und niemand stellt das in Frage. Weshalb halten wir aber so standhaft daran fest? Es scheint, dass uns diese Bilder Sicherheit verleihen, wir meinen dann zu wissen, „wer wir sind"! Durch die ständige Wiederholung werden diese Bilder und Inhalte fixiert und geben uns ein Gefühl der Konstanz und damit der Sicherheit. So besteht unser Bewusstsein aus der Identifikation mit Inhalten, die sich im Laufe der Zeit angesammelt haben, und im Weiteren aus Wünschen und Ängsten, die sich daraus ergeben haben. Wenn wir auf unser Leben zurückschauen, so müssen wir aber feststellen, dass diese Inhalte keinen wirklichen Bestand haben. Alles ist verschwunden ist, was einmal war. Wir sind nicht mehr der Junge oder das Mädchen, die wir waren – nirgends mehr auf der Welt können wir dieses Kind finden. Wir sind nicht mehr die Gefühle, die uns in der Jugendzeit prägten, wir sind nicht mehr die sorgengeplagte Gestalt späterer Jahre, die sich um Beruf, Einkommen und Familie kümmern musste. Alles ist vergangen, und wir erkennen, dass das Leben eigentlich ein Fluss von Ereignissen ist, die wir nicht selber steuern, und dass unser Wesen, unser Sein, nicht aus der Ansammlung dieser Ereignisse besteht. Wir sind vielmehr das fließende Leben selbst. Dieses hat jedoch zu keinem Zeitpunkt eine bleibende Form, und so müssen wir uns fragen, wer wir denn „eigentlich" sind – jenseits all dieser wechselnden Erscheinungen.

Diese Frage entspringt – wie wir selbst und alle unsere Gedanken – aus einer nicht fassbaren Quelle. Wir haben unser Sein und auch unsere Bewusstseinsentwicklung nicht selber initiiert – wir finden vielmehr beides vor. Wenn wir in der äußeren Welt genügend weit gegangen sind, dann stellen wir uns die Frage: Und nun? War das alles? Was hat es eigentlich mit dem Leben auf sich? Es kann sein, dass wir viele Probleme wälzten; dass wir uns mit unerfreulichen Lebenssituationen auseinandersetzen mussten, und dass dies alles in eine Sackgasse führte. Auch wenn wir das eine oder andere Problem lösen konnten, kann uns die Fortsetzung des ewig gleichen Spiels als langweilig erscheinen, und wir sehen uns weiter um. Vielleicht erleben wir uns auch als eingeengt, selbst wenn die Lebensumstände günstig sind, in unserem Körper, in der Welt, in den Bedingungen des Daseins eingesperrt, und es drängt uns, darüber hinaus zu gelangen. Das spirituelle Interesse erwacht. Viele Probleme haben ja ihren Ursprung im besagten „Ich", in unserer Identifizierung mit bestimmten Vorstellungen, Meinungen, Wünschen und Anhänglichkeiten, die wir nicht loslassen können. Und das möchten manche eines Tages hinter sich lassen

Buddha sprach in seinen „vier edlen Wahrheiten" davon, dass die Leiden durch Anhaftung entstehen. Ihre Basis ist „Gier, Hass und Verblendung", welche er die „drei Geistesgifte" nannte. Modern ausgedrückt könnte man sagen, dass viele seelische Leiden ihre Ursache in unseren Vorstellungen, Meinungen und Wünschen haben. Die Welt entspricht nicht unseren Konzepten, und an der Diskrepanz leiden wir. Diese Schwierigkeiten entstehen, weil wir großes Interesse an den Dingen und unseren Meinungen darüber haben. Dadurch werden sie zu unserer persönlichen Sache und gewinnen Bedeutung und Macht in unserem Leben. Je mehr wir an unseren Konzepten hängen, desto mehr leiden wir. Buddha empfahl dagegen den „achtfachen Pfad", der neben „rechten" Verhaltensformen auch rechte Verinnerlichung und rechte Einsicht umfasst. Während die konventionelle Form von Problemlösung darin besteht, sie innerhalb ihres Entstehungskreises anzugehen, schlägt der buddhistische Pfad vor, das System der zugrundeliegenden Identifikationen zu verlassen, womit sich die Probleme auflösen. So einfach, wie dies auf den ersten Blick erscheint, ist es natürlich nicht, weil wir in unseren Vorstellungen ja sehr verfestigt sind, aber es ist doch einfacher, als viele denken. Je mehr Energie wir in eine Schwierigkeit stecken, desto mehr wird diese aufgeblasen. Werden in einem Streitfall etwa wilde Briefe hin und her geschrieben, so wird eine Lösung zunehmend schwieriger. Manche investieren dann viel Geld in Anwaltskosten – oft mehr, als die Streitsumme ausmacht. Es könnte aber doch ein Ziel sein, die innere Verflechtung mit Problemstellungen aufzulösen – man könnte diesen Weg zumindest in Betracht ziehen.

Ist das Ich in der geschilderten Weise verhärtet und spüren wir zugleich einen Impuls, bewusster zu werden, so kann dieser Impuls am Ich gewissermaßen abprallen, wodurch er eine neue Richtung erhält. Nicht beachtet kann er zur Krankheit werden (was nicht heißen will, dass alle Krankheiten der Verhinderung einer Bewusstseinsentwicklung entspringen). Beachtet aber kann er sich als Sehnsucht nach etwas Unfassbarem äußern. Die Zeit ist dann reif für einen Wechsel der Blickrichtung. Es wird bewusst, dass da ein grundlegendes inneres Problem besteht, das nicht mit den äußeren Lebensumständen zu tun hat. Man leidet an sich selbst, und dies macht uns bewusster. Dies geschieht in dem Moment, wo wir unsere Projektionen zurücknehmen. Nicht mehr die Partnerin/der Partner, das Steueramt oder der Nachbar sind schuld, wenn es uns schlecht geht, sondern wir erkennen, dass wir uns selber dieses Gefühl erschaffen. Wir erkennen, dass uns unsere Vorstellungen vom Leben weg und in die Irre geführt haben, und dass es hilfreich wäre, ein neues Selbstverständnis zu entwickeln. Vielleicht merken wir erstmals, dass wir unser existenzielles Sein aus den Augen verloren haben, und dass es gut wäre, wieder zu einem „ganzen" und erfüllten Menschen zu werden.

Es gibt zu diesem Thema ein schönes Zen-Koan mit dem Titel „Seijo und ihre getrennte Seele"[2]. Es lautet: „Goso fragte einen Mönch: ‚Seijo und ihre Seele sind voneinander getrennt. Welche ist die echte Gestalt?'." Das Koan bezieht sich auf eine alte chinesische Legende, wonach Seijo auf Geheiß ihres Vaters einen anderen Mann als ihren Geliebten Ochû heiraten sollte. Als Ochû deshalb die Stadt verließ, rannte Seijo ihm nach, und sie gingen zusammen in ein fernes Land, wo sie zwei Kinder hatten. Als Seijo schließlich mit Ochû zusammen ihren Vater wieder besuchen und ihn um Verzeihung bitten wollte, ging Ochû voraus und wollte dem Vater alles erklären. Dieser verstand aber nicht und berichtete vielmehr, dass Seijo seit Ochû's Weggang krank im Bett gelegen und kein Wort mehr gesprochen hätte. Daraufhin rannten sich die beiden Seijos entgegen und wurden eins. – Etwa ähnlich ergeht es denjenigen, die sich auf die spirituelle Suche machen. Sie haben sich selber verloren und stehen vor der großen Aufgabe, zur eigenen Ganzheit zu gelangen. Das ist auch die Aufgabe, welche Goso mit dem obigen Koan seinem Mönch stellte. Er regte ihn an, zu seiner eigenen Ganzheit zu finden, und das ist auch unsere Aufgabe. Etwas fehlt, und die Sehnsucht richtet sich darauf. Aber was ist es?

Auf dem Weg, sich selber in seinem tiefen Wesen zu finden, muss man herausfinden, wer man selbst ist. Wenn wir nicht die Identifikation mit allen Anlagen und Umständen unseres Lebens sind, wer sind wir dann? Diese Sehnsucht und Suche erschüttert das Ich – jenes Wesen oder jene Vorstellung von uns, an die wir uns bisher hielten – und der Boden wird schwankend. Alles was bisher so sicher erschien und dauernde Gültigkeit hatte, erweist sich nun als relativ und verliert an Bedeutung für die eigene Stabilität. Unser Ich stabilisiert uns nicht mehr.

Die alten Zen-Meister scheinen sich geradezu einen Spaß daraus gemacht haben, ihre Schüler in dieser Hinsicht zu verunsichern. Sie demontierten deren Vorstellungen, wo es nur ging. Auch dazu gibt es ein Koan mit dem Titel „Jizô bestellt das Reisfeld"[3]. Es lautet so: „Jizô fragte den Shuzan Shu: ‚Wo kommst du her?' Shu antwortete: ‚Aus dem Süden.' Jizô fragte weiter: ‚Wie steht es heutzutage um den Buddhismus im Süden?' ‚Er wird ausführlich diskutiert', antwortete Shu. ‚Mein Reisfeld zu bestellen und Reis zu ziehen ist der bessere Teil', sagte Jizô." – Soweit das Zitat dieses Koan. Shu kommt also aus dem Süden, wo der Buddhismus diskutiert wird. Das ist eine Antwort, wie wir sie oft hören – ein Bericht von äußeren Umständen, welche das Wesentliche des Daseins nicht fassen. Jizô aber äußert sich nicht – wie man vermuten könnte – auf der gleichen Ebene. Sein Reisfeld ist nicht nur ein äußeres Reisfeld, denn der Reis steht in diesen Geschichten oft für tiefere Weisheit. Diese aber ist nicht von der Welt getrennt, weshalb durchaus auch von einem äußeren Reisfeld die Rede sein kann – aber eben nicht nur. Das Äußere ist zugleich das Innere, ja mehr als das – es gibt nur dieses Eine.

So tief reichen wir aber noch nicht, wenn uns die spirituelle Sehnsucht erfasst hat; wir ahnen erst, dass es da „etwas gibt". Und folglich machen wir uns auf den Weg herauszufinden, um was es sich da handeln könnte. Manchmal ist die Suche von einem starken inneren Antrieb geprägt, der bis in den Zustand einer tiefen Verzweiflung führen kann. Ich nenne sie „existenzielle Verzweiflung". Es ist ein Gefühl, das mit unserer Existenz zu tun hat und auch von daher inspiriert ist. Es ist der große, innere unausweichliche Drang, im Bewusstsein voranzuschreiten und die Grenzen der üblichen Wahrnehmung und Identität zu sprengen. Die entsprechende Sehnsucht kann daher auch „existenzielle Sehnsucht" genannt werden. Die Verzweiflung stößt uns aus dem bisherigen Bewusstsein heraus, und die Sehnsucht zieht uns zu etwas gänzlich Neuem – und beides entspricht demselben Drang. Das ganze Geschehen hat manchmal auch den Charakter einer „existenziellen Verlassenheit" – wir fühlen uns tief allein, unverbunden mit uns selbst – was gar nichts mit unseren sozialen Verhältnisse und Bindungen zu tun hat. Man kann äußerlich sehr gut aufgehoben sein und sich trotzdem tief verlassen fühlen, und wenn es eine existenzielle Form ist, dann hat sie eben nichts zu tun mit anderen Menschen, auch nicht mit einer Partnerschaft, in der man sich allerdings auch allein fühlen kann. Das ist aber nicht dieselbe Einsamkeit.

Vielleicht suchen wir nach Antworten – bei Menschen aus der Geschichte oder aus der Gegenwart, die einen solchen Weg gegangen sind und zumindest wissen, um was es einem geht. Johannes vom Kreuz war im Mittelalter ein Mann, der in der damaligen Sprache ausführlich von den „aktiven und passiven dunklen Nächten der Reinigung der Seele und des Geistes"[4] sprach. Es muss schon einiges an Verzweiflung zusammenkommen, damit man den Schritt über die bisherige Persönlichkeit hinaus wagt – man muss sich in Anlehnung an Johannes von Kreuz selber reinigen und wird gereinigt. Die Tiefenpsychologie spricht heute davon, dass es eine Auseinandersetzung mit den eigenen Schattenseiten braucht – mit jenen Aspekten unserer Persönlichkeit, die wir nicht gerne an uns sehen – und gerne auf andere projizieren. Statt die eigene Übellaunigkeit auszuhalten kritisieren wir andere für vermeintliche Gründe unserer schlechten Laune. Statt unsere eigene Verbohrtheit zu sehen, bemängeln wir die Unbeweglichkeit der anderen usw. Es braucht tatsächlich einen Reinigungsprozess, bevor wir im Bewusstsein weiter gehen können. Alle Blockierungen des Ich, alle Fixierungen müssen aufgelöst werden, und das verursacht wiederum Leiden. Einerseits werden alte Schmerzen nochmals virulent, wenn die heiklen Themen unseres Lebens ins Blickfeld kommen, und andererseits erleidet das „Ich" seine eigene Ausweitung. Das bisherige Zentrum der Persönlichkeit wird in seiner Bedeutung relativiert, und das gefällt ihm gar nicht. Haben wir einmal etwas tiefer geschaut, so fallen wir deshalb leicht wieder in die alten Mechanismen zurück und verlieren die innere Freiheit wieder, die wir schon ein erstes Mal gefühlt haben.

Das große Dilemma ist das Individuum, ist die Person, mit der wir uns identifizieren, und so leicht können wir nicht von ihr lassen. Wir sind im Leben gewohnt, „jemand" sein zu müssen, und daran halten wir auch fest, wenn wir beteuern, sie loslassen zu wollen. Unsere Person ist uns lieb geworden, es ist unsere Identität und sie gibt uns Halt. Selbst wenn es nur ein Pseudohalt ist – nur zu leicht können wir damit seelisch auf die Nase fallen –, so ist es doch ein Halt. Diese Person müssen wir untersuchen, damit wir weiter kommen. Wir müssen sie in ihrer Flüchtigkeit erkennen, in ihrer Wandelbarkeit. Je nach Umgebung sind wir verschieden – nicht immer ganz die gleiche Person. So sind wir bei den einen Menschen gelassen, bei anderen angespannt. Bei unseren Eltern (sofern sie noch leben) fühlen wir uns anders als in der Partnerschaft. In der Firma sind wir nicht die gleiche Person wie im Ruderclub. Wie ein Geigenkasten, der mit den Saiten mitklingt, ist unser Klang je nach Umgebung verschieden. Wir müssen uns dabei nicht nur fragen, welches angesichts der verschiedenen Klänge denn unser eigentliches Wesen sei, sondern vielmehr: wer wir denn sind, wenn überhaupt keine Saite angestrichen wird. Wer ist dieses „Selbst"?

Der indische Weise Krishnamurti fragte seine Zuhörer gelegentlich, ob es etwas Unzerstörbares, Zeitloses gebe, das die Menschen zu allen Zeiten gesucht haben. Er meinte, dass man dafür sein „An-etwas-hängen" aufgeben müsse. Es geht nicht darum, etwas zu gewinnen, es geht darum, sich von etwas zu befreien. Wie sonst soll man frei werden?

[1] Vergl. C.G. Jung, Psychologie und Alchemie, Ges. Werke 12, Walter Verlag Olten 1972, S. 337ff.
[2] Koan-Sammlung Mumonkan, Kösel Verlag München 1989, Fall 35, S. 191
[3] Koan-Sammlung Shôyô-roku, Angkor Verlag Frankfurt, Fall 12, S. 16
[4] Johannes vom Kreuz, hrsg. J. Bolt, Walter-Verlag, Olten 1980, S, 50ff.

Vom Entschluss zur Präsenz

Spirituelle Erfahrung findet nicht auf jener Ebene statt, wo all unser Bemühen liegt. Sie reicht in eine andere Dimension; bei dieser Erfahrung geht es um etwas grundsätzlich Neues. Es wird uns eine Ebene der Existenz zugänglich, die zwar schon immer war, aber neu ins Bewusstsein tritt. Diese Einsicht verändert unsere Einstellung zum Leben und gibt uns eine ganz andere Stabilität, als wir sie vorher in all unseren Bemühungen finden konnten. Weil es sich bei den spirituellen Erfahrungen um eine andere Ebene als diejenige der vordergründigen „Normalität" handelt, gibt es eigentlich keinen Weg dazu. Wir als „Person" können nicht etwas erreichen, was über diese Person hinausreicht, was nicht diese Person ist. Insofern ist alles Bemühen nutzlos. Und dennoch – Hoffnung ist angesagt.

Manche Menschen erreichen tiefe Erkenntnis, ohne dass sie sich darauf irgendwie vorbereitet hätten. Mitten im Leben erreicht sie ein Blitzstrahl, der sie auf eine andere Ebene hebt und ihr Leben verändert. Aber das sind Ausnahmen. Die meisten Menschen müssen sich um tiefere Erkenntnis bemühen, und zwar bis zum „geht nicht mehr". Nachdem sie ein innerer Impuls zur Ausweitung des Bewusstseins aufgefordert hat, haben sie einen Weg voller Dornengestrüpp zu gehen. Und deshalb gibt es in allen Kulturen auch „geistige Schulen", welche die suchenden Menschen begleiten. Im Christentum sind es die Mystiker, die den Suchenden Anleitung gaben und geben, im Islam die Sufi-Meister, und im Buddhismus sind es jene Meister, die in sich verwirklicht haben, was die Lehre verspricht. Auch Zen ist so eine Schule, wo wir manches erfahren können – wir werden später noch darauf zurückkommen.

Wenngleich es vielfältige Berichte über die Erfahrung des „Aufwachens" gibt, so gibt es doch wenig Landkarten für den Weg dazu, und manchmal sind es auch nicht die besten – etwa wenn sie sich in populärpsychologischen Erwägungen verlieren oder ein rudimentäres Verständnis der Quantenphysik bemühen. Und dennoch ist es für die Suchenden hilfreich, wenn sie sich irgendwie orientieren können. So etwa können die erwähnten Schriften von Johannes vom Kreuz einen wichtigen Leitfaden abgeben, wenn man sich in einer unergründlichen Dunkelheit verloren hat.

Im Folgenden sollen einige mögliche Stationen eines solchen Weges aufgelistet werden – im Wissen darum, dass die Wege der suchenden Menschen ganz unterschiedlich sind und es kein Modell dafür gibt. Es ist sogar gefährlich, sich an irgend einem Leitfaden zu orientieren in der Meinung, der Prozess müsste nun so und in dieser Reihenfolge ablaufen. Die folgenden Hinweise können nicht mehr als kleine Ankerpunkte bieten, wie Bojen im See oder Meer, welche Untiefen anzeichnen, aber den Weg muss jede/r selber finden. Es genügt, wenn sie dem Leidenden manchmal ein Gefühl zu geben vermögen, dass andere Menschen ähnliche – wenn auch nicht die gleichen – Wege gegangen sind. Und das ist manchmal schon ein Trost.

Am Anfang eines spirituellen Erkenntnisweges steht ein **Impuls**, den wir nicht selber geschaffen haben. Von irgendwo steigt er auf und lädt uns ein, den Weg der Bewusstwerdung zu gehen. Vielleicht meldet er sich verkappt in einer Krankheit, vielleicht als große Sehnsucht, vielleicht als Leiden an der gegenwärtigen Lebenssituation, vielleicht als seelische Not oder Depression. Wir können einen Beinbruch oder ein Burn-out erlitten haben, oder die Partnerschaft ist zu Ende gegangen und wir stehen verloren in der Welt. Es kann ein Anlass sein, der uns äußerlich oder innerlich aus der Bahn wirft, oder es kann auch eine schleichende Entwicklung sein, die uns je länger je mehr spüren lässt, dass wir im Leben noch etwas zu erlangen haben, das nicht auf der materiellen Ebene liegt.

Es gibt zahlreiche Menschen, die diesen Impuls verspüren, ihm aber nicht weiter Beachtung schenken oder ihm folgen. Sie lenken sich lieber ab. Es gibt viele Formen, sich zu vergessen – etwa im ausgiebigen Konsum von TV-Sendungen, wo man sich für eine gewisse Zeit „loslassen" kann, oder in vielfältigen gesellschaftlichen Begegnungen, wo man im Bad der Menge etwas untergehen und zum Teil eines größeren Ganzen werden kann. Dies sind Formen, Ferien von sich selber zu bekommen, ohne wirklich frei zu werden. Auch der Konsum von Alkohol, üppiges Essen oder ein ausgedehntes Sexualleben können zu den Versuchen der Ablenkung und Ersatzbefriedigung gehören. Mit der Zeit wird dies aber schal, und manche entwickeln den Wunsch nach etwas anderem.

Auf den Anfangsimpuls kann und muss für einen Erfolg der **Entschluss** folgen, den Weg wirklich zu gehen. Vielleicht ist es zunächst noch kein ganz tiefer und definitiver Entschluss, aber doch eine klare Entscheidung, sich der inneren Aufgabe zu widmen. Man will den Weg gehen. Ryokan, ein Zenmeister aus dem 18. Jh., steht dafür. Er schreibt: „Hör doch auf mit deiner verrückten Jagd nach Gold und Juwelen – ich habe etwas viel Kostbareres für dich gefunden: eine glänzende Perle, strahlender funkelt sie als Sonne und Mond, und jedes Auge erleuchtet sie. Verliere sie, und du treibst in einem Meer der Schmerzen. Finde sie, und du erreichst sicher das andere Ufer. Ich würde diesen Schatz jedem kostenlos schenken, aber kaum jemand fragt danach."[1] Der Entschluss bedeutet, danach zu fragen.

Dieser Entschluss und die meisten der folgenden Schritte liegen auf der Ebene unseres „normalen" Daseins, auf der Ebene der Phänomene oder äußeren Erscheinungen, auf der Ebene der Welt. Wir können die entsprechenden Schritte selber unternehmen und uns aktiv mit den Gegebenheiten auseinandersetzen – nicht unähnlich den „aktiven Nächten der Reinigung" des Johannes vom Kreuz.

Haben wir uns einmal entschlossen, beginnt die eigentliche Arbeit. Es folgt eine Phase der **Selbstbeobachtung**, in welcher wir unserem Verhalten, unseren Strukturen, unseren unaufgelösten Projektionen und den Schattenseiten auf den Grund gehen. Wir werden zum Beobachter unserer selbst. Statt uns der Außenwelt zu widmen, wenden wir uns dem eigenen Inneren zu.

Zunächst drängen sich dabei oft unsere *Gefühle* in den Vordergrund. Sie wollen beachtet werden, und dabei verändert sich unsere Haltung. In dieser Weise können wir uns etwa den Verletzungen widmen, die uns verfolgen. Wenn wir erkennen, dass diese wesentlich mit unserer eigenen Interpretation von Ereignissen zu tun haben, können wir dazu ein distanzierteres Verhältnis finden. Oder wenn wir uns über andere Menschen ärgern, können wir untersuchen, woher der Ärger kommt und wie er sich in uns verhält. Wir halten ihn aus und machen die einfache Feststellung, dass es „unser Ärger" ist – nicht derjenige des anderen Menschen. Also hören wir auf, ihnen dafür die Schuld zu geben. Wir können beobachten, wie der Ärger in uns aufsteigt, wie wir gefühlsmäßig und gedanklich vom Thema erfasst werden, und wie er schließlich wieder verebbt, wenn etwas anderes in den Fokus unserer Aufmerksamkeit gerät. Wir sehen, dass wir uns entscheiden können, ob wir einem Gefühl folgen wollen, oder ob wir es lassen. Das heißt nicht, dass wir nicht handeln, wenn uns dies notwendig erscheint, aber wir können es ohne große Emotionen tun. Im Zuge solcher Betrachtungen können wir uns entschließen, unsere Laune nicht mehr vom Verhalten anderer Menschen abhängig zu machen, sondern die Hoheit darüber wieder selbst zu erlangen. Lässt man derartige Gefühle stehen, ebben sie mit der Zeit ab, und danach lebt man recht gelassen, weitgehend unabhängig davon, wie sich andere Menschen verhalten. Auch zu vordergründig positiven Gefühlen können wir ein distanziertes Verhältnis gewinnen und uns von Lob und Anerkennung nicht aus der Ruhe bringen lassen. Das gibt Freiheit – wir fühlen uns dann nicht verpflichtet, uns entsprechend den unweigerlich nachfolgenden Erwartungen anderer zu verhalten. Man könnte meinen, das Leben würde so allgemein weniger intensiv, aber das ist nicht der Fall.

In gleicher Weise wie unsere Gefühle untersuchen wir auch unser Denken. Wir stellen fest, wie die *Gedanken* in uns aufsteigen und uns möglicherweise tyrannisieren. In der Gegenwart erleben wir, was früher war, und wir spüren, welch zwingenden Effekt die Vergangenheit auf uns hat. Wir sind ihr geradezu schutzlos ausgeliefert, und manche Menschen lenken sich mit großer Intensität davon ab. Stellen wir uns unserem Gedankenfluss, so können wir zunächst untersuchen, um welche Themen es sich dabei handelt. Verfolgen uns banale Alltagsangelegenheiten, oder steigen Lebensereignisse auf, die Beachtung erheischen? Nebst Unverdautem – schweren Erlebnissen, aber auch Schmerzen, die wir uns zufügten, weil wir das Leben nicht akzeptieren konnten, wie es war – stehen viele Dinge von geringerer Bedeutung, mit denen wir unser Leben ausfüllen. Wollen wir das wirklich?

Schließlich haben wir auch *Körperempfindungen*, die wahrzunehmen sich lohnt. Es gibt zwei Möglichkeiten, damit umzugehen: Wir können versuchen, ihre „Botschaft" zu entschlüsseln, indem wir ihnen Raum geben für einen weiteren und verstärkten Ausdruck, bis sich zeigt, was sich dahinter verbirgt und was sich gestalten will. Diesbezüglich gibt es auch bemerkenswerte therapeutische Ansätze, wie etwa die prozessorientierte Psychologie von Arnold Mindell. Die andere und mehr meditative Möglichkeit ist, diese Empfindungen genau zu erkunden und dabei festzustellen, dass sie sich auf den Körper begrenzen, und dass sie sich nicht darüber hinaus ausdehnen können. Bei der Erforschung der Gefühle haben wir umgekehrt festgestellt, dass diese keine klare Lokalisierung ermöglichen, und es ist gut zu erkennen, dass die Vermengung von Körperempfindungen und Gefühlen nicht unproblematisch ist. So etwa kann sich ein körperlicher Schmerz verstärken, wenn wir daran auch gefühlsmäßig leiden und ihn bekämpfen. Es handelt sich um verschiedene Empfindungen, die sich zwar miteinander verbinden können, aber doch auch eigenständig sind.

Die Beobachtung von Körperempfindungen, Gefühlen und Gedanken erfolgt oft unwillkürlich in der Meditation – vor allem zu Beginn einer Meditationspraxis. Wenn wir still sitzen, dann kommt einiges hoch, was uns beschäftigt, und wir können die Meditationszeit benutzen, um es zu betrachten. Vipassana (eine buddhistische Meditationsform, welche den Körperempfindungen große Aufmerksamkeit schenkt) und die moderne Achtsamkeitsmeditation (Jon Kabat-Zinn) richten sich bewusst darauf aus, während die Zen-Meditation entsprechende Wahrnehmungen einfach geschehen lässt. In jedem Fall haben die während der Meditation aufkommenden Empfindungen aber einen klärenden und reinigenden Effekt.

Bei der Selbstbeobachtung stoßen wir oft auf **Leiden**, das es auszuhalten gilt. Das Leiden kann dabei körperliche, psychische oder existenzielle Ursachen haben. Großes körperliches Leiden ist eine „Grenzerfahrung" – es bringt uns an die Grenze des Erträglichen, an die Grenze, wo wir uns noch als würdig erfahren können, ja an die Grenze unserer Existenz. Da können wir die Empfindung haben, nicht mehr weiterleben zu wollen, weil die Schmerzen zu stark geworden sind, und selbst das Schicksal unserer Nächsten wird uns unwichtig. Körperliche Schmerzen sind ein Tor zu einem Bereich, wo das Denken aufhört, wo wir nur noch sind – ganz in der Gegenwart.

Auf der psychischen Ebene können wir Gefühlen wie Hilflosigkeit, Angst, Wut, Verlorenheit, Verzweiflung, Auflösung, Haltlosigkeit, Bedrohung oder einem namenlosen Seelenschmerz begegnen. Nicht immer ist dafür eine plausible Ursache auszumachen, und selbst wenn es eine gibt, sind es doch wir selbst, die das Geschehen erfahren. All dies auszuhalten bedeutet Leiden. Diesem Leiden sollten wir nicht entfliehen, etwa in eine vorschnelle Beschwichtigung oder Ablenkung, denn in ihm zeigt sich unser eigentliches Wesen – zunächst von einer dunklen Seite. Wollen wir uns tiefer erfassen, müssen wir unser Wesen in allen Formen ausloten, und dazu gehört auch das Leiden. Es scheint, dass der Weg zur Bewusstwerdung so eingerichtet ist; wir können das Bewusstsein nur erweitern, indem wir Hell und Dunkel annehmen.

Auf der existenziellen Ebene begegnen uns die schon genannte existenzielle Einsamkeit und eine ebenso existenzielle Sehnsucht, die beide Grundgegebenheiten des Lebens sind. Wir sind allein auf die Welt gekommen, wir sind allein in unserem Körper und in unseren nächtlichen Träumen, und wir gehen allein in den Tod. So ist es. Beziehungen können uns helfen, dieses Grundgefühl zu dämpfen, und vielfältige Aktivitäten können es gänzlich in den Hintergrund treten lassen. Das mag eines der Motive sein, warum viele Menschen zu viel arbeiten. Statt das Gefühl der Einsamkeit und gleichzeitigen Sehnsucht zu verdrängen, ist es lohnenswert, ihm genauer auf den Grund zu gehen. Krishnamurti sagte einmal sinngemäß, man müsse durch die Einsamkeit ganz hindurchgehen, bis man hinten herauskommt – also auf einer anderen Seinsebene ankommt. Sie ist ein Tor zur Erlösung von unseren Bindungen. Davon spricht auch das Herz-Sutra, ein zentraler buddhistischer Text: „Gate, gate, paragate, parasamgate" – gegangen, gegangen, hindurchgegangen, ganz hindurchgegangen, das ist der Weg zur Erkenntnis.

Zum existenziellen Leiden gehören auch Gefühle grosser – nicht durch Lebensumstände bedingter – Verlassenheit, Verzweiflung und eventuell Angst. Sie alle begegnen uns auf dem Weg wachsender Bewusstheit. Die existenzielle Verlassenheit ist ein tiefes Gefühl von Verlorenheit, man fühlt sich allein im Weltall, niemand ist da. „Mein Gott, mein Gott, warum hast du mich verlassen", rief Jesus am Kreuz. Auch Johannes vom Kreuz spricht davon, dass die göttlichen Tröstungen auf dem Weg zu Gott ganz wegfallen. Es scheint notwendig, dass wir ganz von dieser Verlassenheit erfasst werden, um später spüren zu können, was uns trägt – ja was wir sind. C.G.Jung schreibt dazu: „Das höchste entscheidende Erlebnis ist das Alleinsein mit seinem Selbst, oder was für einen Namen man immer der Objektivität der Seele beilegen mag. Man muss schon allein sein, um zu erfahren, was einen trägt, wenn man sich nicht mehr tragen kann. Einzig diese Erfahrung gibt ihm unzerstörbare Grundlage"[2].

Es braucht viel Mut, durch die verschiedenen Formen des Schmerzes hindurchzugehen, und so das Leben bis an die Grenzen kennen zu lernen. Das aber ist wohl eine Voraussetzung, um Grenzen zu überschreiten. Zunächst aber müssen wir das Dunkle anerkennen und das Leiden annehmen. Vielleicht geschieht da auch so etwas wie eine Form der „passiven Reinigung" im Sinne des Johannes vom Kreuz, indem wir von vielem enthoben werden, was nicht wesentlich ist. Viele Menschen müssen durch die eine oder andere Form des Leidens gehen. Manche werden dadurch nicht tiefgreifend gewandelt – sie sind froh, wenn alles vorüber ist. Einige aber verändern sich in diesem Prozess, indem sie nicht wieder aufnehmen, was sie im Leiden abgelegt haben, wodurch sie für ganz neue Erfahrungen offen werden.

C.G. Jung nannte diese Phase des Entwicklungsprozesses in Anlehnung an die alchemistische Prozedur der Goldgewinnung die „nigredo", die Schwärzung. Alles wird dunkel. Dazu gibt es auch ein kurzes Koan aus der Zen-Tradition. Es trägt den Titel „Meister Ba ist unwohl"[3]. „Großmeister Ba war es unwohl. Der Mönchsvorsteher des Tempels kam zu ihm und fragte: ‚Meister, wie fühlt Ihr euch heute?' Der Großmeister antwortete: ‚Sonnengesichtiger Buddha – mondgesichtiger Buddha'." Nach dem Kommentar von Yamada Roshi lebt ein sonnengesichtiger Buddha 1800 Jahre und ein mondgesichtiger nur einen Tag. Meister Ba war offenbar sterbenskrank und sagte dazu: ein

Buddha mit langem und einer mit kurzem Leben. Damit äußerte er sich nicht nur über seinen Zustand, sondern er wies vielmehr direkt darauf hin, um was es geht.

Der nächste Schritt auf dem Weg könnte mit **das „Ich" aufgeben** überschrieben werden. Wir haben uns an früherer Stelle damit befasst, was das „Ich" als gefühltes Zentrum der Persönlichkeit alles enthält: unsere Vergangenheit, alle unsere Vorstellungen und Meinungen, Konzepte, Inhalte unseres Denkens, Gefühle und viele Dinge, die uns „gehören" oder uns anhaften – denen wir uns also innerlich nicht entziehen können. Wir definieren unsere Geschichte als unser „Ich" und identifizieren uns mit der Person, welche durch bestimmte Eigenschaften und Erlebnisse geprägt ist. Damit grenzen wir uns von anderen Menschen ab und glauben zugleich, dieses Wesen auch in unserem tiefen Kern zu sein. Kein Wunder, dass wir uns vor dem Tod fürchten, denn dieses Ich, diese Person, wird eines Tages sterben. Und angesichts dessen erfüllt uns der Horror vacui. Deshalb tun wir alles, um diesem Ich wenigstens für unsere Lebenszeit Stabilität zu verleihen, und wir glauben tief an alles, was wir zu sein scheinen. Diese Person ist für uns von großer Wichtigkeit, und die Idee, sie aufzugeben, stößt auf erheblichen, ja erbitterten inneren Widerstand. Warum sollten wir nicht die Person sein, als die wir uns wahrnehmen? Wir sind es auch gewohnt, das Leben selber „in die Hand zu nehmen", wir haben schon so viel gestaltet und vielleicht erreicht, und das soll nun nicht von Bedeutung sein? Und dennoch – es gibt dieses Leiden, das uns weitertreibt, das sich nicht mit der Person zufrieden gibt, als die wir vordergründig erscheinen. Im Grunde haben wir die Fähigkeit verlernt, die Dinge, das Leben, ja uns selbst geschehen zu lassen – dies obwohl offensichtlich ist, dass wir uns nicht geschaffen haben und dass wir die wesentlichen Lebensumstände und Ereignisse nicht schaffen, sondern dass sie uns vielmehr widerfahren. Wir geschehen uns selbst – wir sind unser eigenes Schicksal. Wir sind beides, die Ereignisse und derjenige, der sie erlebt. Alles geschieht *in* uns.

Unsere Person aufgeben, heißt alles aufgeben, an was wir glauben und uns binden. Alle Selbstdefinitionen, alle Vorstellungen und alle Projektionen. Yamada Kôun Roshi, japanischer Zen-Meister des letzten Jh. schrieb dazu, dass wir schwer an der Last unserer eigenen Konzepte, Gedanken und Vorstellungen tragen.[4] Dazu gehörten auch unsere Vorstellungen von heilig und nicht heilig, unsere Anhänglichkeiten und Selbstbestätigungen, unser Geschlecht und unsere Vorstellungen von Gott. Von all dem müssen wir uns freimachen, um zu erkennen, wer wir „wirklich" sind. Der Titel eines Zen-Koan „Wissen ist nicht der Weg"[5] sagt es: Alles was wir an intellektuellem Wissen, aber auch an Vorstellungen über uns selbst angehäuft haben, ist „nicht der Weg". In einem Kommentar schreibt Yamada, dass wir die Wirklichkeit nicht durch Denken und intellektuelles Ergründen verstehen können. Um diese täuschenden Gedanken mit der Wurzel auszurotten, „müssen wir wenigstens einmal sterben und dann wieder lebendig werden". Man könne den Weg nicht gedanklich begreifen, sondern müsse alle Konzepte tilgen und das Bewusstsein gänzlich entkleiden. Wir müssten alle Überlagerungen unseres wahren Seins abwerfen.

Das Ich aufgeben ist eine radikale Sache. Was also ist zu tun? Wir müssen **alles in eine Waagschale werfen**. Das ist der nun folgende notwendige Schritt. Wenn wir uns seinerzeit entschlossen haben, den Weg zu gehen, so war das ein Entscheid unter den damaligen Voraussetzungen. Damals wussten wir noch nicht, was alles auf uns zukommen würde, und was wir alles auszuhalten hätten. Jetzt wissen wir mehr, und wir müssen uns nochmals neu bekennen. Wir spüren, dass es nur mit einem vollen Einsatz geht, nur wenn wir uns ganz einlassen und auf alles andere verzichten. Es muss uns mit dem inneren Weg so ernst sein, dass alles andere hinterher kommt – wir müssen nur noch dieses eine wollen: verstehen, erkennen, durchbrechen. Wir müssen auf unsere Person ganz verzichten. An nichts festhalten. Es ist die Haltung: „Ich will nichts anderes mehr als die Erkenntnis". Indem man sich ganz hineingibt, lässt man auch ein innerliches Sterben zu. Es geht hier nicht um den Willen, etwas zu erreichen – so wie dies auf den ersten Blick erscheinen könnte –, es geht vielmehr darum, sich ganz zu lassen, sich ganz hinzugeben, mit ganzem Herzen an nichts mehr festzuhalten. Es geht um eine völlige Loslösung vom „Ich". In der Bibel steht die Geschichte von jenem Menschen, der alle seine Güter verkaufte, um den Acker zu erwerben, in welchem er um den Goldschatz des Himmelreiches wusste. Man gibt alles her – seine „Identität", denn was mehr haben wir –, um den Acker zu erwerben, wo das Gold der tieferen Erkenntnis liegt. Wenn man alles hergibt, weiß man aber im Gegensatz zur biblischen Geschichte nicht, ob man den Acker dann erhält, ob sich darin überhaupt Gold befindet, ja ob es den Acker überhaupt gibt. Man muss alles hergeben, ohne um einen möglichen Ertrag zu wissen. Diese „Vorleistung" ist zu erbringen. Bei manchen ist es die schiere Verzweiflung, die sie zu diesem Schritt treibt.

Ist man bereit, alles in die Waagschale des Weges zu werfen, lässt man die Verstrickungen des Ich ganz hinter sich, dann wird man sich **in die Leere fallen** lassen. Dieser Schritt kann von Angst begleitet sein – der Angst, orientierungslos zu werden oder gar den Verstand zu verlieren. Man weiß nicht mehr was kommt, wenn alle vorher tragenden Lebenselemente keine Bedeutung mehr haben. Es gibt eine natürliche Angst vor dem „Nichts", eine Angst, das Ich wirklich sterben zu lassen. Bisher war es ja das Zentrum der Persönlichkeit, und was dann? Um in die Tiefe zu kommen, muss die äußere Welt aber irgendwie „abfallen", man muss sich auf eine unbekannte Dimension einlassen. Wir spüren, dass sich etwas fundamental verändert, wenn wir nicht mehr dieses Ich sind, das uns so lange begleitet und auch bestimmt hat. Das Gegenstück dazu ist ein „Nicht-Sein", eine „Leere", auf die wir uns einlassen müssen. Wir müssen uns selber aufgeben und uns „in andere Hände legen" – Herr ich bin bereit, sorge Du nun für mich. Das Loslassen alles Gewesenen, unserer Vergangenheit und unserer Identität führt in eine innere Krise. Das ahnungsweise wahrgenommene Formlose erschüttert uns. Wir werden innerlich ganz nackt. In der Meditation können wir das Gefühl haben, in ein Loch zu fallen. Wir wissen nicht mehr, wer wir sind, haben keine Identität mehr. Wenn ich mich nicht mehr wie bisher verstehe und definiere, wer bin ich dann? Wir treten in eine unbekannte innere Welt ein, in der wir allein sind. Erst wenn wir auf den äußeren Halt verzichten, kommt es zu einer Selbstbegegnung – der Begegnung mit dem größeren Wesen, das wir auch sind.

Dieser Prozess spielt auch in der Tiefenpsychologie des Westens eine bedeutende Rolle. Die Begegnung mit einer „leeren Mitte", die C.G. Jung das „Selbst" nannte, bildet meinem Eindruck nach den Kernpunkt seiner Lehre und seiner Psychologie. Letztlich ging es ihm darum, diesen Prozess, den er offensichtlich selber durchlebt hatte, einzuordnen – zunächst wohl für sich selbst, dann aber auch als Leitfaden für andere Menschen, die sich in einer ähnlichen Lage wiederfanden. Er befasste sich eingehend mit alchemistischen Schriften – nicht gerade das klassische Betätigungsfeld eines Nervenarztes –, worin er Parallelen zu diesem Prozess fand, den er den „Individuationsprozess" nannte. Darunter verstand er den Weg, den der einzelne Mensch in seiner ganz individuellen Weise geht, um zu einer tiefen Erfahrung zu kommen, die jenseits des persönlichen Individuums, des „Ich" liegt. Seine These geht im Wesentlichen dahin, dass wir mehr sind als unser „Ich", wobei er im Gegensatz zu den östlichen Schulen nicht so sehr das Aufgeben des Ich im Auge hatte, als vielmehr dessen Relativierung. Nach Jung's Thesen werden wir erst „ganz", wenn wir uns der transzendenten Dimension unserer selbst bewusst werden. Für das konventionelle Bewusstsein bedeutet dies aber ein Leiden. Die grössere Persönlichkeit wird in der Form eines „Nicht-Ich" erlebt, und die Konfrontation des Ich mit der „Leere" der Mitte entspricht nach C.G. Jung einer schweren Aufgabe, einer „Passion des Ich, d.h. des empirischen, gewöhnlichen, bisherigen Menschen, dem es zustößt, in einen größeren Umfang aufgenommen und seiner sich frei dünkenden Eigenwilligkeit beraubt zu werden"[6]. Relativ zur wachsenden größeren Persönlichkeit verliert unser Ich an Bedeutung, und wir leiden an diesem Verlust. Es braucht Mut, sich der Erfahrung des „Nicht-Ich" auszusetzen. Dies entspricht – etwas pointiert ausgedrückt – einem „Sprung in den Abgrund", wie es Carlos Castaneda in seinem Buch „Der Ring der Kraft"[7] beschrieb. Wir springen ins Ungewisse, ins Unerkennbare, in einen Bereich, der sich unserem Zugriff entzieht. Diese Erfahrung wiederum verändert unser Selbstverständnis – wir sind nicht mehr derjenige, der wir vor dem „Sprung" waren. Trotz der hier gezeichneten dramatischen Bilder müssen wir uns das nicht wie einen äußeren Sprung vom Sprungbrett vorstellen. Es kann einfach das Gefühl eines inneren Fallens sein, ein Fallen, das bis in eine Art Unendlichkeit reicht, zu der wir gleichzeitig eine neue Beziehung erhalten. Die Leere ist nicht mehr bedrohlich, sondern tragend – ja mehr noch, wir erfahren uns als sie selbst. Es ist auch keine sinnliche Wahrnehmung, denn es gibt keine Bilder und auch nichts zu wollen. Manchen Menschen ergeht es auch so, dass sie ohne begleitende Empfindungen in einer tiefen Einsicht plötzlich spüren: „Nun bin ich auf der anderen Seite". Es entsteht Ruhe und Freiheit ohne Grenzen. Das sind wir.

Der im Eingangskapitel erwähnte Großmeister Bodhidharma wurde nach seinem Hinweis auf die „unendliche Weite" des Seins von Kaiser Bu gefragt: „Und wer bist du – mir gegenüber?" Bodhidharma erwiderte: „Ich weiß es nicht". Das ist genau der Zustand, in den man gerät, wenn man den Sprung ins „Nichts" gewagt hat. Man ist seiner Persönlichkeit entledigt und erfährt sich ebenfalls in dieser weiten Leere, ja als diese selbst. Da es dort keine Kriterien und Qualitäten gibt, kann auch nicht gesagt werden, was da ist – und folglich weiß man nicht (mehr), wer man ist. Aber gleichzeitig weiß man viel mehr als früher: Man weiß, dass man nicht das ist, was man bisher zu sein glaubte, nicht die „Person", nicht das kleine „Ich", das sich im täglichen Leben verfängt.

Damit sind wir beim nächsten Punkt angelangt: dem Gefühl der **reinen Präsenz**. Im Verzicht auf die bisherige Identität werden wir offen, weit und leer – wie Bodhidharma. Der bisherigen Einstellung – auch der Vorstellung von einem „Ich" – entledigt, fühlen wir uns frei. C.G. Jung sprach in diesem Zusammenhang von der „albedo" – der Weißung. Alles wird hell. Es erfasst uns ein Gefühl großer innerer Freude und Freiheit. Ohne den Ballast einer künstlichen Identität bewegen wir uns frei durchs Leben. Wir sind offen für alles, was auf uns zukommt, und wir spüren die tiefe gestaltende Lebensenergie im eigenen Inneren. Von manchen wird dies auch als ein Zustand von „Nicht-Wissen" beschrieben. Wir finden uns in einer Lebensdimension, welche mit unseren Kriterien nicht erfasst und mit unseren Worten nicht beschrieben werden kann. Der Verstand wird nicht mehr für metaphysische Spekulationen gebraucht, sondern nur noch für alltägliche Dinge, und wir finden uns in einer ewigen „Gegenwart" – wir sind das Leben selbst. Wie schon erwähnt schrieb Yamada Roshi einmal treffend, dass unser tiefes Sein, das im Buddhismus die „Wesensnatur" oder „Buddhanatur" genannt wird, eigentlich nichts anderes sei, als das Leben selbst: „Leben selbst hat weder Farbe noch Form. Aber dass es Leben gibt, ist außer jedem Zweifel. Wenn wir inhaltlich an Leben denken, ist unsere Aufmerksamkeit meist auf Aktivitäten und Bewegungen gerichtet, wodurch Leben für uns manifest wird."[8] Leben selbst aber transzendiert Zeit und Raum.

„Nirgends gibt es einen Platz wo man sagen kann, hier ist es, aber dort nicht. Nirgendwo im Universum ist so ein Ort", schreibt Yamada dazu.[9]

Der Zustand der „reinen Präsenz" entspricht einer Ichlosen Wahrnehmung. Wir befinden uns in einem unfassbaren Raum und können sehen, wie sich die Welt bewegt, und wie auch wir selbst darin eine Rolle einnehmen. Das „Ich" ist in diesem Sinne nicht als Figur in der Welt verschwunden, aber unsere Identifizierung damit hat sich aufgelöst. Es gibt uns noch, durchaus auch mit einigen angestammten Gewohnheiten, und zugleich haben wir auch das Gefühl, „nicht zu sein" – irgendwie gibt es uns auch nicht. Wir können dabei den Fokus hin und her bewegen, mehr zum Ich (als vordergründig handelnder Instanz) oder mehr zum großen Ganzen hin (wir selbst als Exponenten des Lebensstroms). Es ist, als würden wir – in der Leere verharrend – je nach den äußeren Umständen uns selbst etwas zum Ich hin komprimieren, sodass wir in der Welt auftreten können. Es bleibt aber das Wissen, dass dies nicht unser eigentliches Wesen ist, und entsprechend sind wir auch nicht in die Umstände verwickelt. Wir leben gewissermaßen „doppelbödig": als (weitgehend entleertes, aber gegenwärtiges) Ich und zugleich als Selbst, als die große „Weite und Leere". Was handelt ist gewissermaßen ein „Nicht-Ich", wir lassen uns selbst geschehen, und insofern kann man auch sagen, das „Ich" sei nicht mehr da. Die Lehrer verschiedener spiritueller Schulen stellen diesen Umstand etwas unterschiedlich dar, wobei die einen mehr auf die Abwesenheit des Ich Wert legen, und andere mehr auf die Notwendigkeit einer handelnden Instanz in der Welt. Das ist aber nicht so wichtig – man muss selber ein Gefühl für diese Einschätzungen bekommen und spürt, dass letztlich alle von demselben reden.

Während diese reine Präsenz immer noch wahrgenommen werden kann, ist der **Urgrund** selbst ohne Qualitäten, ohne Eigenschaften und damit ohne jedes Kriterium. Man kann nichts über ihn aussagen; da sind sich die westliche Tiefenpsychologie und der geistige Osten einig. Kein Wort passt. Vom „Tao", welches diesen Bereich bezeichnen soll, heißt es in einem Text von Chuang Tsu, einem Taoisten des 3. Jh. v. Chr. „Wer einem antwortet, der nach Tao fragt, der weiß nicht von Tao. Auch wenn einer von Tao hört, so hört er doch nicht von Tao. Es gibt keine Möglichkeit nach Tao zu fragen, und es gibt keine Möglichkeit, auf solche Fragen zu antworten. Wer es tut, hat keine Wahrnehmung des Universums und keine Vorstellung vom Ursprung der Existenz."[10] Etwas einfacher spricht C.G. Jung – wie erwähnt – von diesem Sein, das er als „Selbst" bezeichnet: dass der Mensch darin einem „Größeren" gegenübersteht, das er mit dem Bewusstsein nicht zu fassen vermag, das keine Ausdehnung hat, als „Nicht-Ich" wirkt und den Charakter der Ewigkeit hat. Unbestimmt und unbegrenzt manifestiert es sich zugleich im individuellen Menschen, ist uns also zugänglich – ja wir entdecken, dass wir dieses Selbst sind. Im Zen-Buddhismus wird dieses Sein als „Wahres Selbst" ganz ähnlich beschrieben als formlos, ohne Gewicht, Größe, Raum, ohne Konzepte, unbegrenzt und unendlich, als Geist ohne Form, leer und gestaltlos. Im Gegensatz zur relativen Welt der Erscheinungen gilt dieses im Osten als das „Absolute", das zugleich ungetrennt von der phänomenalen Welt ist. Indische Meister sagen: „Ich bin DAS"[11].

Der hier in einigen Punkten beschriebene mögliche Weg zu einem erweiterten Bewusstsein verläuft nicht kontinuierlich und durchaus auch nicht nach dieser oder irgend einer Stufenfolge. Vielmehr geht jeder Mensch seinen ganz eigenen Weg, und es ist dabei auch möglich, dass verschiedene Punkte auf verschiedenen Erkenntnisebenen mehrmals durchlaufen werden. Es können auch gleichzeitig mehrere Punkte angesprochen sein – so linear geht das nicht. Man könnte sagen, dass das Selbst – unser tieferes Wesen – seine eigenen Wege findet, um im individuellen Fall eine Erkenntnis zu bewirken. Es gibt dafür kein Programm. Wer sich nicht einfach plötzlich seines weiten Wesens bewusst wird, durchläuft im Allgemeinen einen jahrelangen Prozess, in welchem die verschiedenen Schalen des „Ich" abgelegt werden und die Durchlässigkeit für tiefere Wahrnehmungen steigt. Die Schöpfung scheint vorgesehen zu haben, dass sich die meisten Menschen für eine kürzere oder meistens längere Zeit ganz mit der objektiven äußeren Welt identifizieren und dabei auch ein Ich aufbauen, das ziemlich undurchlässig werden kann. Wir alle leben in Systemen, die wir zunächst verinnerlichen, und erst wenn die Zeit reif ist, können wir dazu und gleichzeitig zu unserer fixierten Identität auf Distanz gehen und uns auf einen tieferen Prozess einlassen. Es gibt dabei viele unterstützende Schulen, religiöse mystische Erfahrungswege, Yoga und Zen, und auch die westliche Tiefenpsychologie sowie spezielle Richtungen wie die transpersonale Psychologie widmen sich der Unterstützung des suchenden Menschen.

Für die Übenden des Zen scheint mir eine etwas genauere Anleitung hilfreich, als sie oftmals vorzufinden ist. Viele Menschen widmen sich einer jahre- und jahrzehntelangen Meditation, ohne zu wissen, wohin diese führen soll. Sie fühlen sich von der Stille angezogen, der man sich in der Meditation widmet, und spüren, dass da „etwas" ist. Manche bewegen sich dabei für sehr lange Zeit in ihren psychischen Schichten, indem sie alles „durcharbeiten", was in ihrem Leben bedeutungsvoll war. Oft genug bleiben sie aber in solchen Betrachtungen und Verarbeitungsprozessen hängen. Sie leisten dann auf dem Sitzkissen eher psychologische Arbeit, als dass sie sich einem gezielt spirituellen Weg widmen, der manche Dinge und Ereignisse hinter sich lassen kann, wenn eine weite Sicht einmal gewonnen ist. Ich plädiere in keiner Weise für eine Verdrängung von wichtigen seelischen Inhalten – auch C.G. Jung wies darauf hin, dass auf einem östlich inspirierten Weg die Arbeit am „Schatten" keinesfalls ausgelassen werden darf[12] –, aber es besteht umgekehrt auch die Gefahr, keine tiefere „Befreiung" zu erlangen, weil es keinen Wegweiser dafür gibt. Manchmal bleiben die Zen-Übenden trotz der üblichen Einzelgespräche mit der Lehrperson ohne Anleitung für jene Schritte, die über eine erste Zen-Erfahrung hinausgehen. Hilfreich wäre meines Erachtens der klare Hinweis darauf, dass das „Ich" relativiert und schließlich aufgegeben werden muss, und die Erklärung, um was es sich bei diesem Ich handelt. Die alten Zen-Meister attackierten das Ich ihrer Schüler stets in kreativer und neuer Weise, aber wir haben uns darauf verlegt, diese alten Geschichten zu tradieren und daraus einen Koan-Weg zu machen. Darin werden zwar vielfältige Lebensthemen abgehandelt, doch garantiert die Auseinandersetzung mit den Koan nicht unbedingt, dass das Ich ganz aufgegeben wird.

In anderen spirituellen Schulen etablieren sich gelegentlich kombinierte Programme mit einer „mehrdimensionalen Entwicklungsstrategie", in denen gleichzeitig psychologische Themen abgehandelt und die spirituelle Öffnung vorangetrieben wird. Aber auch da scheint mir Vorsicht geboten – diesmal aus umgekehrtem Grund. Über das tiefere Selbst jedes einzelnen Menschen sollte nicht ein Programm „für alle" gestülpt werden, das den je eigenen notwendigen Entwicklungsschritten nicht mehr Rechnung trägt. Diesbezüglich scheint mir jedes Programm fragwürdig. Überzeugender ist das individuelle Abholen jedes einzelnen suchenden Menschen an seinem Ort, und dessen Förderung und Herausforderung genau an diesem Ort. Im Rahmen des Zen könnte das in Einzelgesprächen oder auch in Gruppenteachings erfolgen. Es setzt voraus, dass die Lehrpersonen über genügend tiefe eigene Erfahrungen verfügen.

[1] Meister Ryokan, Alle Dinge sind im Herzen, Herder Spektrum Freiburg, Bd. 5718, S. 116

[2] C.G. Jung, Psychologie und Alchemie, Ges. Werke Bd. 12, Walter Verlag Olten 1972, S. 43

[3] Koan-Sammlung Hekiganroku, Yamada Kôun Roshi, Kösel Verlag München, Bd. 1, 2002, Fall 3, S.45

[4] Yamada Kôun Roshi, Hekiganroku, Kösel Verlag München 2002, Bd. 2, S. 429

[5] Koan Sammlung Mumonkan, Kösel Verlag München 1989, Fall 34, S.187

[6] C.G. Jung, Zur Psychologie westlicher und östlicher Religion, Ges. Werke Bd. 11, Walter Verlag Olten 1973, S. 171

[7] Carlos Castaneda, Der Ring der Kraft, S. Fischer Verlag Frankfurt 1970, S.283

[8] Yamada Kôun Roshi, Hekiganroku, Kösel Verlag München 2002, Bd. 1, S. 496

[9] Yamada Kôun Roshi, Hekiganroku, Kösel Verlag München 2002, Bd. 1, S. 496

[10] Zitiert nach Lawrence Day, Ch'an and Taoism.

[11] z.B. Nisargadatta Maharaj, vergl. die drei Bände „Ich bin" (orig. „I am that"), Dt. Nationalbibliothek, 2014

[12] vergl. C.G. Jung, Zur Psychologie östlicher Meditation, Gesammelte Werke Bd. 11, Walter Verlag Olten 1973, S. 618

Fünf Arten Zen

Auf dem Weg der inneren Entwicklung spielt die Stille eine bedeutende Rolle – ja sie ist zugleich ihr Weg und Ziel. Was diese Stille dabei ist, sei etwas später beleuchtet. Damit der Geist still wird, muss auch der Körper zur Ruhe kommen. Es gibt viele Arten der Bewegung, aber nur eine Art der Bewegungslosigkeit – nämlich sich nicht zu bewegen. Es scheint wirklich eine Voraussetzung für die tiefere Erfahrung von Stille zu sein, dass wir uns nicht bewegen. Dies wird in der Meditation geübt, und es gibt verschiedene Positionen, um möglichst wenig körperliche Bewegung zu generieren. Im Osten sitzt man dazu mit überkreuzten Beinen am Boden, so etwa in Indien, und in Japan auf einem Sitzkissen „Zafu". Im Westen haben wir diese Sitzpositionen übernommen. Sie sind auch für uns nicht ungeeignet, auch wenn es Anpassungen braucht – je nach der körperlichen Verfassung. Auch das Sitzen auf einem Stuhl ist eine gute Möglichkeit, um sich ins Innere zu versenken; es geht ebenso gut wie auf dem Sitzkissen. Allerdings gibt es auch Meditationsformen in Bewegung wie Yoga, Tai Chi, oder Kin-Hin im Zen. Der schon erwähnte indische Weise Krishnamurti sagte, dass Meditation überhaupt nicht heiße, mit überkreuzten Beinen auf einem Kissen zu sitzen. Vielmehr gehe es darum, die „Wahrheit" zu schauen, die immer da ist, und er meinte damit das Wesen, das wir im Tiefen sind – sitzend, liegend, stehend oder gehend. Allen Schulen ist aber gemeinsam, dass für die Innenschau Stille notwendig ist. Das Sitzen ist eine gute Form dafür, sich nach Innen zu wenden, und der Begriff Meditation bezeichnet dabei sowohl eine äußere Form wie eine innere Verfassung. Ken Wilber, ein bekannter Publizist zu spirituellen Fragen, ist der Ansicht, dass die Meditation die einzige Form sei, die als Übung nachgewiesenermaßen die spirituelle Entwicklung fördere.[1] Es geht also um den inneren Weg, der durch die äußere Meditationsform und Zeiten der Verinnerlichung begünstigt wird. Die Meditation kann dabei verschiedene Stufen der Tiefe erreichen und hat je entsprechende Ziele. Im Zen werden fünf Stufen der Meditation unterschieden, die verschiedene Ziele haben: (1) die Förderung von Ruhe und Gelassenheit, (2) die Selbsterforschung, (3) das Anhalten des Denkens, (4) die Erfahrung tiefen Seins in der Stille, und (5) die bewusste und dauerhafte Verankerung in unserem tiefen Wesen. Diese fünf Stufen dienen mit wachsender Intensität der Auseinandersetzung mit dem, was wir als unser „Ich" erleben, und der Hinwendung zu einem Bereich des „Nicht-Ich". Letzteres entspricht einer unermesslichen und unfassbaren Dimension, die wir nicht nur in unserem Inneren vorfinden können, sondern die wir sind.

1 – Viele Menschen verfolgen mit der Meditation vor allem ein äußeres Ziel: Sie möchten etwas vom Joch der überzähligen Gedanken und Gefühle befreit werden und dadurch mehr **Ruhe und Gelassenheit gewinnen**. Das aber soll nach ihrer Ausrichtung im Rahmen des „Ich" geschehen, das seinerseits nicht zum Thema wird. Im Zen wird diese Ausrichtung *„Bompu-Zen"* genannt. Lange genug einigermaßen bewegungslos auf einem Kissen zu sitzen kann durchaus Erfolge bringen, und es gibt auch treue Besucher von Zen-Hallen, die sich auf diese Weise immer wieder für das alltägliche Leben „justieren". Sie spüren, dass ihnen Meditation gut tut. Vielleicht wissen sie nicht, dass ihnen der Weg viel mehr geben könnte, oder sie haben keine derartigen Ansprüche. Grundsätzlich sind sie mit ihrem Leben zufrieden, und so soll es auch bleiben. Es kommt aber auch vor, dass diese relative Ruhe durch unerwartete Ereignisse durchbrochen wird, und dass die Betroffenen dann nach tieferer Erfahrung suchen. Oder sie merken in ihren Meditationen plötzlich, dass sie sich zu verändern beginnen, und dass da mehr in ihnen steckt als eine vordergründige Beruhigung. Auch das kann eine Motivation sein, weiter zu gehen und tiefer zu greifen.

2 – Wer tiefer zu meditieren beginnt, hat eine klare Motivation. Er respektive sie will sich tiefer erfahren, will wissen, was noch in ihm oder ihr steckt. Und damit beginnt die nächst folgende Ausrichtung der Meditation: die **Selbsterforschung**. Wenn man still auf dem Kissen sitzt, kommt einem vieles entgegen, dem man sich in der Stille nicht entziehen kann – wichtige Lebensthemen, aber auch Alltagsbegebenheiten ohne größere Relevanz. Davon war schon an früherer Stelle die Rede. Das eine oder andere dieser Themen kann sich in der Meditation klären, was durchaus gut ist. Auch diese Prozesse und Erkenntnisse finden innerhalb des Bereiches statt, den wir das „Ich" nennen, innerhalb der Persönlichkeit, die wir sind. Eigentlich geht es in dieser Selbstergründung darum herauszufinden, wie man funktioniert. Wir erkennen, dass wir von zahlreichen Konzepten und Vorstellungen geprägt sind, die unser Selbstbild und das Bild der Welt prägen. Wir sehen, dass uns Gefühle umtreiben, und wir sind nicht immer glücklich dabei. Einige Gefühle würden wir gerne weghaben, und andere pflegen wir mit Inbrunst – auch wenn sie uns bei näherem Hinsehen ebenso unfrei machen, wie die unerwünschten. Man denke etwa an den Zustand der Verliebtheit, in welchem man von der Einzigartigkeit des Erlebens absolut überzeugt ist, während alle andern wissen, dass es die allergewöhnlichste Sache ist. Da ist man nicht frei, sondern seinen Gefühlen ganz ausgeliefert, und viele Schlagertexte, welche die „Liebe" besingen, bringen das deutlich zum Ausdruck! Gedanken und Gefühle kommen und vergehen, und sie sind daher nicht das „Eigentliche", das wir sind. In der Meditation lösen wir uns von solchen Empfindungen, Bildern und Erfahrungen, die uns prägen. Wir realisieren, dass dies die Oberfläche unseres Seins ist. Indem wir das Persönliche explorieren, zeigt sich die Relativität der „Person" – jener Gestalt, die uns lange als zentrale Größe unserer selbst erschien. Unser Geist und unser Herz werden langsam frei von Illusionen. Wir lösen uns Schritt

für Schritt vom „Ich" als unserer zentralen Erscheinung und werden durchlässig. Unsere Meinungen sind uns nicht mehr so wichtig wie früher, und auch nicht die Meinungen anderer Menschen. Wir sehen, dass das Leben sich nicht eigentlich auf dieser Ebene abspielt, und dass viele Streitigkeiten von einer tieferen Warte aus gesehen nutzlos sind. Sie sind einfach das Spiel des Lebens. Menschen, die darin verfangen sind, verlangen von uns gerne, dass wir daran teilhaben und halten uns für gefühllos, wenn wir nicht auf ihren Zug aufspringen. Gerne teilen sie uns in ihrem „Lebensspiel" auch gewisse Rollen zu, die wir ausfüllen und auf ihrem Theaterplatz spielen sollten, und sie werden ärgerlich, wenn wir dies nicht tun. Von außen aber erscheint dieses Spiel oft als Gefangenschaft, an der sich zu beteiligen nicht attraktiv ist. Das Bemühen um die Erkenntnis derartiger Zusammenhänge kommt in die Nähe dessen, was im Zen als „*Gedo-Zen*" bezeichnet wird.

3 – Im weiteren Verlauf eines ernstgemeinten Meditationsweges geht es darum, das unterscheidende **Denken anzuhalten**. Gelingt uns dies, dann werden wir wirklich still. Wir sehen, dass es die Kapriolen des Ich gewesen sind, die uns in Unruhe versetzten. Stille ist immer da, und wenn wir sie finden wollen, müssen wir nur all das wegräumen, was sie überdeckt. Stille ist der tiefe Zustand unseres Seins. Wenn die Wellen auf dem Ozean hochschlagen, ist das Wasser unten doch ganz unbewegt. Ja, und ob es Wellen gibt oder nicht – nass ist das Wasser immer. Langsam stoßen wir zur grundsätzlichen Qualität unseres Seins vor. Das ist „*Shojo-Zen*". Es gibt da ein schönes Koan, das diesen Prozess beleuchtet. Es heißt „Bodhidharma bringt den Geist zur Ruhe"[2]. Von Bodhidharma haben wir ja schon gehört – er ist derjenige, der beim Kaiser in China sagte, er wisse nicht, wer er sei. Zu ihm kam sein späterer Nachfolger, der sich nach der Legende den Arm abschnitt, um die Ernsthaftigkeit seines Ansinnens zu unterstreichen. Die kurze Geschichte geht so: „Bodhidharma saß mit dem Ge-

sicht zur Wand gekehrt. Der zweite Patriarch stand im Schnee, schnitt sich den Arm ab und sagte: ‚Der Geist deines Schülers hat noch keinen Frieden. Ich bitte Euch, Meister, bringt ihn zur Ruhe!' Bodhidharma sagte: ‚Bring deinen Geist zu mir, und ich will ihn befriedigen!' Der Patriarch sagte: ‚Ich habe nach dem Geist gesucht, aber ich konnte ihn nicht finden.' Bodhidharma sagte: ‚So habe ich deinen Geist für dich schon zur Ruhe gebracht'." – Man muss dazu wissen, dass Bodhidharma nach seiner Begegnung mit dem Kaiser lange vor einer Wand meditierte und nicht lehren wollte. Der hier erwähnte zweite Patriarch war damals noch nicht erwacht und suchte Anleitung auf seinem Weg. Wie es auch vielen von uns ergeht, war sein Geist nicht ruhig. Bodhidharma schickte ihn auf den Weg, nach seinem „Geist" zu suchen. Was ist denn das? Gibt es den überhaupt? Ohne in seinen geistigen Aktivitäten verfangen zu sein, ist man ruhig. Der hier genannte Geist sind diese Aktivitäten selbst. Lässt man sie weg, gibt es auch diesen Geist nicht. So brachte Bodhidharma den Geist des Schülers zur Ruhe, aber es ist nicht überliefert, ob dieser die Sache bei dieser Gelegenheit begriffen hat, oder erst später. Jedenfalls wurde er aber eines Tages Nachfolger von Bodhidharma und wird im Koan deshalb der zweite (chinesische) Patriarch genannt. Wollen wir ihm auch nachfolgen? Nicht um zu tun, was dieser getan hat, sondern um zur selben Erkenntnis vorzustoßen. Im Zen geht es niemals darum, jemanden in dessen Erkenntnissen nachzufolgen, sondern eigene Erkenntnisse zu erlangen. Stellen wir dann fest, dass es die gleichen wie die des Lehrers sind, dann sind wir diesem „von Auge zu Auge" begegnet, wie es im Zen heißt.

4 – Der Geist, der zur Ruhe kommt, wird zu einem **Sein in der Stille**. Wir haben eine erste Erfahrung unseres tiefen Seins. Im Zen wird dies *Kensho* genannt – das Wesen sehen. Ken heißt sehen, und Sho ist das Wesen. Wir erkennen erstmals unser tiefes Wesen und fühlen klar, dass wir etwas

anderes sind als unser Ich. Wer auf diesem Weg unterwegs ist, macht „*Daijo-Zen*". Was aber ist dieses „Wesen", was sind wir „wesensmäßig"? Diese Begriffe sind lediglich Worte und beinhalten in sich selbst nichts. Es geht darum, die entsprechende Erfahrung zu machen, und dazu muss man das Ich gründlich loslassen. Wir haben in einem früheren Kapitel schon davon gesprochen, und das Thema soll hier weiter eingekreist werden. Es ist der Moment, in dem wir das erste Mal in eine „nicht-phänomenale Welt" schauen. Wo wir spüren, dass es noch etwas anderes gibt, als unsere Sicht der Welt in Zeit und Raum. Wo wir merken, dass die Erscheinungen auf dieser Welt Ausdruck von etwas Größerem sind, und dass sie deshalb auch alle miteinander verbunden sind. Wir nehmen die Welt neu als „Einheit" wahr. Wir befinden uns gewissermaßen in einem „geistig globalisierten" Zustand. Für viele ist diese erste Erfahrung ein sehr einschneidendes Erlebnis, das ihre Ausrichtung im Leben verändert. Einige aber nehmen die Erfahrung einfach als bedeutendes Ereignis zu sich und gehen wieder in die Alltagswirklichkeit zurück. Später erinnern sie sich unter Umständen nicht einmal mehr daran. Im Rinzai-Zen folgt auf dieses Erlebnis eine lange „Zen-Schulung", in welcher man hunderte von Koan behandelt und darin die erste „Seinserfahrung" von allen Seiten her beleuchtet und vertieft. Das ist eine gute Möglichkeit, aber sie führt nicht unbedingt über dieses Erlebnis hinaus. Dieses wird stabilisiert, im Leben gefestigt und zu einem Eckpunkt der persönlichen Ausrichtung, doch es bleibt eine „persönliche" Ausrichtung. Wir können im „Ich" hängen bleiben, auch wenn es sich neu orientiert und ausweitet. Es geht aber darum, weiterzugehen.

5 – Der innere meditative Weg ist also noch nicht beendet. Es gilt ganz einzutauchen in das stille Sein und das Ich ganz aufzugeben. Auch davon war schon die Rede. Die Stille, die Leere, die Weite – dies ist das „Nicht-Ich", um das es geht. Max Picard, ein Arzt und Kulturphilosoph des letz-

ten Jahrhunderts, schrieb ein Buch über das Schweigen. Darin steht: „Es gibt keinen Anfang vom Schweigen und auch kein Ende, es scheint noch aus jenen Zeiten zu stammen, da alles noch ruhendes Sein war, es ist wie ungeschaffenes immerwährendes Sein"[3]. Unser Schweigen erscheint damit als Abbild einer ewigen Stille – eine gute Beschreibung. Die Meditation bringt uns ins Schweigen, aber wir müssen die Stille erfassen und uns **in unserer realen Natur dauerhaft verankern**. Der indische Weise Harivansh Lal Poonja sagte an einer Veranstaltung, alles kehre in die Stille zurück. Sie ist der form- und zeitlose Ursprung. Entsprechend ist nach Poonja auch das Ziel aller Praxis die Stille. Das ist nach ihm unsere reale Natur. Im Zen wird dies *„Saijojo-Zen"* genannt, die höchste Form von Zen. Es ist das Eintauchen ins Unermessliche, Unfassbare des Seins, und das Verfließen damit. Es ist reines Sein, formlos und leer. Darin findet sich tiefe Freiheit, auch Freiheit von allen Lehren, Konzepten und Autoritäten. Hier fehlt nichts. Wenn dieser Zustand dauerhaft aufrecht erhalten werden kann, spricht man im Zen von *Satori*.

Der japanische Zen-Meister Hakuin Ekaku, der im 18. Jh. wirkte und eine bedeutende Persönlichkeit war, verfasste das schon kurz erwähnte, heute berühmte „Lied auf Zazen", das in den meisten Zen-Klöstern und Zen-Zentren regelmäßig rezitiert wird. Za heißt Sitz, und Zazen bezeichnet damit das Sitzen im Geist des Zen. In diesem Lied findet sich nach der Klage über den Weg vieler Menschen, die „auf des Unwissens dunklen Pfaden" gehen, ein Loblied auf Zazen – also auf die Meditation. „Oh Zazen des Mahayana! Ihm sei höchstes Lob! – Alle Dinge haben ihren Ursprung darin. – Wer nur einmal Zazen versucht (meditiert) löscht zahllose vergangene Sünden" (löst sich aus den Wirrungen des Ich), und „wer nur einmal diese Wahrheit hört, erlangt Segnungen ohne Ende." Und weiter heißt es: „Jene aber, die sich nach Innen wenden und die Selbst-Natur bezeugen – die Selbst-Natur, die eine Nicht-Natur ist – gehen über bloße Lehren weit hinaus" (wer nicht nur meditiert, sondern die Sache wirklich versteht, geht über die Lehren – auch jene des Buddha – weit hinaus). Und Hakuin fragt: „Fehlt noch etwas in diesem Augenblick?". Die Antwort kann nur heißen: „Nein". Aber das müssen wir erfassen. Wir müssen verstehen, dass alles vollständig ist.

Die japanischen Koan drücken diese Weisheit aus. Aber für uns im Westen fehlt oft das „Mittelglied", weshalb uns die Geschichten so eigenartig erscheinen. Es gibt einen Anfang – vielfach eine Fragestellung – und es folgt eine überraschende Antwort des Meisters, welche auf einer ganz anderen Ebene erscheint. Die Antwort kann den Schüler tatsächlich in eine andere Dimension bringen, und in den historischen Begegnungen, von denen die Koan berichten, scheint das oft der Fall gewesen zu sein. Das „Fehlen des Mittelgliedes" hat dabei den Zweck, dem Schüler einen Sprung in der Wahrnehmung zu ermöglichen – er muss selber auf die andere Ebene gelangen. In der Zen-Schulung wird aber oft nicht oder wenig behandelt, um welchen Sprung es eigentlich geht. Man spürt, wenn man ihn geschafft hat, aber man kann ihn nicht einordnen. So sollte zumindest nachträglich eine Orientierung angeboten werden, damit die Erfahrung in einen Zusammenhang gestellt werden kann. Ein Beispiel für ein solches Koan ist dasjenige vom „Eichbaum im Garten"[4]. Es lautet: „Ein Mönch fragte Jôshû in allem Ernst: ‚Welchen Sinn hat das Kommen des Patriarchen aus dem Westen?' Jôshû antwortete: ‚Der Eichbaum im Garten'." – Dies zu verstehen entspricht einem geistigen Schritt. Man erfährt: das ist „ES". Der oft nicht erläuterte Punkt ist, dass der Meister von der Seinsebene her antwortet. Er ist in der Stille verankert – er ist dieses „Nicht-Sein". Säßen wir dem alten Meister gegenüber, würden wir das natürlich spüren. Das Entscheidende des Buddhismus (in diesem Koan als das „Kommen des Patriarchen Bodhidharma aus dem Westen" beschrieben) und damit unseres Seins ist das ewige „Jetzt" – ein Sein, in welchem das „Ich" und das „Nicht-Ich" zusammenfallen und beide als Einheit erfahren werden. Und das ist (im Falle dieses Koan) „der Eichbaum im Garten", welcher wohl neben Jôshû gestanden hat.

In manchem Koan heißt es zum Schluss, dass der Schüler bei der Antwort Erkenntnis erlangt habe, und bei den weniger Begabten war es auch etwa „eine gewisse Erkenntnis". Diese Mönche hatten also noch weiter zu suchen. Manchmal ergibt sich in den Koan auch ein Wechselspiel, in welchem der Meister einen Schüler mehrmals herausfordert. Das führt in einigen Fällen zum Erfolg, aber in anderen nicht. „Du Reissack" mag dann die abschließende Feststellung des Meisters sein. Auch bei uns ist es so, dass sich eine tiefere Erkenntnis nicht ohne weiteres einstellt – ja meistens stellt sie sich über Jahre nicht ein. Darüber müssen wir nicht verzweifelt sein. Es verhält sich damit eher wie auf einer Bergwanderung im Nebel – man geht stundenlang den Berg hinauf, und nichts verändert sich. Und plötzlich kommen wir über die Nebeldecke – mit einem Schlag sehen wir die weite Aussicht. So ist es auch, wenn man „Kensho" erlangt. Aber wir müssen noch zur großen Stille werden. Wir müssen uns als das Unermessliche erfassen. Der Weg ist noch nicht beendet.

---

[1] z.B. mit Bezug auf die Studien mit dem Karmapa 2003
[2] Koan-Sammlung Mumonkan, Kösel Verlag München 1989, Fall 41, S.219
[3] Max Picard, Die Welt des Schweigens, Rentsch Verlag Erlenbach 1948, S. 51
[4] Koan-Sammlung Mumonkan, Kösel Verlag München 1989, Fall 37, S. 200

Anbindung ans „Selbst"

Während wir uns bisher aus dem Blickwinkel des „Ich" und seiner Erlebnisweise mit der Thematik des inneren Wandels beschäftigt haben, sollen hier verschiedene Bewusstseinsformen beleuchtet und ein möglicher Weg darin aufgezeichnet werden. In diesem Kapitel geht es um das „Ich" und das „Selbst" als Kernpunkte der Wahrnehmung und um die Verschiebung der zentralen Bewusstseinsposition im Laufe des Entwicklungsprozesses. Es werden dabei einige Wiederholungen von bisher Gesagtem nicht zu umgehen sein, aber es entspricht durchaus dem Charakter dieses Buches, das Thema mehrfach einzukreisen. Die spirituelle Bewusstwerdung ist ja keine einfache Angelegenheit, und es erscheint ihrem Wesen gemäß, sich darin in einer zirkulären Form fortzubewegen. Dazu gibt es ein schönes kleines Koan, das lautet: „Um der Anforderung an einen Zen-Schüler gerecht zu sein, muss ich auf diesem schmalen Bergpfad mit neunundneunzig Kurven geradeaus gehen."[1] Analog zur inneren Haltung, die auf diesem Weg angebracht ist, haben die folgenden Darstellungen auch so etwas wie eine lineare Stringenz. Der Einzelne wird den Berg auf diesem kurvenreichen Weg Schritt für Schritt erklimmen. Die methodische Schwierigkeit liegt dabei im Thema selbst, das sich letztlich um ein „Unermessliches" dreht, das sich jeder Beschreibung entzieht.

Wie schon beschrieben wächst jedes Kind aus seinem Ursprung langsam in die Welt hinein, und das bewusste Leben aller Menschen beginnt als „Person". Wir identifizieren uns mit allen inneren und äußeren Gegebenheiten und nennen dies unser „Ich" und „unser Leben". Dieses Leben ist eine Abfolge von Ereignissen, die wir fein säuberlich aufreihen und zu einem Bild verdichten. Dieses Bild nennen wir schließlich „Ich", und wir verstehen uns als eine bestimmbare Person. C.G. Jung schreibt dazu: „Der westliche

Mensch ist von den ‚zehntausend Dingen' bezaubert; er sieht das Einzelne, er ist ich- und dingverhaftet und der tiefen Wurzel allen Seins unbewusst."[2] Und der schon früher erwähnte Zen-Meister Yamada Kôun sagt im gleichen Sinne: „Die meisten Menschen sehen nur die phänomenale Welt und halten nur sie für existent." So ist es tatsächlich, die meisten von uns sind in der äußeren Welt verhaftet. In dieser Welt gibt es ein als real empfundenes „Ich", das alles einschließt, was wir erlebt haben – einschließlich unserer Gefühle und unseres Körpers, mit denen wir gleichermaßen identifiziert sind. Diese Identifikation muss sich nicht in einem ausgeprägten Egoismus ausdrücken – es genügt, dass das „Ich" im Zentrum unseres Erlebens und unserer Aufmerksamkeit steht. Dies wiederum zeigt sich in den vielfältigen Formulierungen, denen wir überall und tagtäglich begegnen: Ich denke, ich fühle, ich will, ich habe usw. Das ist die kollektive Normierung, wie sie heute allgemein besteht – nicht nur im Westen, den Jung besonders im Auge hatte. Entsprechend sind wir auch „Opfer der Umstände", da sich die Welt nicht stets nach unseren Vorstellungen verhält, und wir halten das Recht zur Klage für angebracht. In diesem „normalen Bewusstsein" hat das Ich **keine Verbindung** zum großen Sein, zum Ursprung oder All-Einen, das die Welt letztlich ist, und das auch unser tiefes Wesen darstellt. Dieses große Sein hat viele Namen wie Gott, Allah, Tao oder Buddhanatur, und es ist das Ziel aller mystischen Wege, eine Erfahrung dieses Bereiches zu machen, ja gar, uns dort zu beheimaten. Die Erfahrung dieser Dimension ist das Ziel des Menschen auf der Suche nach seinem Ursprung, nach seiner tiefsten Heimat und Identität. Solange wir dazu aber keine Beziehung haben, fühlen wir uns getrennt, allein, hilflos, irgendwie unvollständig. Diese Gefühle aber bringen uns wiederum dazu, nach der Vollständigkeit zu suchen. Wir möchten aus der Gegensätzlichkeit und den Konflikten herauskommen. Einige versuchen dies in der äußeren Welt, indem sie „Friedensarbeit" leisten und andere dabei unterstützen, den Frieden zu leben, obwohl sie ihn vielleicht selber noch nicht gefunden haben. Dass sie das Thema nicht als eigene Angelegenheit erkennen, liegt vielleicht daran, dass sie sich nur als äußere Erscheinung wahrnehmen. Gegen diese Art von Friedensarbeit ist nichts einzuwenden, aber es ist zu bedenken, dass Friede vielleicht doch zuerst im eigenen Inneren verwirklicht werden muss, bevor wir ihn wahrhaftig weitergeben können. Andere wenden sich zuerst der Innenwelt zu und suchen dort Frieden und Gelassenheit, und das ist eine gute Ausgangsposition für den weiteren Weg.

Wenn der Impuls zur Innerlichkeit stark ist, dieser aber nicht der äußeren Lebenssituation entspricht, kann sich leicht eine Spannung aufbauen. Sie mag als unangenehm erlebt werden, doch ist sie ein gutes Zeichen. In diesem Impuls liegt bereits die Kraft, die weiterführt. Diese **Spannung** bezieht sich auf das Verhältnis zwischen Ich und Selbst, wobei letzteres noch nicht in den Blickwinkel bewusster Aufmerksamkeit getreten ist. Wir fühlen aber, dass uns etwas „drängt", wenngleich wir nicht wissen, was und wohin. Viele werden auch durch körperliche oder psychische Symptome auf die Notwendigkeit einer Neuausrichtung aufmerksam gemacht. Manche suchen hinsichtlich einer Problemlösung aber im selben Feld, in welchem sie sich stets bewegen. Sie kommen zum Schluss, dass sie wohl etwas weniger arbeiten sollten, mehr Sport treiben oder die Beziehungen intensiver pflegen möchten. Einige machen sich auf den Weg der psychologischen Arbeit und klären ihre Haltungen und Lebensverhältnisse im Gespräch oder in einer Psychotherapie. Die psychologische Ebene scheint im Rahmen der Bewusstseinsentwicklung durchschritten werden zu müssen, weil dort die Knoten liegen, welche einen weiteren Fortschritt verhindern.

Diese Arbeit hat ihr Gutes, aber nicht immer sind die Symptome damit bewältigt – manchmal ist ein größerer Wandel angesagt, ein Wandel des Bewusstseins, das Betreten eines neuen Feldes. Diesen Impulsen folgend können wir an die innere Arbeit gehen: Wir beginnen, eine neue Durchlässigkeit zu gewinnen und zu fördern. Wir werden „offener". Dabei geht es um ein größeres Körperbewusstsein, um die bessere Wahrnehmung innerer Kräfte, um die Auseinandersetzung mit unseren Schattenseiten. Prozessarbeit und Meditation können diese Entwicklung unterstützen. Man folgt seinen inneren Empfindungen und Körpersignalen. Dabei kann sich zeigen, welche Botschaften sie in sich tragen. Oft sind es Lebensimpulse, die aus irgendeinem Grund nicht mehr richtig zum Zuge kommen und in verkürzten Impulsen nur noch als stumme Mahner wirken. Nimmt man sie ernst, kann dies befreiend wirken und zu mehr Offenheit gegenüber unserem tieferen Wesen führen, das sich in diesen Prozessen ja auszudrücken versucht. Mehr Durchlässigkeit erzeugt auch die Meditation, der wir uns ja schon eingehend gewidmet haben. Wenn wir uns darin üben, im Geist zur Ruhe zu kommen, können wir mit der Zeit die innere Stille fühlen, die in allem liegt. Dabei ahnen wir, dass unser Leben die Möglichkeit zu ungeahnten inneren Erfahrungen in sich trägt. Diese Öffnung dürfen wir allerdings nicht kontrollieren wollen, weil wir uns damit wieder hemmen würden. Wir müssen ganz einfach in die Stille eintauchen, die stets auf uns wartet und sich zeigt, wenn wir nur zur Ruhe kommen. Im Osten wird dieser Zustand innerer Sammlung „Samadhi-Zustand" genannt. Er ist Voraussetzung für die weitere Selbstbeobachtung und Selbstbegegnung. Solange es im Bienenhaus unseres Kopfes schwirrt, können wir die leisen Klänge nicht hören.

Im Zuge all dieser Bemühungen erlangen wir eine **Ahnung** davon, dass da noch etwas ist, was unsere Aufmerksamkeit erheischt. Sind wir auf diesem Pfad, haben wir den inneren Sucher in uns entdeckt. Er kann geradezu wie eine andere Person in uns erscheinen, etwa als ein Mönch oder eine Nonne, als verinnerlichter Mensch, der im Gegensatz zu den äußeren Lebensverhältnissen steht. Es kann auch eine Naturfrau sein, ein helfender Geist, eine Stimmung oder Atmosphäre, die uns gelegentlich umgibt, oder aber das Gefühl für etwas Wesentliches, das uns abhanden gekommen scheint. Eine innere Gestalt kann sich dabei leicht auf einen Menschen projizieren, der einige ihrer Eigenschaften zu haben scheint. Dieser kann uns möglicherweise auch tatsächlich einen Schritt weiterhelfen, doch sollte man sich darüber im Klaren bleiben, dass der wirkliche Meister in uns selber steckt. Alle Entwicklungsimpulse stammen aus unserem eigenen Inneren. In der „Ahnung" spüren wir, dass unser tiefes Sein wirklich mehr ist, als unsere vordergründige Person, es entsteht eine sehr zarte und noch lockere Verbindung zwischen unserem „Ich" und jenem anderen Bereich, den viele das „Selbst" nennen. Statt wie früher „ich will" zu sagen, sagen wir jetzt vielleicht „es gibt da noch etwas." Vielleicht versuchen wir zunächst, uns ich-orientiert diesem Bereich anzunähern: „ich will mehr wissen, ich will es erfahren". Die Schwierigkeit liegt aber darin, dass wir als eine definierte Person das Unbegrenzte nicht sehen können, das undefinierbar in uns selber liegt. Unser „Ich" ist seiner Art nach Bewegung, und es kann daher nicht „in die Stille" gehen. Stille ist nicht in irgendeiner Weise zu vereinnahmen – wir können uns nur „hinein senken". Das braucht einige Demut, und wir müssen auf das verzichten, was das „ich will" meint.

Sind wir ernsthaft unterwegs, wird es uns mit der Zeit gelingen, das „Andere" besser zu spüren. Es entsteht jetzt eine **Verbindung** zwischen Ich und Selbst. Wir spüren die tiefere Kraft in uns, die „Botschaften", die unser Ich von da erreichen wollen. Wir spüren in manchen Momenten eine tiefe Inspiration, die uns durchfließt, und zu gewissen Zeiten fühlen wir uns völlig „präsent". Das sind die Momente, wo wir als ein „Ich" mit unserem größeren Selbst in Verbindung stehen. Üblicherweise ist diese Beziehung – einmal erfahren – nicht stabil, und manchmal verschwindet sie sogar wieder ganz und kommt nicht wieder. Die erste Erfahrung des „Selbst" als tiefer Wesenskern unseres Seins ist oft sehr eindrücklich und emotional geladen. C.G. Jung spricht mit Bezug auf die Zen-Erfahrung davon, dass die Reaktion Ganzheitscharakter hat, „da sie einer durch kein diskriminierendes Bewusstsein aufgeteilten Natur entspricht. Daher die überwältigende Wirkung"[3]. Durch den Einbruch des größeren „Selbst" wird das „Ich" geschwächt oder zumindest in seiner Bedeutung innerhalb der gesamten psychischen Anlage verringert. Dies hat zur Folge, dass viele Menschen nach und mit dieser Erfahrung weniger Energie für die Außenwelt aufwenden und sich vermehrt auf die Innenwelt ausrichten.

Ziel dieses Prozesses muss auf die Länge sein, dass der Kernpunkt des Bewusstseins auf die Seite des Selbst, des unermesslichen Seins wechselt. Es gibt allerdings Menschen, die einen Teil ihrer Lebensenergie nach einer Begegnung mit dem „Selbst", ihrem größeren Sein, auf Dauer verlieren. Ihr „Ich" wurde geschwächt, aber ihre Lebensenergie geht nicht anderswo hin. In ihrem weiteren Leben handeln sie dann nicht aus ihrer Tiefe heraus, sondern einfach mit einem schwachen Ich. Sie können sich nicht mit der spirituellen Kraft verbinden, die sie erlebt haben. Der Kanal, durch welchen Erfahrungen und Intuition fließen, verschließt sich wieder. So bleibt die Erfahrung ein einmaliges isoliertes Erlebnis – wie stark sie auch gewesen sein mag.

Bleibt der Zugang aber offen – auch wenn die Konzentration auf das Selbst nicht schon dauerhaft aufrecht erhalten werden kann –, dann sammeln sich mit der Zeit weitere Erfahrungen an. Immer wieder spürt man seine tieferen Kräfte, das große Sein, und man geht mit der Zeit gewohnheitsmäßig immer wieder in diesen Zustand – etwa in tiefen Meditationen. Mit großer innerer Präsenz sind wir dem eigenen Leben und dem Geschehen rund um uns her nahe, und diese Präsenz dehnt sich mit der Zeit weiter aus. Wir werden zum „Zeugen" des eigenen Lebens und sind beim eigenen Leben gewissermaßen „mit dabei", ohne das Gefühl zu haben, dieses selber zu gestalten. Dies ist ein Zeichen dafür, dass sich das Zentrum des Bewusstseins zu verlagern beginnt. Es mag sein, dass wir in dieser Phase manchmal mehr auf der Seite des Ich, und manchmal etwas distanzierter dazu sind. Manchmal sind wir wie früher ganz ins Tagesgeschehen involviert und vielleicht auch gefangen darin, und gelegentlich betrachten wir alles eher von außerhalb. Wir werden zum Beobachter des eigenen Lebens, oder eben zum „Zeugen". Der zeitgenössische Zen-Meister Bernie Tetsugen Glassman (* 1939) spricht von drei wesentlichen Elementen des Zen-Weges: Not knowing, bearing whitness und loving action – Nichtwissen, Zeugnis ablegen und liebende Handlungsweise. Indem wir uns dem unbestimmten Feld des Unfassbaren annähern, kommen wir mehr und mehr in einen Bereich, über den wir „nicht wissen", worüber sich nichts aussagen lässt. Wir fühlen das „Ganze", das keine unterscheidbaren Qualitäten haben kann, denn hätte es Qualitäten, würde nicht alles dazu gehören, und es wäre nicht das „Ganze". Dieses Problem kennen wir von Luzifer, der scheinbar nicht zu Gott gehört, resp. nicht Teil Gottes ist – was dann aber heißt, dass Gott nicht allumfassend ist.

Der entscheidende Punkt in der Bewusstseinsentwicklung ist nun der Umstand, dass der **Brennpunkt des Bewusstseins** auf die Ebene des Seins **wechselt**. Geschieht dies, dann nimmt sich der Mensch nicht mehr als „Ich" wahr und alles verändert sich. Er erkennt, dass er nicht eigentlich dieses Ich samt Körper und Geist ist, sondern etwas ganz anderes, viel Größeres. Er erfährt sich als nichtdenkendes, nicht-materielles Sein, formlos, ganz und gar ohne irgendwelche fassbaren Qualitäten, und doch zutiefst lebendig. Er ist das Leben selbst, ohne bestimmte Form. Er kann dabei den Lebensprozess nicht mehr lokalisieren und sagen, dass dieser innerhalb oder außerhalb des Körpers sei. Das Leben findet sich überall, und damit ist er identisch. Er kann auch nicht sagen, dass er im großen Sein aufgehoben sei, und auch nicht, dass umgekehrt das große Sein in ihm sei. Dieses ist jenseits all dieser Kriterien und Beschreibungsmöglichkeiten, und der Mensch erfährt sich selber jenseits dieser Formen. Er wird grenzenlos im Sinne der Unbeschreiblichkeit. Und fragt man ihn, wer er ist, wird er wie Bodhidharma antworten: „ich weiß es nicht". Dieses Nicht-wissen ist aber viel mehr als „keine Ahnung" zu haben, es entspricht einem umfassenden Sein, formlos im Wesen und doch in der Welt der Formen gegenwärtig. Dies heißt „zu Hause bei sich ankommen" – es gibt kein Suchen mehr und keine Fragen.

Mit diesem Schritt wird die bisherige Bedeutung des Ich entleert, ja dieses wird obsolet. Wir erkennen, dass das Ich nie eine Realität war, sondern vielmehr eine Art geistige Blase, in der wir uns aufhielten, und die wir für die Wirklichkeit und unsere Persönlichkeit hielten. Immer schon waren wir das Selbst, als das wir uns nun erfahren, es lebt durch und durch in uns. Es ist frei von Form, aber gegenwärtig in der Form, in allen Erscheinungen dieser Welt. Alle Erscheinungen sind gleichen Ursprungs und tief miteinander verbunden, wie zwei Hände, die zum selben Körper gehören. Solange wir im „Ich" stecken, nehmen wir uns als getrennt war, getrennt vom großen Sein und getrennt von den anderen Menschen. Dies erst ermöglicht, dass wir gegeneinander kämpfen und versuchen, das uns Fehlende von den anderen zu bekommen, statt uns nach innen zu wenden, um unsere Ganzheit dort zu finden. Wir fühlen uns befreit, wenn das Ich verschwindet, weil die psychologischen Angelegenheiten dieser Sphäre angehören. Am Ort des Selbst erkennen wir unser Bewusstsein als das große Ganze, als ein umfassendes Bewusstsein. Man kann auch sagen, dass wir uns als reines Bewusstsein wahrnehmen. Unser Körper besteht weiterhin, doch sind wir nicht mehr in gleicher Weise damit identifiziert. Wir sind Zeuge unserer eigenen Bewegungen und Handlungen, die sich aus einer tiefen Quelle offenbaren. Vom Standpunkt des Selbst her erscheint das Ich als ein Traum, als eine sehr relative und durchscheinende Angelegenheit. Davon berichten viele Meister geistiger Schulen. So etwa sagte der Sufi-Meister des vorletzten Jh. Hazrat Inayat Khan: „Das ist der Zustand des gewöhnlichen Menschen: Er lebt in einer Art Traumzustand. Der Mystiker ist ein Mensch, der erwacht ist. Das Amüsante daran ist, dass der gewöhnliche Mensch den Mystiker einen Träumer nennen wird, obwohl in Wirklichkeit er selbst der Träumende ist"[4]. Es sieht aus, als ob sich ein umfassendes Sein der vielen Ichs bedient, um darin zu handeln und sich zu erleben. Und vielleicht ist es dafür notwendig, dass wir uns eine Zeitlang unserer Quelle nicht mehr erinnern, um dieses Leben intensiv wahrzunehmen – im Schönen und im Leiden. Wir wollen uns hier nicht in metaphysische Spekulationen über das Wesen der Schöpfung verlieren – es genügt, wenn wir uns als tiefes Sein wahrnehmen. Wer nicht mehr in persönlichen Bindungen verflochten ist, kann andere Menschen offen an- und aufnehmen. Das innere Sein beginnt heilsbringend nach außen zu wirken. Der „Herzgeist" lebt in uns. C.G. Jung nannte diese Phase der Erkenntnis und des Wirkens die „rubedo", die Rötung. Alles Sein wird in der Welt mit Herzblut erfüllt. Oder anders formuliert: Das ewige Sein ist Herzblut, wenn es in die Form kommt. Und beides ist identisch: das reine Sein oder Bewusstsein ist zugleich die Welt der Erscheinungen – nicht nur manifestiert es sich in dieser Welt, es ist sie ganz und gar.

---

[1] in „Gemischte Koans", Fall 11, Meditationshaus St. Franziskus, Dietfurt, 1989
[2] C.G. Jung, Psychologie und Alchemie, Ges. Werke Bd. 12, Walter Verlag Olten 1973, S. 22
[3] C.G. Jung, Vorwort zu Suzuki, Die große Befreiung, in Ges. Werke, Walter Verlag Olten 1973, Bd. 11, S. 582-586
[4] Hazrat Inayat Khan, Das Erwachen des menschlichen Geistes

Das Platzen der Blase

Es ist eigenartig – viele Menschen wollen wissen, was es heißt, „zu erwachen", und wer davon berichten könnte, ist „nicht da". Sie suchen einen Menschen, der es ihnen zeigen kann, und wer schließlich vor ihnen steht, ist „keine Person". Es ist wirklich so: das Erwachen ist das „Ende der Person", das Ende des Individuums, das wir einmal waren, oder besser: das wir zu sein glaubten. Es bedeutet die Überwindung unserer Identifikation mit dem „Ich", jenem Kern von Erfahrungen, den wir für unser Wesen hielten. Und gleichzeitig bedeutet es die Verlagerung des Bewusstseins auf eine ganz andere Ebene, die zeit- und form- und raumlos ist, ein reines Sein ohne jede Qualität, so umfassend, dass es alles beinhaltet und genau deshalb gegen nichts abgegrenzt werden kann. Das eigene Sein und damit das Leben schlechthin erscheinen damit im wahrsten Sinne als unbeschreiblich. Es entsteht Freiheit, aber es ist nicht eine Person, die befreit wird, sondern etwas, das zu Ende kommt. Unser tiefes Sein wird von der Person befreit, die sich als Illusion erwiesen hat, und zu der es deshalb auch keine Rückkehr gibt. Erwachen bedeutet, stabil im großen Sein verankert zu sein. Es ist ein dauerhafter Wechsel der Bewusstseinsposition.

Dazu gibt es eine schöne Geschichte von W.J. Gabb, die vom deutschen Zen-Meister Henri Platov in seinem Buch „Der Eremit" zitiert wird.[1] Sie handelt von einem Meister namens Tokusan (nicht dem historischen), der auf dem Markt einen Hirseverkäufer traf, der ihm durch seine klugen Bemerkungen auffiel. Sie kamen ins Gespräch und dieser berichtete, dass er als Eremit viel Zeit zu meditieren habe. Darüber war Tokusan verwundert, da der Mann ja auf dem Markt tätig war, und er erkundigte sich nach dessen Umständen. Dieser deutete auf die Menschenmenge und sprach: „Durch die Erfordernisse der Umstände wurden die letzten Spuren meines Privatlebens ausgewischt. Nun ist meine Abgeschiedenheit vollkommen." Er hätte vor langer Zeit Eremit werden wollen, doch habe er geheiratet. „Endlich, als meine Zeit ganz ausgefüllt war, ging ich weg, und jetzt lebe ich allein im Schoss meiner Familie und im Lärm des Marktes. Ich bezweifle, ob ich je zurückkommen werde." – Dieser Hirseverkäufer war wie ein moderner spiritueller Mensch, der nicht in ein Kloster einzutreten braucht, um zu Erkenntnis zu finden, ein „Stadt-Eremit", wie es heute manche gibt. Ein solcher Eremit lebt innerlich in vollkommener Abgeschiedenheit und wird nicht wieder in das normale Bewusstsein zurückkehren. Er ist aus diesem Bewusstsein „erwacht" und hat das große unermessliche Sein erkannt, welches er selber ist. Dieses ist absolut still und unbewegt, weshalb die Umschreibung der „vollkommenen Abgeschiedenheit" bestens passt.

Der Begriff „erwachen" umschreibt das Gefühl, aus einem Traum aufgewacht zu sein – aus dem Traum, eine individuelle und abgegrenzte Person zu sein. In der neu gewonnenen Sicht erscheint die alte Persönlichkeit wie eine Traumfigur. Das Individuum, als das wir uns so lange fühlten, hat es in dieser Form nie gegeben – es war eine Illusion. Das Ich als Willenszentrum mit all seinen Vorstellungen und Wünschen fällt mit dieser Erfahrung weg, wenngleich man weiterhin seine Wahrnehmungen hat und funktioniert. Es geht hier nicht um den Verlust unserer psychischen Struktur, wohl aber um den Wegfall der Vorstellung, unser Bewusstsein sei zugleich handelnde Instanz. Diese Umstellung ist im Allgemeinen mit der Angst verbunden, dass auch unsere tragende Struktur zerschlagen würde oder zumindest Schaden nähme. Diese Angst ist unbegründet und hat ihren Grund darin, dass wir uns mit dem handelnden Ich identifizieren, und nicht mit dem psychischen Kern. Diesen spüren wir im Allgemeinen nicht, solange er unbeschädigt besteht – so wie wir unsere Körperfunktionen nicht wahrnehmen, solange sie fehlerfrei wirken. Dass es darum geht, etwas zu überwinden und gewisse Vorstellungen sterben zu lassen, hat im Zen vielfachen Ausdruck gefunden. So wird berichtet, dass der berühmte Zen-Meister Dogen seine entscheidende Erfahrung in jenem Augenblick hatte, als der Meister Nyojo seinen Sitznachbarn laut anschrie: „shinjin datsuraku" – Körper und Geist fallen lassen. Dogen brachte später Zen von China nach Japan, wo er mit seiner einfachen Lehre aber auf erheblichen Widerstand des etablierten Buddhismus stieß. Als er nach dem Inhalt seiner Lehre gefragt wurde, antwortete er: „Die Augen sind waagrecht – die Nase ist senkrecht." Er war in tiefer Einsicht vollkommen in der Realität angekommen. Und dazu braucht es keine Person. Alles findet in der Gegenwart statt. Aus unserer Vorstellungswelt erwacht kommen wir in unserem tiefen Sein und gleichzeitig in der Realität an.

Erwachen geschieht plötzlich – auch wenn dem ein langer innerer Weg vorangehen kann, wie dies meistens der Fall ist. Die „Blase des Ich" platzt, und wir erkennen, dass es dieses Ich niemals gab. Yamada Roshi fragte seine Schüler: „Wenn ihr alle Eure Gedanken ‚wegnehmt' und alle Eure Konzepte ‚entfernt', was würde Euch dann über das eigene *Selbst* klar werden? Was würde übrig bleiben?"[2] Das Ich besteht aus all diesen Gedanken, Gefühlen und Konzepten, die wegzulassen Yamada rät. Und er fügt an: „Habt ihr euch einmal von allem angesammelten Müll in eurem Kopf freigemacht, dann ist das Freudegefühl jenseits aller Beschreibung." Yolande Duran-Serrano umschrieb es in einem Gespräch so: „Erwachen oder Befreiung ist das Ende einer Illusion. Das Leben geht aber weiter – ‚etwas' führt den Wagen. Die Menschen meinen im Allgemeinen, sie führten oder kontrollierten ihr Leben. Aber das ist nicht so. Niemand ist im Körper, der da etwas tut. Wenngleich unsere Präferenzen weitergehen, sind es doch nicht Präferenzen ‚von jemandem'." Und bei anderer Gelegenheit sagte sie sinngemäss: „Die Idee, man sei eine Person, verschwindet. Die Bewegung geht weiter, aber ohne ‚Ich'. Auch ohne Ich gibt es gute Taten – aber das ist nicht die Stille. In der absoluten Evidenz (Stille) verschwindet das Ich. Man identifiziert sich nicht mehr mit dem Körper, dessen Natur Bewegung ist. Das Ich wird globales Bewusstsein, es wird befreit." Wir geben im Erwachen den Traum der eigenen Person auf und kommen im unbewegten Sein an. Wenngleich der Körper auch weiterhin existiert, realisieren wir doch, dass unser Sein eigentlich Bewusstsein ist, und nicht wesentlich die materielle Existenz als Körper. Im gängigen Bewusstsein konstruieren wir unser Selbstverständnis mit Gedanken, und indem wir dieses Welt- und Selbstverständnis ständig wiederholen, erscheint es uns als konstant. Mit unserem materiebezogenen Denken nehmen wir uns so als hauptsächlich materielles Wesen wahr – als Körper. Der Körper findet sich jedoch in unserem Bewusstsein, und jemand ist da, der sagt „mein Körper". Wer ist dieser „jemand"? Wenn diese Instanz den Körper zu reflektieren vermag, kann sie nicht der Körper sein. Mit dem neuen Bewusstsein verschwindet die Person, das Ich – nicht der Körper. Dieser besteht weiterhin und geht in Freiheit seiner Wege. Auch die Menschen, die als erwacht gelten, sind ja keine Geister, sondern reale Menschen, die essen und zur Toilette gehen. Sie können auch krank werden – der große indische Weise Ramana Maharshi starb an Krebs.

Mit dem Erwachen findet auch das Leiden ein Ende. Das heißt nicht, dass der Körper keine Schmerzen mehr empfinden könnte. Doch das psychologisch bedingte Leiden fällt weg – das Leiden, das durch die Unverträglichkeiten zwischen unseren Ansichten und Wünschen und dem schöpferischen Lebensstrom entsteht. Auch alle selbstinduzierten Ängste verschwinden. Mit dem Wegfall der Ich-Identifikation werden die alten Geschichten und die sich darauf beziehenden Gefühle obsolet. Das Bewusstsein ist furchtlos – man weiß, dass einem nichts passieren kann.

Wie die bisherigen Erwägungen und Umschreibungen zeigen, ist es schwierig, auch nur einigermaßen klar zu umschreiben, um was es beim Erwachen geht. Das liegt in der Natur der Sache, denn die sprachlichen Möglichkeiten reichen nicht aus, das Geschehen zu umschreiben. Man muss es erleben. Im Zen wird das Dilemma mit dem Hinweisen auf den Mond umschrieben: Der Finger, der auf den Mond weist, ist nicht der Mond. Der Wasserkrug ist nicht das Wasser, das er enthält. Wer Tee nicht getrunken hat, weiß nicht, wie er schmeckt – da nützen alle Umschreibungen nichts. Es kann nicht beschrieben werden, wie sich „Jenseits-von-Existenz-und-Nicht-Existenz" anfühlt. Wir kommen mit einer Dimension in Berührung, die gar nicht umschreibbar ist, weil sie keine Qualitäten hat. Sie umfasst alles und kann damit – wie schon gesagt – keine Abgrenzungskriterien haben. Begriffe wie „Nichts", „Leere", „absolute Fülle" sind nur unzulängliche Annäherungen und treffen niemals die Sache selbst. Es verhält sich damit wie mit der Religion, von der C.G. Jung gesagt hat: „Solange die Religion nur Glaube und äußere Form und die religiöse Funktion nicht eine Erfahrung der eigenen Seele ist, so ist nichts Gründliches geschehen. ... Wer nicht aus Erfahrung weiß, der mag ein Hochgelehrter der Theologie sein, aber von Religion hat er keine Ahnung"[3]. Bis man die Dinge selbst erlebt hat, sind alle Beschreibungen nur Worte.

Die Erfahrung selbst ruft nicht nach Worten. In der „Leere" und „Zeitlosigkeit" gibt es nichts zu sagen und zu notieren. Da ist einfach ein Gefühl der Vollständigkeit, nichts fehlt, und auch eine Beschreibung ist nicht notwendig. Man kommt schon gar nicht auf die Idee, etwas niederzuschreiben – dies läge außerhalb des momentanen Geschehens, ausserhalb des gefühlten Seins. Wollte man dem später eine Form geben, könnten die Wahrnehmungen vielleicht etwa wie folgt umschrieben werden: Da ist zunächst das Gefühl, „nicht zu existieren". Da ist keine Person mehr, aber es gibt eine Empfindung von Präsenz, von Sein. Die Blase ist geplatzt, es gibt kein Ich mehr, nur noch das reine Sein. Da ist völlige Freiheit, es gibt nichts mehr zu tun, nirgendwo hinzugehen, keine Fragen mehr. Die Kraft sammelt sich in einer reinen Präsenz. Das Leben gestaltet sich selbst. Die Materie wird durchsichtig, wenn man sich nicht mehr darauf konzentriert. Der Fokus liegt nicht mehr auf der materiellen Existenz und es gibt ein Gefühl, „auf der anderen Seite" zu stehen. Man ist das ‚Andere', und dieses Andere geht zugleich als Mensch durch die Welt. Dabei fühlt sich der Körper nicht so wie früher an, er hat eine andere Schwingung. Er ist irgendwie losgelöst und doch ist er auch da – man ist an beiden Orten gleichzeitig. Und beides ist irgendwie eins. Da ist eine Weite ohne Qualität: Man ist überall und nirgends. Was geschieht, kommt von irgendwoher, manifestiert sich durch einen, und zugleich ist man dieses Sein, darin ganz unbewegt. Es ist ohne gefühlsmäßige Färbung und dennoch bezogen auf die Welt

Das Bewusstsein macht unser Sein aus. Bevor dessen Kern vom Ich zum Selbst hinüberwechselt, nähert es sich der neuen Position langsam an und pendelt zwischen dem üblichen Standpunkt des Ich und der neuen Wahrnehmung hin und her. Deshalb ahnen wir lange vor dem Wechsel, um was es geht, auch wenn wir es noch nicht in seiner vollen Tragweite verstehen. Wir tappen im Dunkeln und spüren Licht. Es ist die Zeit, wo wir das Bewusstsein wie eine „Tonspur" im Film des Lebens wahrnehmen können. Das Leben erscheint als „selbstgestaltend", und das Bewusstsein als begleitend, nicht als handelnde Instanz. Man schaut gewissermassen dem eigenen Leben zu, wie es sich selber gestaltet und man mit dabei ist – als Mensch, der sich zwar handelnd erlebt, aber in einer Kraft, die ihre eigenen Wege geht. Nach dem Wechsel der Bewusstseinsposition erfahren wir uns als eine gestaltende Kraft, die sich unserer „bedient", um sich auszudrücken. Dabei kann sich das Bewusstsein je nach den jeweiligen Erfordernissen mehr in unserem tiefen Sein konzentrieren oder sich auch in den Ich-Kräften kontrahieren. Wenn wir vom Selbst – unserem tiefen unfassbaren Zentrum – wieder etwas mehr zum Ich werden, ermöglicht uns das, an der Welt auch weiterhin mit dem Gefühl einer gewissen Aktivität teilnehmen. Ganz werden wir da aber nicht mehr hineingeraten. Im Grunde sind Ich und Selbst, Samsara und Nirvana zwei verschiedene Bewusstseinszustände, nicht zwei Welten. Und im Erwachen geht es darum, dass sich das Zentrum der Wahrnehmung vom einen zum anderen verschiebt.

Als Selbst sind wir in der Welt – die von der weiten Leere letztlich doch nicht verschieden ist – und von großer Energie. Wenn sich das Ich mit seinen störenden Aspekten auflöst, wird die Schwingung des Selbst stark. Dann kommen wir mit der Lebensenergie in direkten Kontakt. Ohne Filter kann sie sich in uns und durch uns äußern – die Schöpfungskraft manifestiert sich in uns. Es ist die Kraft, die uns im Leben „herumwirbelt"; eine Energie, die sich selber zum Ausdruck bringen will. Sich dieser inneren Kraft zu überlassen, ist das Ende der Selbstentzweiung. Der spirituelle Lehrer Andrew Cohen nennt diese Energie den „evolutionären Impuls". Er ist der Ansicht, dass uns Menschen eine besondere Bedeutung im Schöpfungsprozess zukommt, weil wir erkennen können, dass die Schöpfung tagtäglich in und durch uns geschieht. Wir seien Träger des evolutionären Impulses und dafür verantwortlich, diesen ungestört zum Ausdruck zu bringen.

Eine wichtige Erscheinung beim „Platzen der Blase des Ich" ist das Gefühl der totalen Befreiung. In einem Zen-Text heißt es: „So wie der Geschmack des Meeres derjenige von Salz ist, so ist der Geschmack des Zen die Freiheit." Diese Freiheit entspricht wiederum dem qualitätslosen Sein, von dem schon die Rede war. Es entsteht eine Freiheit davon, irgendetwas zu sein, was eingeordnet werden kann. Wahre Freiheit ist qualitätslos. Wir sind frei vom Ballast des Ich-Bewusstseins, was eine große Leichtigkeit mit sich bringt. Das Sein im Unendlichen ist Freiheit – wie könnte es anders sein?

Vom Standpunkt der verschiedenen Bewusstseinspositionen her kann auch die Frage nach dem „freien Willen" angegangen werden. Die Antwort wird dabei recht einfach: Vom Standpunkt des Ich her gibt es den freien Willen – wir glauben, nach eigenem Ermessen zu entscheiden – wohingegen vom Standpunkt des Seins her alles Geschehen miteinander verknüpft ist und es deshalb keine freien Entscheidungen gibt. So gesehen ereignet sich das Leben nach seinen eigenen Gesetzmäßigkeiten, wovon auch die Karma-Lehre berichtet. Das fühlen wir, wenn wir uns den inneren Kräften ganz überlassen: Wir nehmen wahr, was zu tun ist. In Übereinstimmung mit den tiefen Lebenskräften finden wir Freiheit – die Freiheit des Verzichts auf Identifikationen. Dinge und Umstände sind Requisiten des Lebens, doch wir sind etwas Unbeschreibliches. In diesem Selbstverständnis und dieser Freiheit müssen wir uns auch nicht mehr sorgen, wie andere Menschen auf uns reagieren. Das ist ganz ihnen überlassen, was uns befreit. Wir haben Mitgefühl, aber wir fühlen uns nicht mehr für die Angelegenheiten anderer Menschen verantwortlich, einschließlich unserer Nächsten. Das hilft auch ihnen, Abhängigkeiten loszulassen. Eigentlich nehmen wir ihnen die Würde, wenn wir für sie denken. Wenn wir nicht den eingebildeten eigenen Meinungen folgen, wird das Leben viel spannender. Wir können uns nicht nur von anderen, sondern vor allem auch von uns selber überraschen lassen. „Dein Wille geschehe" heißt nicht in erster Linie, schmerzliche Situationen zu akzeptieren (Situationen, die dem Ich als schmerzvoll erscheinen), sondern sich laufend für die wunderbare Kraft des Seins zu öffnen.

Es gibt ein Zen-Koan, das den Schülerinnen und Schülern an einigen Orten schon relativ früh in ihrer Zen-Ausbildung vorgelegt wird, nämlich dann, wenn sie einen ersten Schimmer des großen Seins erhascht haben. Es ist eine von Tosotsus drei Schranken und lautet: „Ist man von Leben und Tod befreit, weiß man, wohin man gehen soll.

Wenn die vier Elemente zerfallen sind (wenn ihr gestorben seid), wohin geht ihr dann?"⁴ Dieses Koan sollte man erst Menschen stellen, die ein tiefes Selbstverständnis gewonnen haben. Mit der Erfahrung des Erwachens fällt der Mensch im Grunde aus jeder Wahrnehmung heraus, aus Ort und Zeit, Sein und Nicht-Sein, Existenz und Nicht-Existenz. Das ist der Zustand, wo man „von Leben und Tod befreit" ist – jenseits von allem.

---

[1] Henry Platov, Der Eremit, Theseus Verlag Zürich 1989, S.29
[2] Mumonkan, Die torlose Schranke, kommentiert von Zen-Meister Kôun Yamada, Kösel Verlag München 1989, S. 66
[3] C.G. Jung, Psychologie und Alchemie, Ges. Werke Bd. 12, Walter Verlag Olten 1972, S. 26
[4] in „Gemischte Koans", Meditationshaus St. Franziskus, Dietfurt 1989, Fall 17c

Teil II

Eckpunkte des Seins

Spirituelle Erfahrungen reichen in einen Bereich, der sich kaum in Sprache fassen lässt. Er ist unermesslich weit und groß, entzieht sich dem verstandesmäßigen Begreifen ebenso wie jeder Beschreiblichkeit, und dennoch gibt es eine klare Erfahrungsmöglichkeit. „Du wirst dich fühlen wie ein Stummer, der einen Traum gehabt hat: sprachlos kennst du ihn nur für dich selbst"[1] heißt es in Mumons Kommentar zum berühmten Koan MU. Jede Auseinandersetzung mit dieser Thematik stößt sich daran, dass alles Reden und Schreiben niemals das Eigentliche berühren kann. Und dennoch besteht bei vielen „spirituellen Wanderern" ein Bedürfnis nach Orientierung, nach einer Art Landkarte, wenn sie sich zu verirren drohen im Niemandsland, in dem es keine Wegweiser gibt. Was bedeutet die einzelne Erfahrung? Wo stehen wir damit? Sind wir „nah dran"? Solche Fragen tauchen auf diesem Wege auf, und eine weitere Schwierigkeit besteht darin, dass wir nicht einmal wirklich von einem Weg sprechen können. Was wir eigentlich sind, ist immer schon da, und was wir suchen, kann deshalb nicht gefunden werden. Und dennoch gibt es so etwas wie einen Weg, ein Bemühen vieler Menschen, innerlich „voranzukommen", zu dem zu finden, was nicht zu erlangen ist. Letzteres heißt aber nicht, dass da nichts wäre – es geht vielmehr um etwas Bedeutungsvolles, selbst wenn dieses gelegentlich als „Nichts" beschrieben wird. So schreib Michael de Molinos in seinem „geistlichen Führer" von 1657: „Wie glücklich und wohl gerichtet wird die Seele sein, wenn sie, in sich selbst zurückgezogen, dort in ihr eigenes Nichts versinkt, in ihrer Mitte, ohne auf ihr Tun zu achten; ob sie sich erinnert oder nicht; ob sie gut oder übel wandelt; ob sie wirkt oder nicht; ohne sich um irgendein sinnliches Ding zu kümmern oder seiner zu gedenken."[2]. Was hier und in vielen buddhistischen Texten als Nichts bezeichnet wird, erscheint zugleich als die große Natur unseres Seins, als ein Sein von unfassbarer Größe, das durch nichts zu beschreiben ist.

Im zweiten und dritten Teil dieses Bandes soll versucht werden, so etwas wie eine Karte spiritueller Landschaften darzustellen – dies im Wissen um alle Schwierigkeit eines solchen Unterfangens. Im zweiten Teil sollen einige „Eckpunkte" unseres tiefen Seins benannt werden – gewissermaßen „statische Elemente", wie wir sie als Landmarken auf unserem inneren Weg finden können. Im dritten Teil des Bandes soll demgegenüber auf dynamische Aspekte unserer spirituellen Wanderung eingegangen werden. So wie unser tiefes Wesen, die „Selbst-Natur" gemäß dem früher erwähnten Lied auf Zazen von Hakuin Zenji, eine „Nicht-Natur" ist, so ist auch das, was wir als „Erwachen" bezeichnen, kein Ereignis, sondern vielmehr ein je bestehender Zustand – jenseits von Zeit und Raum.

---

[1] Koan-Sammlung Mumonkan, Kösel Verlag München 1989, S.29
[2] Michael de Molinos, Der Geistliche Führer, Worte-Jesu. Herzverlag.net S.34

Ohne Wasser kein Eis

Im Lied auf Zazen von Hakuin Zenji lauten die ersten Zeilen: „Alles Seiende ist der Natur nach Buddha, wie Eis seiner Natur nach Wasser ist. Getrennt vom Wasser gibt es kein Eis, getrennt vom Seienden kein Leben des Buddha". Wenn wir das „Seiende" als die Welt oder als das Universum mit allen Erscheinungen verstehen, und Buddha als Synonym für das allumfassende, namen- und formlose Absolute nehmen, so heißt die Aussage im Wesentlichen: Das Leben mit all seinen Erscheinungen ist gleich dem absoluten Sein; getrennt von diesem kann es kein Leben geben. Das ist eine zentrale Aussage des Buddhismus. Auch einer der bedeutendsten buddhistischen Texte, das Herzsutra, ist ganz dem Thema Identität der Erscheinungswelt mit dem Urgrund des Seins gewidmet. Letzterer wird im Zen meistens als „Leere" bezeichnet, weil er sich mangels Abgrenzungsmöglichkeit jeder Beschreibbarkeit entzieht.

Dieses große Thema wird nicht nur vom Buddhismus aufgenommen, sondern ist Gegenstand jeder mystischen Richtung und Erkenntnis. So schreibt Meister Eckhart, der große christliche Mystiker des 14. Jh. : „Da bin ich was ich war, da nehme ich weder ab noch zu, denn da bin ich ein Unbewegliches, welches alle Dinge bewegt."[1] Die damaligen Kirchenlehrer einschließlich des Papstes Johannes XXII konnten seine mystischen Erfahrungen nicht verstehen und nicht goutieren, weshalb sie ihm in Köln den Inquisitionsprozess machten. Heute ist es zum Glück nicht mehr so gefährlich, von mystischen Erfahrungen und Einsichten zu berichten, aber die christliche Kirche ist diesbezüglich immer noch sehr zurückhaltend. Sie dient der Verkündigung einer Heilswahrheit und nicht der individuellen Erkenntnis. Die Erfahrung des Unermesslichen ist vermutlich aber die Basis jeder Religion. Menschen, die einen Zugang zu dieser Dimension hatten, haben seit jeher davon berichtet. In alten Kulturen waren es die Schamanen, die als Mittler zwischen Himmel und Erde auftraten. Am Anfang der Hochreligionen stehen die spirituellen Erfahrungen ihrer Gründer, die erst später verabsolutiert und in ein Bild gegossen wurden. Im Christentum entstand in solcher Weise auch das Bild, das wir heute von „Gott" haben. Selbst wenn in der Bibel die Rede davon ist, dass wir uns kein Bildnis machen sollen, wissen doch viele Pfarrherren, was Gott ist und denkt.

Die großen geschichtlichen Themen wurden von der christlichen Religion aufgenommen, so die Entstehung der Welt als Schöpfungsgeschichte und die Entwicklung des menschlichen Sozialverhaltens als „Gebote" von Moses. In beidem drückt sich das große Sein, das Absolute aus, doch besteht die Gefahr der Trivialisierung: Wenn wir uns an die religiösen Regeln halten, ist alles gut. Weil die Menschen dies aber nicht tun, sind sie für das Übel in der Welt verantwortlich. Da wird die Unfassbarkeit allen Geschehens verkürzt. In der tradierten Gestalt Gottes erscheint die Ewigkeit als nicht mehr dem Menschen zugehörig, und damit wird dieser vom Allumfassenden getrennt – worin alle Sehnsucht und Gottessuche ihren Anfang nimmt. Das Tragische an dieser Entwicklung liegt darin, dass das Eigentliche im religiösen Überbau verschwindet. Dieser wird schließlich von Päpsten, Bischöfen und Priestern verwaltet, die nicht wie die alten Schamanen über eigene spirituelle Erfahrungen verfügen. Sie haben nur einen Glauben daran. Auch der Gestalt Christi ist ein ähnliches Schicksal widerfahren. Wenn Jesus sagte, dass er „in, aber nicht von dieser Welt" sei, zeigte er sich damit als Wesen, das Zugang zum Menschlichen und zum Göttlichen hat. Indem er von der Kirche zum Sohn Gottes gemacht wurde, von dem wir uns unterscheiden, ist für normale Menschen nur noch eine partielle Nachfolge möglich. Der Hauptaspekt seiner Lehre – die göttliche Natur des Menschen zu erkennen – ist darin nur mehr ihm zugerechnet und konnte so zum verehrungswürdigen Dogma werden. Der symbolische Weg zur Erkenntnis – Tod und Auferstehung – wurde auf die materielle Ebene verlegt: Jesus leibhaftig in den Himmel aufgestiegen. War der Überbau verfestigt genug, konnte er als Basis für Inquisitionsprozesse dienen, denen tief spirituelle Menschen wie Meister Eckhart ausgesetzt waren. Die Religion richtete sich gegen ihre eigenen Ursprünge. Die ursprüngliche Erfahrung, dass durch den Tod des Ich die göttliche Basis allen Seins sichtbar wird, wurde zum Feindbild, und sie hat in den Kirchen leider auch heute noch wenig Raum. Wen wundert es da, dass sich die Kirchenbänke leeren und das Interesse an spirituellen Schulen wächst?

„Erwachen" ist eine spirituelle Erfahrung. Es ist die Erfahrung „unendlicher Weite", wie von Bodhidharma beschrieben, es ist die Begegnung mit dem Unergründlichen, dem nicht fassbaren Sein aller Erscheinungen. Weil es nicht gefasst werden kann, ist es ein Mysterium. Das Thema, dem wir uns in diesem Kapitel widmen, betrifft das Verhältnis zwischen dem Unergründlichen, Absoluten und der Welt der Formen, unserer phänomenalen Welt. Das **Umfassende** erscheint in der absoluten Stille, wo sich nichts bewegt und nichts ist. Diese Stille ist vor dem Denken – als Sein ist das Umfassende immer da. Im Zen wird es die „Wesensnatur" genannt, die unbegrenzt ist. „Nichts kann größer sein als das ‚Nichts' " sagte Yamada Roshi dazu.[2] Er setzt das Unbegrenzte mit dem „Geist" gleich und sagt: „Betrachtet einmal das, was wir unseren Geist, unser Bewusstsein nennen. Hat es irgendeine Form? Nein. Eine Farbe? Nein. Können wir es lokalisieren? Nein, wir wissen nicht, wo der Geist sich aufhält. Der Geist hat nichts. Der Geist ist nichts. Er ist leer und gestaltlos. Unsere Wesensnatur ist nichts anderes als die unendliche Ausdehnung und Manifestation dieses unseres gewöhnlichen Geistes."[3] Es gibt verschiedene Koan, die sich mit dem Geist beschäftigen, davon zwei mit verschiedenen Aussagen, die doch letztlich in eine zusammenfallen. Das erste trägt den Titel

„Geist ist Buddha"[4] und lautet: „Daibai fragte Baso in allem Ernst. ‚Was ist Buddha?' Baso antwortete: ‚Der Geist selbst ist Buddha'." Das Zweite handelt vom gleichen Meister Baso, dem von einem anderen Mönch genau dieselbe Frage gestellt wurde: Darauf antwortete Baso: „Weder Geist noch Buddha"[5]. Baso beantwortete die in der damaligen Zeit oft gestellte Frage entsprechend dem Fragenden. Wer an einen Buddha glaubt und die Erscheinungswelt für die einzig wirkliche hält, wird von Baso darauf hingewiesen, dass es nicht darum geht, sondern um das Unfassbare. Mit Verweis auf den geistigen Charakter Buddhas soll das Unermessliche wahrgenommen werden. Wer aber ein Konzept von Geist hat, dem wird auch dieses Konzept ausgetrieben: Weder Geist noch Buddha ist „es"; das Entscheidende liegt jenseits aller Konzepte. Auch Nansen weist in einem Koan namens „Nicht Geist, nicht Buddha" darauf hin. Als er nach dem Dharma gefragt wurde, „das den Menschen noch nicht gepredigt worden ist", d.h. das nicht gepredigt werden kann, antwortete er: „Dies ist nicht Geist. Dies ist nicht Buddha. Dies ist nicht ein Ding." Es ist das Unfassbare. Doch, worin zeigt es sich?

Die Welt der Leere, auf welche sich diese Koan beziehen, ist das eine. Das andere ist die Welt der **Erscheinungen**, der wir alle zugehören. Im Zen wird sie die Welt der Form genannt. Es ist die Welt, in der wir uns täglich bewegen. Dass sie besteht, daran haben auch die spirituellen Schulen keinen Zweifel, wenngleich sie deren Bedeutung relativieren. Ken Wilber etwa schreibt: „Es ist wahr, dass die physische Materie meines Körpers innerhalb der Materie dieses Hauses ist, und die Materie dieses Hauses ist innerhalb der Materie des Universums. Aber du bist nicht nur Materie oder physisch. Du bist auch Bewusstsein als solches, von dem Materie nur die äußere Haut ist."[6] Dabei wissen wir gar nicht genau, was Materie ist. Selbst C.G. Jung hält auch sie im Grunde für ein Konzept. Er schreibt: „Wenn man sagt ‚Materie', schafft man eigentlich ein Symbol für etwas Unbekanntes, welches sowohl Geist als irgend etwas anderes sein kann; es kann sogar Gott sein."[7]

Die Welt der Formen ist eine Welt der Bewegung. Alles was erscheint, wird wieder vergehen. Die materiellen Erscheinungen, aber auch unsere Gedanken und Gefühle erscheinen und vergehen ständig – das ist Bewegung. Nichts bleibt auch nur für einen Moment unverändert, und die materiellen Erscheinungen verändern sich auch in ihrer Konsistenz ständig. So betrachtet können wir nicht einmal sicher sagen, dass sie „existieren". Wenn die Erscheinungen der Welt sich nicht bewegen würden, dann wären sie nicht etwa eingefroren, sondern sie existierten gar nicht. Denn alles Leben ist Bewegung. Erscheinen und Vergehen, Leben und Tod sind ständig präsent. Und diese ständige Bewegung ist nicht fassbar. Nur das „Ich" meint, es sei etwas Festes. Dabei entsteht und vergeht das Ich ebenso – nicht nur einmal im Leben, sondern täglich, stündlich. Schon eine Minute nach dem gerade jetzigen Moment sind wir nicht mehr der gleiche Mensch, der wir vor einer Minute waren. Auch das, was wir „Ich" nennen, ist in ständiger Bewegung, das ist seine Natur. Das Ich existiert in der Zeit als Bewegung und nur, weil wir ihm Bedeutung geben.

Es ist diese Welt der ständigen Bewegung, die vom Standpunkt des Selbst betrachtet als Traum erscheint. Es verhält sich damit wie mit den nächtlichen Träumen: solange wir träumen, erscheint uns die Traumwelt als real, aber wenn wir aufwachen, dann löst sie sich auf. Nun gibt es noch das sogenannt „luzide Träumen", in welchem sich der nächtlich Träumende während des Traumes bewusst ist, dass er träumt. Das hat vielleicht jede/r schon einmal erlebt, und es gibt auch Techniken, mit denen dieses Erleben geschult werden kann. Mit der Wirklichkeit der realen Welt verhält es sich analog: wenn wir zum Standpunkt des „Selbst" erwachen, erscheint uns das Leben als luzider Traum. In diesem Traum sind wir eine Figur und wissen zugleich darum. Dies ermöglicht uns, auf der phänomenalen

Ebene gelassen zu sein. Wir nehmen an allem teil und haben Gefühle, aber tief im Innersten sind wir unbewegt wie der Meeresgrund. Wenn oben die Wellen schaukeln sind wir zugleich reine Stille. Wir sind gleichzeitig an beiden Orten: „drinnen" im Leben, und „draußen" im unermesslichen, unbewegten Selbst. Und wir erkennen, dass „draußen" und „drinnen" eins sind. Draußen sind wir der Beobachter, der unser Leben sieht und es geschehen lässt, und drinnen sind wir der Beobachtete, und **beide sind eins**. Krishnamurti sprach öfter davon, dass der Beobachter und das Beobachtete eins seien. Wenn wir nun auf die Suche nach der Wahrnehmung unseres tieferen Wesens gehen, so können wir nicht etwas Neues finden. Wenn das Absolute innen und überall ist, alles umfasst und durchdringt, dann waren der Sucher und das Gesuchte stets da und dasselbe. Erkennen wir, dass es da keine Trennung gibt, dann hört die Spaltung auf und wir erfahren uns als „ganz". Die Trennung von „Ich" und „alles andere" verschwindet – man sieht das vollständige Bild.

Auch der Mensch, der sein Selbst realisiert hat, lebt in der phänomenalen Welt, aber er sieht: alles ist eine Manifestation des Absoluten. Weil er auf beiden Ebenen gleichzeitig lebt, haben seine Handlungen zwei Aspekte: Er tut etwas und tut es gleichzeitig nicht. Als Gestalt der äußeren Welt tut er es, und als unbewegtes Selbst tut er es gleichzeitig nicht. Ein japanisches Koan drückt dies schön aus: „Mit leeren Händen ergreife ich den Pflug"[8]. Wissend um die Relativität allen äußeren Seins handeln wir darin, als Wesen der „Leere" pflügen wir den Boden der Realität. Vom Selbst her erscheint diese Realität aber wiederum als Traum – und so sind wir da und doch nicht da, in dieser, aber nicht von dieser Welt. Wenn wir das Unermessliche in allem erfahren, dann wird diese Lebenseinstellung selbstverständlich. Das Unermessliche liegt in der Natur, in der menschlichen Form und in den zwischenmenschlichen Beziehungen. Das Menschsein in allen Formen ist Gestalt des

Unermesslichen. Auch die Menschenwerke sind nichts anderes: ein Auto, der Lärm, der Krieg…

Weil die „Ichs" ihren gemeinsamen Ursprung und Grund nicht sehen, bekämpfen sie sich gegenseitig. Da, wo Trennung ist, entsteht Konflikt. Aber im Grunde gibt es im Kosmos nur Bewegung. Da gibt es kein „gut" und „böse", so wie es keine richtigen und falschen Pflanzen gibt. Dennoch geht der im Urgrund verankerte Mensch mit allem leidvollen Geschehen mit. Er begegnet den anderen Menschen in Mitgefühl, das aber kein Mitleiden ist und damit auch kein „Mitleid" enthält. Letzteres kann überheblich wirken oder auch zum Versinken im Leid anderer führen. Eine tiefere Sicht sieht die Quelle manchen Leidens und entzieht sich ihm doch nicht. Die „Öffnung des Herzens" ist im Grund ein zweiter Schritt nach der Erfahrung des Urgrundes – sie geschieht in der Rückbindung an die Welt, auch wenn deren Relativität erkannt ist. Das Koan mit dem Titel „Vorwärtsgehen von der Spitze einer Stange"[9] beleuchtet diesen Schritt: die spirituelle Erfahrung „auf einem hundert Fuß hohen Mast" ist noch nicht die vollständige Sache. Wer das erfahren hat, „muss von der Spitze des Mastes vorwärtsgehen und seinen ganzen Körper in den zehn Richtungen des Weltalls deutlich zeigen". Wer im Unergründlichen angekommen ist, muss sich in der Erscheinungswelt zeigen können. Avalokiteshvara, der Bodhisattva des Mitgefühls, ist im Unergründlichen verankert und hat gerade deshalb ein umfassendes Mitgefühl. Es heißt, dass er tausend Arme mit tausend Augen hat, um alles Leid zu sehen und überall helfen zu können. Manche Menschen mit diesem Empfinden sagen, dass sie das Leid der Welt in sich spüren, oder auch, dass sie die ganze Welt umarmen könnten. Wer in dieser Haltung leidenden Menschen begegnet, zeigt eine Art „unpersönliches Gefühl", das aber tiefer reicht als viele persönliche Gefühle und Reaktionen. Es reicht in den Urgrund und hat gerade deshalb etwas Tröstendes. Solche Menschen geben jenen Vertrauen, die nicht in der Tiefe des

Seins verankert sind und deshalb nicht wissen, dass man nicht in etwas Vertrauen zu haben braucht, das man selber ist.

Unser Sein reicht tiefer als jedes Vertrauen, aber solange man dazu unterwegs ist, braucht es Vertrauen, Vertrauen in was wir wirklich sind, und in die Möglichkeit, es erfahren zu können. Es geht darum, sich an das Unbewegte, an die Stille als die eigene Natur zu erinnern. Stille ist aber ohne ein Ich. Sie identifiziert sich mit keiner Bewegung; sie erlaubt und ermöglicht aber zu existieren. Ohne Wasser kein Eis – ohne Urgrund kein Leben, ohne Unermesslichkeit keine Form. Dieses unser tiefes Sein ist keine Person, und es hat keine Religion. Es versteht sich nicht als Körper und trägt ein Gefühl von Freiheit und Harmonie. Für nichts braucht es eine Begründung, denn es ist das Leben selbst. In der Lebendigkeit, im Leben selbst, da fallen Urgrund und äußere Erscheinung zusammen, sie sind wesenhaft eins. Leere und Form sind in Wahrheit ein und dasselbe, sagt Yamada Roshi,[10] doch könne das nur durch direkte Erfahrung verständlich werden.

Diese Erfahrung hat praktische Konsequenzen. Es gibt dazu ein schönes Koan über Liebe und Mitgefühl mit der Überschrift: „Der Eremit vom Lotos-Gipfel"[11]. Der Lotos ist im Buddhismus ein Symbol der ursprünglichen Reinheit. Er kommt auch am Schluss des Liedes auf Zazen vor, wo es heißt: „Nirvana vor unseren Augen. Das Lotus-Land an diesem Ort. Dieser Leib das Leben des Buddha." Gemäß dem Lotos-Sutra, einem alten, ursprünglich indischen Text, hat jedes Lebewesen die Möglichkeit, die letztendliche Wahrheit zu verstehen. Das Koan hat folgenden Text: „Der Eremit vom Lotos-Gipfel hob seinen Stab, zeigte ihn der Versammlung und sagte: ‚Wenn die Alten diesen Punkt erreicht hatten, warum wagten sie es nicht, hier zu bleiben?' Die Versammlung schwieg. An ihrer Stelle antwortete er sich selbst und sagte: ‚Weil das keine Kraft hätte auf dem Weg.' Nochmals antwortete er an ihrer Stelle sich selbst:

‚Mit dem Stab über meinen Schultern gehe ich, ohne auf andere zu achten, geradewegs zu den tausend und zehntausend Gipfeln'." Mit seinem Stab zeigte der Eremit sein tiefes Verstehen, das Wissen um die Welt als Ausdruck des Unfassbaren. Darum fragte er, warum die Alten (Meister) nicht einfach in der stillen Unermesslichkeit verharrten, wenn sie diese erreicht hatten. Und er antwortete sich gleich selbst, dass dies keine Kraft hätte auf dem Weg, weshalb er auch selbst voranschreite. Es hätte keine Kraft, einfach in der tiefen Einsicht zu verharren – wenngleich dies vielleicht einige Einsiedlermönche im Himalaya oder auch andernorts tun. Vielmehr müssen wir in der phänomenalen Welt auf alle Gipfel der Alltagswelt steigen und dort in stillem Frieden wirken. Die Erfahrung der weiten Unendlichkeit sowie der Einheit von Leere und Form stellt Anforderungen an unser Mitgefühl.

---

[1] Meister Eckhart, Predigten. Werke I. Übers. v. Josef Quint. Hg. u. komm. v. Nikolaus Largier. Frankfurt am Main: Dt. Klassiker Verlag. 2008, S. 563
[2] Yamada Kôun Roshi, Hekiganroku, Kösel Verlag München 2002, Bd. 2, S. 228
[3] Mumonkan, Kösel Verlag München 1989, S. 66
[4] ebd., Fall 30, S.170
[5] ebd., Fall 33, S.183
[6] Ken Wilber, The one; Dt. „Einfach das", Fischer Verlag 2001
[7] C.G. Jung, Kommentar zu: Das tibetische Buch der großen Befreiung, Ges. Werke, Bd. 11, Walter Verlag Olten 1972, S. 513
[8] In „Gemischte Koans", Meditationshaus St. Franziskus, Dietfurt 1989, Fall 10a
[9] Mumonkan, Kösel Verlag München 1989, Fall 46, S.241
[10] Yamada Kôun Roshi, Hekiganroku, Kösel Verlag München 1989, Bd. 2, S. 137
[11] Koan-Sammlung Hekiganroku, Kösel Verlag München 1989, Bd. 1, Fall 25, S.269

Was wir Wirklichkeit nennen

Von Paul Watzlawick (1921-2007) gibt es ein Buch mit dem ansprechenden Titel: „Wie wirklich ist die Wirklichkeit?"[1] Manche kennen auch das Bild von René Magritte, auf welchem eine Pfeife dargestellt ist, mit dem Text: „Ceci n'est pas une pipe". Während Watzlawick vor allem untersucht, inwieweit die Wirklichkeit durch Kommunikationsmuster gestört werden kann, geht es hier um eine grundsätzliche Auseinandersetzung damit, ob es so etwas wie eine „Wirklichkeit" überhaupt gibt. Für den spirituellen „Weg" und für die Erfahrung unseres tieferen Seins ist diese Frage durchaus erheblich, denn die Erfahrung einer völlig neuen Dimension kann nicht gemacht werden, solange wir an herkömmlichen Vorstellungen von der Welt als einer fixen Gegebenheit festhalten. Nicht nur wandelt sich alles stets in der Welt – worauf etwa die hinduistischen Gottheiten mit der Trinität Brahma, der Schöpfer, Vishnu, der Bewahrer, und Shiva der Zerstörer hinweisen. Alles Erdensein ist vergänglich. Darüber hinaus ist es auch so, dass jede Weltsicht eine individuelle ist, denn die Welt kann von zwei Personen nicht in gleicher Weise wahrgenommen werden. Wir alle haben individuelle Eindrücke von der Erde, und keine zwei Eindrücke decken sich vollständig. Angesichts von gegenwärtig 8 Mia. Menschen könnte man sich fragen, ob jemand eine „wirkliche" Weltsicht hat. Bienen wiederum nehmen die Erde nochmals ganz anders wahr als wir Menschen, und darin gibt es unzählige individuelle „Bienen-Weltsichten". Nehmen wir dazu noch die Giraffen, Krokodile, Meerestiere und Vögel, so gibt es noch sehr viel mehr unterschiedliche Welteindrücke. Welcher ist nun der „richtige"? Folgen wir dieser Betrachtungsweise, so kommen wir unweigerlich zum Schluss, dass es eine unfassbare Anzahl von Welteindrücken gibt, wobei keiner „wahrer" als der andere ist, und dass es demzufolge so etwas wie eine „objektive Welt" nicht gibt. Wir finden lediglich eine unendliche Anzahl von subjektiven Eindrücken, und man könnte sagen, dass die Welt oder ein „Weltbewusstsein" aus der Summe all dieser Eindrücke besteht. Schon die alten Buddhisten hatten darauf hingewiesen, dass es keine objektive Welt gebe, oder sie hatten diese zumindest sehr relativiert. Davon ausgehend, dass sich die Welt im Inneren jedes Menschen gestaltet, erscheint diese als reines Bewusstsein. Andere Ansätze gehen dagegen von einer gewissen Objektivität der Welt aus, die aber subjektiv unterschiedlich wahrgenommen wird. Letztlich geht es um ein unfassbares Dasein, das wir so oder anders beschreiben können, und vielleicht gibt es noch viele weitere Betrachtungsweisen, die uns Menschen verborgen sind. Wir können dabei verschiedene Sichtweisen durchaus nebeneinander bestehen lassen, selbst wenn sie sich in der sprachlichen Logik ausschließen, denn vielfach trifft man die Sache in einer „paradoxen" Beschreibung besser als in einer vordergründigen Eindeutigkeit, die eine umfassend zu verstehende Welt stets reduziert.

Angesichts des Umstandes, dass sich unsere individuelle Welterfahrung und Weltsicht laufend wandelt, können wir nicht von einer „objektiven" Welt sprechen. Vielmehr scheint es so, dass wir unsere Welt stets neu aufbauen und sich aus der Ähnlichkeit der Bilder eine gewisse Kontinuität ergibt. Dabei kann sich auch das Schwergewicht der Sichtweise verschieben, indem uns die Welt einmal als „wirklich" erscheint, und ein andermal als weniger wirklich oder gar als „durchsichtig", ohne feste Existenz. Letzteres beschrieben die Quantenphysiker damit, dass man Elementarteilchen nicht lokalisieren könne, wenn man sie nicht beobachtet. Wir sind immer „mit von der Partie" – als Beobachter, wie es der indische Weise Krishnamurti (1895-1986) schilderte, und dieser sagt auch, dass „der Beobachter und das Beobachtete eins"[2] seien. Es verhält sich dabei wie mit dem Klang und dem Hören: Klang und Hören sind letztlich eins. Einen Klang ohne dass er gehört wird, gibt es nicht, und ein Hören ohne Klang ist kein Hören. Auch mit dem Sehen von Bildern ist es so. Allan Watts (1915-1973), einer der frühen westlichen Zen-Lehrer, sagte[3] in diesem Zusammenhang, dass „Sightseeing" ein lächerliches Wort sei, weil Sicht und Sehen das gleiche sei. Ebenso sei „Gefühle fühlen" oder „Gedanken denken" eine sinnlose Verdoppelung, die nur für Verwirrung sorge. Wir wissen letztlich nicht, was das Wahrgenommene ist. Im Äußeren können wir von Wellen sprechen, welche unser Auge unter anderem als Farben interpretiert, und keiner hat sie ohne Augen „gesehen". Es kann sich aber auch einfach um ein Geschehen in unserem Bewusstsein handeln. Auch mit der Materie verhält es sich so: Wir wissen nicht, was sie „objektiv" ist. Wir sind darauf konditioniert, etwas im Grund Leeres (die Atomkerne sind zum größten Teil leer) als feste Materie wahrzunehmen. Wie schon erwähnt sagte auch C.G. Jung, dass Materie die Bezeichnung für etwas völlig Unbestimmtes und letztlich Unerkennbares sei – es könne irgendetwas sein – auch Geist oder Gott.

Letztlich ist unser Leben ein Mysterium, finde es nun in einer „objektiven" Welt statt, oder auch nur innerhalb des Geistes. Der indische Weise Ramana Maharshi (1879-1950) verwendete für die Erklärung dieser Existenzfrage gerne das Bild einer Kinovorführung. Danach sind wir wie Schauspieler in einem Film; wir sind aber auch die Leinwand, auf welcher der Film abgespielt wird; wir sind der Zuschauer, der den Film sieht, und wir sind selbst das Licht des Projektors[4]. Wenn wir uns bewusst werden, dass wir die durch alles Geschehen unberührte Leinwand sind, dann haben wir nach Maharshi tiefere Erkenntnis. Nicht dass der Film deswegen schon aufgehört hätte – wir bewegen uns immer noch darin –, aber wir wissen um die Zusammenhänge und sind dem Geschehen deshalb nicht in gleicher Weise ausgesetzt. Und natürlich stellt sich in einer solchen Sichtweise auch die Frage nach dem freien Willen, mit welcher wir uns schon früher befasst haben. Innerhalb des

Films hat der Schauspieler einen freien Willen, oder er meint zumindest, diesen zu haben. Alles Geschehen hängt aber auch mit allem andern zusammen, was einen freien Willen sehr in Frage stellt, und für die Leinwand ist es ohnehin bedeutungslos, was im Film geschieht. Vom Standpunkt der Leinwand her gesehen geschieht nichts. In Analogie dazu gibt es in uns immer eine große unbewegte Stille, die wir als solche wahrnehmen können – bis wir unsere Aufmerksamkeit wieder den Inhalten des Films zuwenden, d.h. bis der Verstand sagt, dass etwas geschieht. Im Grund geben wir den Dingen die Bedeutung, die sie haben, und auch das spricht für die Relativität der Welt.

Der schon verschiedentlich zitierte Zen-Meister Yamada Kôun Roshi sprach oftmals davon, dass die Erscheinungen der Welt wie ein Bruch gesehen werden können. Der Zähler oben entspreche dabei der äußeren Gestalt oder dem aktuellen Geschehen, und der Nenner unten sei mit dem Zeichen „Unendlich" ∞ zu sehen, wodurch der unfassbare Charakter des Seins zum Ausdruck komme. Dieser sei wie das leere Papier, das benötigt wird, um etwas schreiben zu können.[5]

Alles braucht einen Hintergrund, auf dem es erscheinen kann. Der indische Weise Bhagwan Awatramani (*1941) spricht[6] im gleichen Sinne davon, dass die Erfahrung des Alltags nur die Hälfte des Bildes sei. Man müsse auch wissen, wer etwas erfährt. Wer ist derjenige, der etwas erfährt? Wer oder was ist diese Instanz oder dieses Bewusstsein? Und daraus entspringt wiederum die Frage: Wer bin ich? Diese Fragen – denen wir uns an anderer Stelle noch eingehend widmen werden – bringen die Aufmerksamkeit nach innen. In dem von Yamada Roshi angestellten Vergleich wenden wir uns dem Nenner zu, dem Urgrund unseres Seins. Auch Allan Watts sprach davon: Wer nur in der äußeren Welt lebt, ist im „Überlebensmodus". Darin aber habe niemand Freude. Es gehe darum, das Leben spontan zu verwirklichen – nicht als ein „muss", was eine Gefangenschaft sei. Offenbar macht die „andere Seite – der „Nenner" von Yamada, der oft auch als Leere bezeichnet wird – das spontane Leben aus. Erst das Leben, das nicht im Äußeren verhaftet ist, ist lebendig. Erst dieses Leben ist inspiriert. Und wieder kommt uns jene Dimension entgegen, welche unfassbar ist, und die doch geradezu das „Eigentliche" des Lebens ausmacht. Wir alle wissen, was unsere äußere Form ist, unser Körper, und auch was unsere sozialen Gegebenheiten sind, doch was das Leben wirklich ist, ist schwer auszumachen. Dem nachzuspüren ist lohnenswert, und wir kommen dabei in die Nähe dessen, was mehr ist als die vermeintliche „Wirklichkeit", ja was gerade nicht diese Wirklichkeit ist – und deshalb wirklich ist.

Das Diamant-Sutra, ein alter und sehr bedeutungsvoller Text des Mahayana-Buddhismus, setzt sich eingehend mit dieser Logik auseinander. Vielfach ist darin die Rede, dass etwas ist, weil es nicht ist. Im Nichtsein ist das wahre Sein. So etwa heißt es abgekürzt: „Man tritt in keinen Strom ein; das meinen wir, wenn wir von Strom-Eintritt sprechen"[7]. Oder: „Ein harmonisches, schönes Buddhafeld schaffen bedeutet in Wirklichkeit nicht ein harmonisches, schönes Buddha-Feld schaffen. Und darum nennt man es: ein harmonisches schönes Buddha-Feld schaffen"[8]. Und weiter: „Der Tathagata (so spricht Buddha von sich selbst) hat erklärt, dass alle Vorstellungen Nicht-Vorstellungen sind und alle Lebewesen Nicht-Lebewesen."[9] Buddha sagte zudem: „Bezüglich des höchsten, vollkommen erwachten Geistes habe ich überhaupt nichts erlangt. Und darum wird er der höchste, vollkommen erwachte Geist genannt."[10] Indem eine Erscheinung ihre äußere Form übersteigt, wird sie erst zur wirklichen Erscheinung. Das ist die Doppelnatur der Erscheinungen, die wir täglich vor uns haben. Auch der Mensch ist von dieser Doppelnatur, was seiner gleichzeitigen Existenz in zwei „Welten" entspricht. Einerseits bewegt er sich in der „Welt der Erscheinungen", welche im spirituellen Osten oft die „relative" genannt wird, und andererseits gehört er einer „absoluten" Dimension an, welche mit vielen Namen (wie Leere, Präsenz) bedacht wird. Dies erinnert an das Erscheinen des Menschen „zwischen Himmel und Erde", wie es in vielen Schöpfungsmythen geschildert wird. Seinem Wesen nach hat er an beidem Anteil – das ist uraltes Menschheitswissen. In dieser Doppelnatur nimmt sich der Mensch einmal mehr auf der Seite der äußeren Welt, einmal mehr auf der Seite des „Absoluten" wahr – jenes unfassbaren Feldes, das manche auch als „Energiefeld" beschreiben.

Buddhas eigenes Weltbild kennen wir nicht aus direkter Hand. Aus den alten Schriften zu schließen spricht auch er von der Doppelnatur der Welt. Einerseits ist die Rede von einem reinen, unfassbaren Geist, so z.B. im Diamant-Sutra vom „Geist, der nirgendwo verweilt", oder von den Lebewesen, die zugleich „Nicht-Lebewesen" sind. Andererseits hat in Buddhas Lehren aber auch die Objektwelt ihren Stellenwert. So steht im Diamant-Sutra: „Denke nicht, dass jemand, der den höchsten, vollkommen erwachten Geist in sich erweckt, alle Objekte des Geistes als nicht-existent, als vom Leben abgeschnitten betrachten müsse."[11] Das zentrale Anliegen Buddhas ist die Befreiung des Menschen vom Leiden, das gemäß den „Vier edlen Wahrheiten" durch die Vorstellungen des Menschen und seine Anhaftung an Objekte bedingt ist. Um das aufzulösen lehrt er seine Schüler radikal: „Wenn ein Bodhisattva an der Vorstellung festhält, dass ein Selbst, eine Person, ein Lebewesen oder eine Lebensspanne existiere, dann ist er kein echter Bodhisattva"[12]. Ein Bodhisattva, ein nach höchstem Erwachen strebendes Wesen, muss offenbar selbst von der Vorstellung, eine Person oder ein Lebewesen zu sein, Abstand nehmen. Auch darauf wird noch näher einzutreten sein. Dabei kann sich die Frage stellen, wie sich ein Zustand ohne jede Anhaftung gestaltet. Ist man mit so viel Gleichmut noch in der „Wirklichkeit", wie sie sich allgemein darstellt? Der Eindruck von der Welt verändert sich doch sehr, wenn man nicht daran gebunden ist.

Dass die Welt dabei nicht ganz verlassen werden sollte, zeigt ein schönes Zen-Koan mit dem Titel „Hyakujo und der Fuchs"[13]. Es ist eine längere Geschichte, die hier nur in den Grundzügen wiedergegeben werden soll. Danach fiel ein Zen-Priester nach seinem Tod für 500 Leben in den Zustand eines Fuchses zurück, weil er auf die Frage eines Mönchs die falsche Antwort gegeben hatte. Er war gefragt worden, ob ein vollkommen Erleuchteter an das Gesetz von Ursache und Wirkung gebunden sei oder nicht, und er hatte mit nein geantwortet. So wurde er zum Fuchsgeist, womit in der Zen-Literatur allgemein ein unerlöstes Wesen bezeichnet wird, das nach dem Außergewöhnlichen trachtet und der Bindung des Karma-Gesetzes zu entrinnen sucht. Er dachte also, dass er als „Erleuchteter" nicht an die Regeln der äußeren Welt gebunden sei – an das, was wir allgemein als Wirklichkeit bezeichnen. Als Fuchsgeist stellte er dem Meister Hyakujo dieselbe Frage, die ihm gestellt worden war, und letzterer antwortete „Das Gesetz kann nicht verdunkelt werden". Das Gesetz von Ursache und Wirkung besteht also auch für den erkennenden Menschen, aber nicht in der allgemeinen vordergründigen Weise. Es kann deshalb „nicht verdunkelt werden", und doch ist da eine Ebene des Seins, wo alles in eines zusammenfällt und unbewegt ist. Es ist die Ebene, die Buddha gemäß dem Diamant-Sutra in folgendem Vers beschreibt: „Wer nach mir in der Form sucht oder mich im Klang sucht, ist auf einem falschen Weg und kann den Tathagata nicht sehen". Das Eigentliche ist doch unsichtbar – jenseits von Form und Klang. Und beides – das Eigentliche und die Welt – sind letztlich eins. Und das sind wir. „Wenn man den Menschen sieht, und nicht die unendliche Weite, die er verkörpert, dann erfasst man ihn nicht", lehrt Buddha im Diamant-Sutra weiter, und „für den Tathagata ist niemand ein gewöhnlicher Mensch – darum kann er sie gewöhnliche Menschen nennen"[14].

---

[1] Paul Watzlawick, Wie wirklich ist die Wirklichkeit? Wahn, Täuschung, Verstehen, z.b. Piper Verlag 2005
[2] Jiddu Krishnamurti, Einbruch in die Freiheit, Ullstein Verlag Frankfurt 1988, S. 84ff.
[3] in einer auf youtube publizierten Video-Aufnahme
[4] z.B. in Munangala Venkataramiah, Gespräche mit Ramana Maharshi, Tiruvannamalai 2003, BoD Verlag Norderstedt 2014 S. 303, oder in Reto Fetz, Shri Ramana Maharshi, Vom Ich zum Selbst, Lith Verlag Berlin 2006, S. 153
[5] Yamada Kôun Roshi, Hekiganroku, Kösel Verlag München 2002, Band 1 S. 506 (und S.159)
[6] in einem auf youtube veröffentlichten Video
[7] Das Diamant Sutra, kommentiert von Thich Nhat Hanh, Theseus Verlag Zürich 1993, S.16f.
[8] Das Diamant Sutra, ebd., S.18
[9] ebd., S.23
[10] ebd., S.31
[11] ebd., S.33
[12] ebd., S.12
[13] Koan-Sammlung Mumonkan, Kösel Verlag München 1989, Fall 2, S. 35
[14] Das Diamant Sutra, ebd., S.32

Religion und Spiritualität

Die Religionen sind Glaubenssysteme, die sich in langer Zeit herausgebildet haben und im Kernpunkt spirituelle Wahrheiten beinhalten. Während sich in polytheistischen Religionen kollektive Wahrheiten verdichtet haben, gehen die monotheistischen Religionen auf Religionsstifter zurück, die tiefe Wahrheiten exemplarisch zum Ausdruck brachten. Je nach eigenem Standpunkt und Glaubensinhalt erscheinen dabei die Gründergestalten als zentrale Figuren, welche die archetypischen Inhalte den Menschen „gebracht" haben, oder sie gelten als Verkörperung von kollektiven psychischen Inhalten, welche zur gegebenen Zeit zum Ausdruck drängten und sich an den jeweiligen Gründergestalten festmachten. So gesehen verdichteten sich im kollektiven Bewusstsein gewisse Inhalte, die von den Gründergestalten in idealer Weise verkörpert wurden, wobei sie in der weiteren Religionsentwicklung mehr und mehr mit mythischen Elementen angereichert wurden, sodass sie letztlich weniger als Menschen, sondern vielmehr als mythische Figuren erscheinen und wirken. Im Christentum wird dies deutlich in der Unterscheidung von Jesus (als Mensch) und Christus (als mythischer Gestalt), die exemplarisch im „Christus Pantokrator" (Weltenherrscher) zum Ausdruck kommt. Die nachträgliche Anreicherung der Religionsstifter durch mythische Inhalte zeigt sich etwa darin, dass sie allesamt eine besondere Geburtsgeschichte aufweisen. Es ist anzunehmen, dass im späteren Wirken dieser Gestalten eine tiefe Kraft zum Ausdruck kam, welche von der Nachwelt in die Kindheit hinein ausgedehnt wurde und dort als „Geburt unter besonderen Umständen" erscheint. Christus etwa kommt in jungfräulicher Geburt in die Welt, nachdem schon Maria von ihrer Mutter Anna frei von der Erbsünde („unbefleckte" Empfängnis) in dieser Welt erschien. Und Buddha wurde nach der mythischen Überlieferung von seiner Mutter Maya aus ihrer Seite geboren, nachdem ihr bei der Empfängnis ein weißer Elefant erschienen war, der mit dem Stoßzahn in ihre rechte Seite eindrang. Mohammed wurde in frühen Kindesjahren Vollwaise und wurde nach dem Koran als Waise später von Gott direkt angesprochen. Die Verherrlichung von Religionsstiftern zeigt sich in der jeweils späteren Religionsentwicklung auf allen Ebenen bis hin zu den wunderbaren Bauten, welche die Bedeutung der von ihnen vertretenen resp. ihnen zugeschriebenen transzendenten Inhalte zum Ausdruck bringen. Der Mensch scheint ein tiefes Bedürfnis nach dem Unfassbaren und Unermesslichen zu haben, das er in den Erlösergestalten fasst. Wenn im Christentum die Rede davon ist, dass Gott den Menschen nach seinem Ebenbilde schuf, so könnte es auch umgekehrt sein, dass sich der Mensch seinen Gott nach dem eigenen Bilde gestaltete. Beides fällt letztlich aber in eines zusammen: Der Mensch spürt das Göttliche in sich und gibt ihm Ausdruck, und das Göttliche wiederum ist tief verstandenes Menschsein. Michael Barnett (*1930), ein spiritueller Lehrer der heutigen Tage, beschreibt es sinngemäß so: Heiligkeit sei, sich mit der Natur, mit Gott eins zu fühlen. Indem man sich dem Göttlichen hingibt und sich damit verbindet, lebe dieses wiederum durch einen. Das sei Liebe und das höchste Ziel.

Das Göttliche, das die Religionsstifter ausdrücken, übersteigt das normal-menschliche Dasein. Weil es andererseits in jedem Menschen steckt und sein tiefes Wesen darstellt, ist er gerade dadurch wirklich Mensch. Der zeitgenössische Neo-Advaita-Lehrer Sam Golden (*1941), bekannt unter dem Namen Samarpan, sagt, dass die Vorstellung, von Gott getrennt zu sein, die „Erbsünde" sei. Daraus ließe sich schließen, dass im frühen kollektiven Bewusstsein eine Entfremdung von der direkten Wahrnehmung Gottes, vom Göttlichen im Menschen, stattgefunden habe. Wenn diese Sünde im Christentum durch den „neuen und ewigen Bund" getilgt wurde, erscheint Christus als Mittler zum verlorenen Gott. Diese Mittlerrolle wurde von der christlichen Kirche fixiert und kanonisiert, wobei die Kirche selbst später zur vermittelnden Institution wurde. In der katholischen Kirche entwickelte sich diese Funktion bis hin zum lukrativen Geschäft des Ablasshandels, der einer der Gründe für die Reformation war. Betrachtet man die gotischen und späteren Kirchen in den Städten nicht aus der heutigen architektonischen und touristischen Perspektive, sondern aus der Zeit ihrer Entstehung, so wird die Diskrepanz zwischen den reichen Kirchen und der armen Bevölkerung in den umliegenden Hütten zwischen stinkenden Gassen besonders deutlich.

Religionen beziehen sich auf Glaubensinhalte, die einer besonderen Verwaltung bedürfen. Je weiter die religiösen Systeme in der historischen Entwicklung ausgedehnt wurden und je komplizierter sich die theologischen Lehren gestalteten, desto größer wurde auch ihre „Verwaltungsmacht". Das zeigt sich in allen Hochreligionen, so auch im Buddhismus. Im Mahayana entstand ein ganzes Pantheon von Emanationen des Buddha, von Göttern und Schutzgottheiten, für dessen Erlernung heute ein Mönch in Bhutan neun Jahre aufwenden muss. Zentrum des buddhistischen Glaubensbekenntnisses sind die „vier edlen Wahrheiten" (über die Entstehung und Überwindung des Leidens) und Buddhist ist, wer „Zuflucht nimmt" zu Buddha, Dharma und Sangha. Im Christentum tradierten sich Glaubensbekenntnisse, deren Inhalt an verschiedenen Orten und zu verschiedenen Zeiten unterschiedlich ausgestaltet wurde. Strenggenommen hängt die Zugehörigkeit zur christlichen Kirche auch heute noch vom Ablegen eines solchen Bekenntnisses ab. Wesentliche Inhalte darin sind die Anerkennung Christi als Sohn des lebendigen Gottes und die Auffassung, dass er für unsere Sünden gestorben und am dritten Tag auferstanden sei. „Er ist offenbart im Fleisch, gerechtfertigt im Geist, erschienen den Engeln, gepredigt unter den Heiden, geglaubt in der Welt, aufgenommen in die Herrlichkeit" (1 Tim. 3,16). Ebenso gehört auch der Glaube an den Heiligen Geist mit allen Diskussionen über die Trinität („filioque-Streit") zum christlichen Glaubensbekenntnis. Das muslimische Glaubensbekenntnis, die Shahada lautet: „Ich bezeuge, dass es keine Gottheit gibt, nur (und einzig) Allah und ich bezeuge, Mohammed ist der Gesandte Allahs." Und das jüdische Glaubensbekenntnis, die Shma Jisrael lautet: „Höre Israel! Gott ist einzig, darum sollst du ihn lieben mit ganzem Herzen, mit ganzer Seele und mit ganzer Kraft!"

Stets geht es in den Glaubensbekenntnissen um einen Glauben an etwas, das tradiert worden und von den meisten Glaubenden nicht wirklich erfahren worden ist. Gewisse Weisheiten werden in einer Form übermittelt, welche vielen Menschen verständlich sein soll. Dies ermöglicht den spirituell weniger geübten Menschen, am „Heil" teilzuhaben, ohne selbst zu einer Erfahrung vorgestoßen zu sein, welche hinter dem Glauben steht. Der Glaube tritt damit an die Stelle der spirituellen Erfahrung, und er wird in den Kirchen und Tempeln breit ausgelegt – was die Gläubigen aber einer eigenen Erfahrung nicht näher bringt. Der Grund, warum sich Kirchen und Tempel zunehmend leeren, mag darin liegen, dass heute viele Menschen vom reinen Glauben an etwas nicht selbst Erfahrenes nicht mehr genügend erfüllt sind. Sie suchen deshalb nach eigenen Erkenntnissen und wohl auch nach einem neuen Verständnis religiöser Inhalte, die als solche nicht unbedingt grundsätzlich in Frage gestellt werden.

Im Gegensatz zum religiösen Glauben widmet sich die Spiritualität der inneren Erfahrungswelt. Wenngleich es viele Definitionen von Spiritualität gibt, die zum Teil mit der Religionsausübung wieder deckungsgleich sind, sei der Begriff hier allgemein als Hingabe an einen Weg verwendet, der innere Erfahrungen einer transzendenten Wirklichkeit anstrebt. Es ist damit die Hinwendung an einen „göttlichen Raum" gemeint, an einen von unserer Welt nicht getrennten Ort des reinen Seins – im Wissen darum, dass dieser letztlich nicht fassbar ist. In diesem ungetrennten Dasein gibt es nichts zu suchen und nichts zu erreichen, weil alles schon in seiner Ganzheit besteht. Gemäß dem alten chinesischen Zen-Meister und bedeutenden sechsten Patriarchen Hui Neng (638-713) bedeutet Meditation, „in den Urgrund unseres Wesens zu schauen" – eine wahrlich spirituelle Haltung. Über diesen Urgrund wird noch einiges zu sagen sein, doch geht es hier nur um die Feststellung, dass spirituelle Erfahrungen möglich sind, und dass diese in ihrem Kern von denjenigen der Religionsstifter nicht verschieden sind.

Der zeitgenössische spirituelle Lehrer Anthony Paul Moo-Young (*1954), der unter dem Namen Mooji bekannt geworden ist, äußert diesbezüglich interessante Einsichten und regt zu entsprechenden Überlegungen an.[1] So fragt er danach, wo sich Christus, Mohammed und Buddha treffen. Was haben Christus und Buddha für Erfahrungen gemacht? Sind sie von anderem Stoff als wir es sind? Es gehe nicht darum, Einzelpersonen zu verehren oder einer einzelnen Lehre zu folgen, sondern das Eigentliche zu ergründen, das sie ausdrücken. Er spricht von einem Ort, „wo die Welt stoppt", wo sie nicht hinkommen kann, und von einem Tor, „wo die Person stoppt", hinter das wir als „Person" nicht kommen können. Mit Person meint er damit die äußere Erscheinung des Menschen in seinen Formen und sozialen Bezügen, seinen Auffassungen und Identifikationen. Sich die Frage zu stellen, ob man ähnliche Erfahrungen machen könne wie Christus oder Buddha, mag manchen Menschen als blasphemisch erscheinen. – Ich erinnere mich da an eine Seminarstunde, in der ich auf meine eigene Lebendigkeit, auf den tiefen Lebensprozess als mein eigentliches Sein hinwies und mit den Worten „ich bin das Leben" darauf Bezug nahm. Ein Teilnehmer fuhr mich daraufhin an, diese Aussage gehöre allein Christus zu, nicht mir. Dabei dachte ich: Was hat das „wahre Leben" denn mit mir zu tun, wenn es mich nicht betreffen darf, wenn ich davon ausgeschlossen bin? Was soll die Gestalt Christi mit mir zu tun haben, wenn seine Erkenntnisse gänzlich außerhalb meiner Möglichkeiten liegen? Damit würde ein tiefer Graben aufgerissen zwischen mir und den mir zugestandenen Möglichkeiten spiritueller Erfahrung. Doch: Muss ich bei einer solchen tradierten Auffassung bleiben?

Wenn wir davon ausgehen, dass die spirituelle Dimension seit jeher Bestandteil des Menschseins war – wie dies schon in den alten Naturreligionen deutlich zum Ausdruck kam – dann gehört sie auch heute grundsätzlich dem Menschen zu. Manche Kirchenvertreter haben sie aber für sich in Beschlag genommen und verteilen sie dem Volk nun symbolisch im eucharistischen Abendmahl. Wenn wir die Spiritualität als urmenschliches Sein annehmen, dann hat sich in den Jahrhunderten eine gigantische Projektion des tiefen menschlichen Urgrundes entwickelt, die nun von den Religionen bewirtschaftet wird. Es wäre aber Zeit, diese Projektionen den Menschen zurückzugeben – ihnen zuzugestehen, dass sie tiefe innere Erfahrungen selber zu machen vermögen, und ihnen nicht mit dem Blick auf alle Heiligen davorzustehen. Die „Heiligen" wären dann Vorbilder für die eigene Erfahrungsmöglichkeit, und nicht anbetungswürdige Gestalten. Wollen wir solche Erfahrungen gewinnen, müssen wir uns jedenfalls bedingungslos von derartigen Projektionen und Phantasien trennen. Der ehemalige Trappisten-Mönch Francis Bennett sprach vom Gott, der alles umfasst, und Mario Mantese (*1951), ebenfalls ein zeitgenössischer spiritueller Lehrer fragt: „Warum wendest du Dich an Wesen statt an Gott, der das Naheste vom Nahen ist?"[2] Er spricht von grenzenloser Allgegenwart als Tatsache, von einem ungeteilten Sein jenseits des Glaubens. „Glaube heißt an etwas zu glauben, wobei das, an was ich glaube, etwas anderes sein muss als das, was ich bin."[3] Letztlich bedeute dies, an alles zu glauben, außer an sich selbst. Es geht aber darum, sich in seiner tiefen Essenz zu erfahren, „und das hat mit Glauben nichts zu tun". Spiritualität ist radikal. Sie bringt uns an die Grenze des bewussten Seins. „Gott lässt sich nicht lernen oder wissen", sagt Mantese.

Viele Menschen begeben sich auf einen spirituellen Weg – vielleicht weil sie mit den Angeboten der Kirche oder Religion nicht mehr zufrieden sind – aber manche gehen den Weg auch nur ein Stück weit. Sie sind nicht bereit, die eigenen Vorstellungen in der geforderten Radikalität aufzugeben, um frei davon zum ganz Inneren zu kommen. Im Zen-Buddhismus heißt es: „Triffst du einen Buddha, töte einen Buddha". Wir müssen von jeder Vorstellung eines göttlichen Wesens frei werden, um einen Geschmack davon zu bekommen. Darauf weisen auch verschiedene Zen-Koan hin, die sich Buddha widmen. Mit Buddha ist dabei das ureigentliche Sein gemeint, das formlose Wesen aller Existenz – auch unserer eigenen. Dahin müssen wir gelangen, und da stehen uns eben alle Vorstellungen im Weg. Auch in der Bibel heißt es: Du sollst Dir kein Bildnis noch irgendein Gleichnis machen! An einem Punkt auf dem spirituellen Weg stehen uns alle Bilder und Vorstellungen im Weg, und es braucht Mut, sich in das radikale Nicht-Sein fallen zu lassen, in jene Unendlichkeit, als die wir uns erfahren können. Mantese schreibt vom „ewigen Nicht-Sein" als etwas unergründbar Tiefem, einem „Erwachen aus Zeit und Raum"[4]. In diesem Zustand, der ebenso als reines Sein bezeichnet werden kann, treffen sich die alten Meister, und da treffen auch wir die alten Meister „von Angesicht zu Angesicht", wie es in Zen-Texten heißt.

Das reine Sein schließt dabei die Welt nicht aus. Es ist jenseits und es ist hier – das Jenseits ist hier. Wir werden „wach". Auch Christus erscheint aus diesem Blickwinkel und aus dieser Erfahrung als reines Sein – so wie wir alle. Wenngleich er im Sterben ganz Mensch ist („mein Vater, warum hast du mich verlassen?"), so ist er im Tod und als der „Auferstandene" ohne „Form" – zugleich in und jenseits der äußeren Welt. Im Aufgeben der Form wird das Unermessliche sichtbar, und daher kommt vielleicht auch die Faszination des Bildes von Christus am Kreuz. Ohne Faszination am Thema würde er nicht in so vielen Kirchen an zentraler Stelle hängen. In einem spirituellen Sinne verstanden läge die Faszination aber nicht darin begründet, dass er „die Schuld von uns genommen hat", sondern dass er uns die Unermesslichkeit unseres Menschseins zeigt, worin wir wiederum „frei von Schuld" sind. Im reinen Sein ist nur dieses eine Sein – so wie es ist. Christlich ausgedrückt würde dies heißen: „Wenn es nur Gott gibt und er alles umfasst, dann gibt es nur Gottes Wille", wie Francis Bennett sagt. – Dort würden auch Religion und Spiritualität zusammenfallen, und wenn die Menschen das Göttliche in sich erfahren, sich darin als göttlich erkennen, dann wäre auch die Kirche nicht mehr nötig. Statt religiöser Gemeinschaften gäbe es vielleicht spirituelle Zirkel, in denen das Unermessliche direkt spürbar ist. Auch das Thema des patriarchalen Charakters von Religionen hätte dann ein Ende – Frauen können in dieser Spiritualität genauso verankert sein wie Männer, und es bräuchte keine Verwalter der Erkenntnis mehr.

Das Leben Christi könnte so gesehen auch zu einem Abbild der menschlichen Bewusstseinsentwicklung werden, ontogenetisch und phylogenetisch. Da wird etwas geboren (ein Keim der Bewusstwerdung); später wird gepredigt (es entsteht eine Auseinandersetzung mit dem Thema der Selbstwerdung und eine entsprechende Literatur); schließlich führt der Weg in eine Art Tod (das Ich resp. das bisherige kollektive Bewusstsein muss geopfert werden), damit der „neue Mensch" / das neue kollektive Bewusstsein (der „Auferstehungsleib") erscheinen kann. Das ist vielleicht die Dimension, die wir alle erkennen, wenn wir die Welt in der Stunde des Todes mit allen unseren Identifikationen verlassen, und es ist auch möglich, dass wir schon vor dem physischen Tod etwas davon erahnen. Im Zen ist die Rede vom

Sein „jenseits von Geburt und Tod", von jener Dimension in welcher nie etwas geboren wurde und nichts stirbt. Es ist eine Dimension der Raum- und Zeitlosigkeit.

---

[1] Die Darlegungen von Moo-Young (Mooji) sind den zahlreichen auf youtube und anderen Kanälen publizierten Videos seiner Satsangs entnommen und vom Autor aus dem Englischen ins Deutsche übersetzt.

[2] Interview der Zeitschrift Lichtfokus mit Mario Mantese am 13.12.2004 in München, publiziert bei mariomantese.com

[3] dieses und die folgenden Zitate ebd.

[4] ebd.

Unsere Welt ist im Bewusstsein

Die menschliche Bewusstseinsentwicklung durchlief verschiedene Stufen. Jean Gebser (1905-1973) spricht in seinem grundlegenden Werk „Ursprung und Gegenwart" von vier „Bewusstseinsstrukturen", wobei er davon ausgeht, dass jeder nachfolgenden Struktur die vorherigen Strukturen inhärent bleiben. Er unterscheidet das archaische, magische, mythische und mentale Bewusstsein. Diese Strukturen bilden eine gute Basis zum Verständnis der aktuellen Bewusstseinsfragen. Das Bewusstsein ist für uns Menschen die entscheidende Größe der Wahrnehmung der Welt, weil sich alle Welt darin abbildet und nur dort wahrgenommen werden kann. Wie schon besprochen gibt es so verstanden auch keine „objektive Welt", sondern vielmehr eine unendliche Zahl subjektiver Weltwahrnehmungen, die sich zudem im Laufe der Zeit verändern.

Das „archaische Bewusstsein" stellt nach Gebser den Ausgangspunkt der Bewusstseinsentwicklung dar: Der frühe Mensch ist von der Natur und seiner Naturhaftigkeit noch vollkommen ungetrennt – er ist aufgehoben in einem reinen Sein und noch ganz ohne Bewusstheit über seine eigene Existenz. – Im folgenden „magischen Bewusstsein" erscheint der Mensch und mit ihm die Welt in einer „Einheitswirklichkeit"; physische Erscheinungen und psychologische Gegebenheiten sind noch ungetrennt. Es ist die Welt der Dämonen und Geister, die in der äußeren Natur beheimatet sind, und auch das Heilbringende ist von der materiellen Wahrnehmung ungetrennt. – Im anschließenden „mythischen Bewusstsein" verleiht der Mensch den inneren Gegebenheiten Gestalt. Indem er Geschichten um seine Problemstellungen rankt, fasst er das Überwältigende der Natur und der Seele, was ihm wiederum ermöglicht, aktiv damit umzugehen. Es ist die Zeit der Mythen und Märchen. – Schließlich entwickelte sich ab der griechischen

Philosophie das „mentale Bewusstsein", die rationale Weltauffassung, welche Natur und Mensch trennt. Dies ist das an vielen Orten aktuelle kollektive Bewusstsein. Dessen Verständnis von Welt und Mensch macht die Natur beherrschbar und lässt uns zugleich vergessen, dass wir Teil der Natur sind. Daraus wiederum wächst die heute zu beobachtende Sehnsucht vieler Menschen, sich wieder mit ihrer tiefen Existenz zu verbinden. Das Manko wird zum Grund für eine neue spirituelle Entwicklung, welche die ursprüngliche Einheit wieder herzustellen versucht.

Möglicherweise war die Abspaltung des Menschen von seiner eigenen Naturhaftigkeit eine Notwendigkeit für die Bewusstseinsentwicklung. Zugleich scheint die Entwicklung heute nach einer Wende zu verlangen, nach einem neuen tiefen Verständnis der Ganzheit menschlichen Seins. Es genügt dabei nicht mehr, einzelne Elemente eines ganzheitlichen Verständnisses weiter zu tradieren, so wie das etwa im magischen Wandlungsritual der katholischen Messe (Transsubstantiation) geschieht, oder auch im Verständnis mythischer Geschichten als realem Geschehen. Erinnern wir uns an Empfängnis und Geburt von Buddha aus der Seite seiner Mutter Maya, so können wir im Westen dies leicht der östlichen Mythologie zuordnen, aber christliche Glaubensinhalte wie etwa die Empfängnis von Maria durch den „heiligen Geist" und die Jungfrauengeburt verstehen wir noch gerne als reales Geschehen. Das wiederum gibt die Grundlage für lange theologische Exkurse in unserem heutigen mentalen Bewusstsein. Die eigenen Mythen sind uns eben näher als fremde, weshalb wir ihren mythischen Charakter zugleich viel schwerer erkennen. In einer Wende des Bewusstseins kann es also nicht einfach um eine integrierte Tradierung alter Bewusstseinselemente gehen – vielmehr muss die Wende zum Urgrund zurückführen, ohne dass aber das Bewusstsein als wahrnehmendes Element wieder verloren ginge.

Ausgangspunkt für eine derartige Entwicklung ist das gegenwärtig vorherrschende „mentale Bewusstsein", in welchem der Mensch als wahrnehmendes „Ich" und die Welt getrennt sind. Für das getrennte Ich erscheint die Welt dabei als „objektiv" und außerhalb seiner selbst gelegen. Rupert Spira (*1960), ein spiritueller Lehrer der Advaita-Linie, sagt[1] dazu sinngemäß, der normale Mensch meine, dass alle Menschen die gleiche Welt sähen. Aber niemand habe diese eine Welt je gefunden. Alle hätten nur die eigene Erfahrung. Die Wahrnehmungen der Menschen (oder Gedanken) könnten sich nicht berühren, und die Idee von Milliarden getrennter „Bewusstseine" sei nicht durch Erfahrung validiert, ebenso wenig wie die Idee von „einer Welt". Es brauche zwar Konzepte, um in der realen Welt zu funktionieren, aber der Glaube, das Konzept sei die Wirklichkeit, sei problematisch. Diese These unterstützt auch Tony Parsons (*1953), ein kompromissloser „Non-Dualist", wenn er sagt[2], die Menschen lebten in ihrer je eigenen Welt. Das sei auch Grund für manches Durcheinander, wie sich etwa in Partnerschaften zeigt. Da lebe man eigentlich mit einer Phantasiegestalt, wobei sich die gegenseitigen Eindrücke allerdings etwas überschneiden. Das ändere aber nichts daran, dass die Interpretationen sehr individuell seien. – So gesehen gibt es die Welt nicht „objektiv", sondern nur in Form der Eindrücke aller Menschen. Diese Relativierung der „objektiven Welt" und die damit verbundene Aufwertung des Bewusstseins als Ort aller Wahrnehmungen ist für die Entwicklung einer erweiterten Sicht bedeutungsvoll. Die Objektivierung der Welt hat ihren Ursprung in der Priorisierung des Materiellen und Körperlichen vor dem Bewusstsein, also in der Annahme, dass das Bewusstsein ein Beiprodukt des Körpers sei. Wie verschiedene einschlägige Autoren darstellen, ist aber Bewusstsein die primäre Erfahrung, bevor man *etwas* erfahren kann. Es gibt keine Erfahrung außerhalb des Bewusstseins. (Das erinnert an die biblischen Worte: „Bevor Abraham war, war ich".).

Indem etwas im Bewusstsein erscheint, kommt es in Existenz. Reines Bewusstsein ist wie leerer Raum. Das Bewusstsein braucht dabei kein Objekt, um sich zu erkennen. – Warum wissen wir, dass wir sind? fragt Spira, und er antwortet: Wir wissen es einfach; wir sind sicher darüber. Unser Sein ist nicht ein Ding. Und das „Ich", das ich bin, ist das gleiche, das weiß, dass ich bin. „Ich bin" ist nicht zwei. Sein und Wissen von sich ist die gleiche Erfahrung.

Betrachten wir das Bewusstsein als Zentrum der Wahrnehmung, so erscheint die Welt nicht mehr in einer „objektiven" Form. Das „Ich" ist damit nicht mehr Objekt, sondern Subjekt, in dem sich die Welt findet. Alles, was wir wahrnehmen, ist in uns – in uns gestaltet sich die Welt. Das aber machen nicht wir, es „geschieht uns". Es ist, als ob sich die Welt in unserem menschlichen Bewusstsein in vielfältiger Form gestaltet, wobei jeder Mensch seine eigene individuelle Wahrnehmung hat und damit in seiner eigenen Welt lebt. Der Grund aller Wahrnehmung ist dabei ein uranfängliches Sein, ein zeitloser Urgrund. Dieser wird von vielen als eine Art „Leere" erfahren, als eine Dimension, die deshalb nicht beschrieben werden kann, weil sie alles enthält und damit zu nichts in einem Gegensatz stehen kann. Sie ist unser tiefes eigenes Wesen. C.G. Jung nannte sie das „Selbst" und bezeichnet damit eine unpersönliche Kraft oder Existenz, die über alles hinausreicht und sich zugleich in aller Welt und in allen Menschen manifestiert. In der östlichen Terminologie entspricht das Selbst dem „reinen Sein" als zeitloser formloser Präsenz. Dabei geht es nicht um eine materielle Existenz, denn alle Erscheinungen verschwinden wieder. Sein ist jenseits von Form und Zeit, und in diesem Sinne ist unser tiefstes Wesen form- und zeitlos. Der früher zitierte 1. chinesische Patriarch Bodhidharma (440-528), sprach von einer „unendlichen Weite". Es ist nicht nur ein Gefühl von Weite – es ist die Abwesenheit von allem. Der Inder Nisargadatta Maharaj (1897-1981)[3] sagte dem entsprechend: „Das, was du nicht weißt und nicht wissen kannst, ist dein wahres Sein (true state). Alles was du über dein wirkliches Sein herausfinden willst, ist unwissbar – weil du selbst das bist, was du suchst."

Bhagwan Avatramani sagt[4], dass alles in uns geschehe, in diesem unendlichen Raum, im Bewusstsein. – Wenn die Welt in diesem Sinne „in uns" ist, entspricht die Wahrnehmung der äußeren Welt einer Art „Traumbild". Das „normale Leben" erscheint dann wie ein Träumen, und wenn wir uns darüber bewusst sind, wird der Traum luzid. Wir bewegen uns in der Welt und wissen zugleich, dass sie im Verhältnis zum formlosen Sein – welches im Osten als das „Absolute" bezeichnet wird – sehr „relativ" ist. Während die Welt auf der phänomenalen Erfahrungsebene als äußere Wirklichkeit wahrgenommen wird, erscheint sie in unserem Innern als Inhalt des Bewusstseins. Entsprechend können wir nur in unserem Bewusstsein nach uns selbst suchen, und dieses sind wir schon. Was wir suchen, das sind wir selbst. Es ist unser reines Sein, das immer schwingt. Alle Erscheinungen sind zugleich dieses reine Sein. Im Zen-Buddhismus wird es „Wesensnatur" genannt, womit auf das „Wesen" aller Erscheinungen verwiesen wird. Es ist, als wäre alles Sein in einer allumfassenden Dimension zusammengefasst, und diese sind wir selbst. Als reines Bewusstsein sind wir unphysikalisch und raumlos, und zugleich erfahren wir uns als Form.

Die Krux ist, dass wir dieser Form in unserer Kultur zu viel Bedeutung geben. Die Welt, die dem Menschen als äußere Existenzform erscheint, kann als Projektion des Bewusstseins erkannt werden, wenn wir ein Gefühl für die „unendliche Weite" des Seins entwickeln, und als „Beobachter" erscheint uns die Welt – wie schon erwähnt – von traumartigem Charakter. Erkennen wir die Welt in unserem Bewusstsein, so hängt die Wahrnehmung ihres „traumartigen Charakters" dabei von der Stärke unserer Präsenz im zeitlosen Urgrund ab. Je nach Bindung an die Welt sind wir mehr oder weniger in der Ich-Funktion, und entsprechend weniger oder mehr in der Dimension des reinen Seins. Zugleich sind wir aber immer beides: Wenn wir uns in der Leere wahrnehmen, imaginieren wir die Welt, und wenn wir uns in der Welt agierend erfahren, sind wir zugleich in der Leere (im Selbst). Wir sind der Träumer und das Geträumte gleichzeitig; der Beobachter und das Beobachtete. Indem wir uns als Bewusstsein erfahren, erkennen wir uns als das „Selbst", ein „Ich" und die Welt zugleich. Als Ich kann man sich dabei mit anderen Menschen verbinden; als Selbst (Kraft) ist man allein und projiziert seine Welt und weiß darüber. Je bewusster man dabei über die formlose Seite der Existenz ist, umso offener wird man paradoxerweise für die Themen der Menschen, und umso mehr wird man davon berührt. Der als Einsiedler lebende Zen-Meister Ryokan (1758-1831) beschrieb dies eindrücklich in einem Gedicht: „Manchmal sitze ich im Stillen, lausche dem Klang fallender Blätter. Das Leben eines Mönchs ist wirklich friedlich. Abgeschieden von allen weltlichen Dingen. Warum vergieße ich dann diese Tränen? Ich bin dessen so gewahr, wie alles dies unwirklich ist: Eins ums andere gehen die Dinge der Welt vorbei. Warum bin ich dann noch traurig?"[5]

Unser Doppelaspekt zeigt sich darin, dass wir sowohl Form wie auch Leere sind, dass wir Welt und Bewusstsein gleichermaßen darstellen. Wenn wir uns nur mit unserer äußeren Form (der Existenz in der phänomenalen Welt) identifizieren, fehlt uns die andere Seite, dann fehlt uns die Grundlage. Wir müssen aber nicht unsere menschliche Form in Abrede stellen. Es geht nur darum zu erkennen, dass unser Wesen (in der Form) zugleich Urgrund / Bewusstsein ist. In einem einfachen Vergleich: Wollte sich ein schön geformtes Holzstück, das sich lange mit seiner Form identifizierte, über seine Substanz bewusst werden, so müsste es dafür nicht seine Form aufgeben – es genügte ihm zu erfassen, dass es in seiner Substanz Holz ist. Diese besteht in und zugleich unabhängig von der jeweiligen

Form. Wenn wir uns in der Welt wahrnehmen, sind wir Welt, und wenn wir uns über uns selbst bewusst sind, sind wir Bewusstsein. Unabhängig davon, wo wir uns befinden, sind wir reines Sein. Unsere Substanz ist Sein, und zugleich sind wir Form – so wie Holz nicht ohne Form und Form nicht ohne Substanz sein kann. Jeder Mensch ist Sein, unabhängig von der Form (z.B. seiner Bildung etc.). Wahres Sein kann sich nur in der Form äussern, aber es ist wichtig, dass wir uns des Seins in allen Formen bewusst sind. Wesen und Form sind eins. Als reines Sein sehen wir zwar die Form, aber wir können uns auch davon losgelöst erfahren. Dann finden wir uns in einem zeitlosen Zustand, wo nichts getan werden muss. Da ist reines Sein. Der Schwerpunkt unserer Wahrnehmung ist in diesem Fall von der Form zum Sein gewechselt. Unser „Ich", der Körper, ist im obigen Vergleich wie die Form des Holzes, aber das Bewusstsein ist jenseits der Form. Das Sein stellt keine Fragen. Es ist. Fragen stellen und beantworten bedeutet schon ein Weggehen vom reinen Sein.

Zen spricht davon, dass jedes Reden über Zen „Zen beschmutzt". In den Zen-Kursen – im Speziellen in den längeren Kursen genannt „Sesshin" (wörtlich: den Herzgeist berühren) – werden viele Teilnehmende zum Urgrund hin durchlässiger, aber das „Ich" als Zentrum des Bewusstseins bleibt in den meisten Fällen bestehen. Die Zen-Meditation kann zu Erfahrungen der „Leere" führen, doch nachher kippen viele wieder ins „Ich", in ihre Alltagspersönlichkeit zurück. Die Leere ist dann noch nicht tief genug verstanden. Diese Kurse führen die Menschen langsam an etwas heran, das vom „Ich" aber nicht „begriffen" werden kann. Die von Krishnamurti und auch im indischen Advaita oft gestellte Frage: „Wer bist Du?" kann sinnvollerweise erst dann gestellt werden, wenn eine grundsätzliche Offenheit gegenüber dem Bereich des reinen Seins besteht, jenem Bereich, wo es nicht um ein „Ich" geht. Die vor allem im Rinzai-Zen verwendeten Koan zielen auf diese Ebene und auf die Erfahrung, von der Welt nicht getrennt zu sein. Alles ist dieses unfassbare Eine, und das sind wir selbst. Damit wird die im Zuge der Bewusstseinsentwicklung entstandene Selbstentfremdung aufgehoben.

Das „Ich", das als Zentrum des Menschen verstanden wird, erscheint so als eine Durchgangsstation in der individuellen und der kollektiven Bewusstseinsentwicklung. Sich selbst als reines Bewusstsein zu erfahren, und damit die Welt in sich zu erkennen, führt über das „Ich" hinaus in eine neue Freiheit. Wer das „Ich" soweit relativiert, dass er die Leere als Grund der Welt erfährt, kann die Welt in sich wahrnehmen. Das führt zu einer Verschiebung der zentralen Bewusstseinsposition – man wird zum „unpersönlichen Selbst". Wenn man sich von der Vorstellung befreit, etwas Bestimmtes zu sein, dann kommt man zur Quelle.

---

[1] Die folgenden Aussagen sind seinen in Englisch auf youtube etc. veröffentlichten Videos entnommen und vom Autor ins Deutsche übersetzt worden.

[2] Ebenso bezüglich Tony Parsons. Aussagen auch aus seinen Seminaren. Vergl. auch Tony Parsons, Nothing being everything, Selbstverlag 2007

[3] Vergl. Sri Nisargadatta Maharaj, Ich bin, 3 Bände, Verlag Kamphausen, Bielefeld 2014, sowie Jean Dunn, Bewusstsein und das Absolute, die letzten Gespräche mit Sri Nisargadatta Maharaj, Verlag Kamphausen Bielefeld 2012

[4] vergl. Auf youtube publizierte Inverviews mit Bhagwan Avatramani, u.a. „Silence, the inner teacher"

[5] Meister Ryôkan, Alle Dinge sind im Herzen, Herder Spektrum, Bd. 5718, S. 122

Wer oder was nimmt wahr?

Die wesentliche Ausrichtung des Zen geht dahin, dem Übenden die Erfahrung der Einheit allen Seins zu vermitteln. Im Herz-Sutra, einem zentralen buddhistischen Text, der auch im Zen eine bedeutende Rolle spielt, lautet die entsprechende Textstelle: „shiki soku se kû, kû soku se shiki". Shiki bedeutet dabei „Form", und Kû ist die „Leere". Letztere bezeichnet den unfassbaren Charakter des Seins, in welchem alle Formen enthalten sind. Im Herz-Sutra wird die Leere eingehend als Formlosigkeit beschrieben: „In der Leere gibt es weder Form noch Empfindung, noch Denken, Impulse, Bewusstsein; weder Augen noch Ohren, noch Nase, Zunge, Körper, Geist; weder Farbe noch Klang, noch Geschmack, noch Berührung, noch einen Gegenstand des Denkens; weder einen Bereich des Sehens noch einen Bereich des Denkens; weder Unwissenheit noch ein Ende der Unwissenheit, weder Alter noch Tod, aber auch kein Ende des Alterns und des Sterbens; kein Leiden, keine Ursache des Leidens, kein Erlöschen, keinen Weg; keine Weisheit, keine Erleuchtung." Dieses als Leere beschriebene und zugleich allumfassende Sein ist mit dem Verstand nicht begreifbar, und doch ist es fühlbar als ewige Präsenz, jenseits von Zeit und Raum. Zazen – die Meditation im Sitzen – bereitet diese Wahrnehmung und die Entwicklung eines entsprechenden Selbstverständnisses vor. Alle Gestalt ist zugleich formlos, und gemäss dem schon früher zitierten Diamant-Sutra qualifiziert sie sich gerade deshalb zum wahren Sein.

Diese Auffassung hat ihren Ursprung in den indischen Veden („Wissen") und der Lehre des Vedanta („Vollendung des Wissens"). Ihre Parallelen findet sie in der Lehre des Advaita-Vedanta („Non-Dualität" – Einheitswirklichkeit allen Seins), die von Shankara (788-820) entwickelt wurde. Wesentliches Element ist die Einheit der Seele resp. des

„wahren Selbst" (Atman) mit der Weltseele, dem alles umfassenden „Urgrund des Universums" (Brahman). Die „Unwissenheit" (Avidya) wird beseitigt durch die Aufgabe der Vorstellungen über uns selbst (Upadhi). In der Meditation gibt es verschiedene Übungen, so diejenige des „neti neti" („nicht dies, nicht dies") zur Auflösung der Identifikationen mit äußeren Attributen, und auch die Frage „Wer bin ich?", wie sie von Krishnamurti und Ramana Maharshi gestellt wurde. Sie ermöglicht, Vorstellungen aufzugeben und immer tiefer in das wahre formlose Sein einzusinken. Ziel ist, in der Selbsterkenntnis ein Bewusstsein über unsere formlose „wahre Natur" zu erhalten und darin Befreiung (Moksha) zu erlangen und „Glückseligkeit" zu finden. Ramana Maharshi spricht von mehreren Erkenntnisebenen: (1) dem Zustand der Fülle im Sinne der üblichen Wahrnehmung der Welt, (2) der Leere als Erfahrung der formlosen Natur allen Seins, (3) dem bewussten Gewahrsein und (4) der Absolutheit – jenseits von Wissen und Nicht-Wissen.

Im Vergleich dazu widmet sich der Weg des Zen vor allem den oben genannten Ebenen oder Stufen (1), (2) und (4), wobei die äußere Realität (1) mehr gewürdigt wird als im Advaita-Vedanta, welche die Welt im Grunde als „unreal" ansieht. Zen-Meister Linji Yixuan, jap. Rinzai Gigen (✝866), der Begründer der Rinzai-Linie, sagt im Sinne der letztendlichen Absolutheit: „Ihr alle, was ist das für ein Dharma, den ich, der Bergmönch darlege? Ich lege den Dharma des Geistgrundes dar. Ihr alle ergreift es, wendet es an, aber benennt es auf keinen Fall mit einem Namen – dies wird ‚geheimnisvolles Prinzip' genannt."[1] Dabei stellt sich die Frage, wie dieses formlose Sein erreicht werden kann. Rinzai weist darauf hin, dass das zeit- und raumlose ewige Sein nicht auf einem Weg erfahren werden kann, da es immer und überall besteht: „Ihr alle, die Leute sagen, dass es einen Weg gibt, der geübt werden muss, und einen Dharma, der bezeugt werden muss. Sagt, was ist das für ein

Dharma, der bewiesen werden muss, und was ist das für ein Weg, der geübt werden muss? Was fehlt in eurem gegenwärtigen Wirken? Was muss geflickt und verbessert werden?"[2] Die Auffassung von Rinzai deckt sich durchaus mit der Vedanta-Philosophie, die besagt, dass nicht erlangt werden kann, was wir schon sind (Kraft dessen, daß alles Brahman ist). Die Erkenntnisebene (3) des Advaita-Vedanta findet darin jedoch keine Erwähnung, so wie die Position des „Beobachters" im Zen allgemein nicht explizit gewürdigt wird.

Die Advaita-Lehrer wie Ramana Maharshi, Nisargadatta Maharaj, H.W.L Poonja und aktuell Mooji legen Wert auf die Untersuchung des Umstandes, wer oder was die Wahrnehmungen macht. Von Ken Wilber (* 1949), der in seiner „integralen Theorie" die Bereiche Psychologie, Philosophie und Mystik unter Einbezug von Physik, Biologie und Soziologie miteinander verbindet, gibt es ein schönes Gedicht mit dem Titel „Immerwährende Bewusstheit"[3], in welchem er darauf hinweist, dass wir nicht unsere Gedanken, Empfindungen und Gefühle sind, sondern vielmehr das „Subjekt, das alles wahrnimmt". Eine Stelle darin lautet: „Doch wer oder was nimmt wahr? Die Traditionen behaupten, das, was wahrnimmt, ist Geist, ist Gott, ist Buddha-Natur in ihrer Ganzheit. In anderen Worten: die letzte, unbedingte Wirklichkeit ist nichts, was gesehen werden kann, sondern ist das, was immer-gegenwärtig sieht." Im selben Sinne stellt Mooji seinen Gefolgsleuten immer wieder seine zentrale Frage: „Kann der Wahrnehmende wahrgenommen werden?". Alles Wahrnehmen geschieht in unserem Bewusstsein.

Advaita unterscheidet im Grunde drei Ebenen der Wahrnehmung (nicht zu verwechseln mit den vorher beschriebenen Erkenntnisebenen), die letztlich alle eins sind. Zunächst geht es um die „Person", die gewisse Dinge erlebt wie Gefühle, Empfindungen, Wahrnehmungen im eigenen Körper, und die Ansichten über sich selber hat sowie Vorstellungen und Wünsche pflegt. Es ist das übliche Bewusstsein, das den meisten Menschen eigen ist. Alle ihre Erfahrungen sind irgendwie „außen", und sie engagieren sich in der Welt und können sich über viele Themen ereifern. Sich selber nehmen sie aber nur indirekt über Empfindungen wie Schmerzen oder Missstimmungen wahr. Sie fragen sich nicht, wer es denn ist, der dies alles wahrnimmt. Das aber ist die Frage, die Mooji stellt: Wer ist es denn, der all diese Wahrnehmungen macht? Kann dieser selbst wahrgenommen werden? Da gibt es die Empfindung einer reinen Präsenz, die von den Ereignissen nicht berührt wird. So wie das Auge von dem, was es sieht, nicht berührt und dadurch auch nicht verändert wird, so ist die reine Präsenz still und unbewegt. In der Advaita-Literatur wird diese Ebene durch die Feststellung „Ich bin" charakterisiert. Es ist das Gefühl zu existieren, ganz unabhängig von allen Umständen. Wenn alles um uns her unsicher und bewegt ist, so ist diese eine Instanz unbewegt. Auf dieser Ebene angekommen fühlt man sich gut, aber es ist auch noch ein Gefühl. Diese Instanz, die gelegentlich als „höheres Bewusstsein" charakterisiert wird, ist der unbewegte „Zeuge" von allem Geschehen. Menschen auf dem Weg spiritueller Erfahrungen nehmen als erstes diese unbewegte Position in sich wahr. Auch nachdem diese eine gewisse Konsistenz erlangt hat, pendeln sie aber für eine gewisse Zeit zwischen dem „normalen" und diesem neuen Bewusstsein hin und her. Je nach Befindlichkeit fühlen sie sich als „Beobachter" frei, und dann wieder in den Herausforderungen des Alltags und ihren Gefühlen gefangen. Mehr und mehr stabilisiert sich aber diese „beobachtende" Position, und es entsteht eine zunehmende innere Freiheit gegenüber dem Alltagsgeschehen. Im Extremfall läuft es auf den Zustand jenes Zen-Meisters hinaus, von dem die folgende Anekdote[4] berichtet: „In Korea gab es zur Zeit der Bürgerkriege einen ganz besonders grausamen General, der Menschen wahllos niedermetzelte und vor dessen Truppen alle flohen. Nur ein Zen-Meister machte keine Anstalten zu fliehen, als der General mit seinen Männern das Dorf einnahm. Der General ging in das Kloster, zog vor dem Meister sein Schwert und drohte: ‚Weißt du nicht, wer ich bin? Ohne mit den Wimpern zu zucken kann ich dich töten.' Der Zen-Meister erwiderte sanft: ‚Und du, weißt du nicht wer ich bin? Ich bin ein Mann, den man töten kann, ohne dass er mit der Wimper zuckt.' Da verneigte sich der General und untersagte seinen Männern, das Dorf zu plündern." Die unbewegte Dimension unserer selbst, die alles eigene Geschehen beobachtet, ist von Gleichmut geprägt. Und nun stellt sich die Frage, ob diese wahrnehmende Instanz ihrerseits wahrgenommen werden kann. Das würde dann heißen, dass es zwei Wahrnehmungen gäbe – die eine, welche die andere wahrnimmt – und folglicherweise müsste es auch weitere wahrnehmende Instanzen geben, welche die jeweils vorangehende wahrnehmen. Das macht offensichtlich keinen Sinn, und wir kommen zum Schluss, dass die Wahrnehmung sich selbst nicht wahrnehmen kann. Karl Renz (*1953), ein aktueller spiritueller Lehrer sagt: „Keiner hat geschafft, das zu kennen, was er ist, nicht Buddha, nicht Jesus."[5] Der Wahrnehmende, der die Wahrnehmung hat, ist unfassbar. Wir kommen an einen Punkt, wo die Suche nicht mehr weitergeht. Advaita und Zen nennen diesen Punkt das „Wahre Selbst", „reines Bewusstsein", das „Absolute", das die Abwesenheit von etwas Zweitem bedeutet. Es ist reines Sein.

Wer in diesem Sein verankert ist, nimmt die Welt wie früher erwähnt traumartig wahr, sie wirkt wie ein Schein – denn sie ist eine reine Wahrnehmung, durch das Unbewegte wahrgenommen, das wir sind. Von der „Welt im Bewusstsein" haben wir schon gesprochen. In der Advaita-Philosophie wird diese Erkenntnis als „Ich bin DAS" beschrieben. Dieses DAS ist aber ohne Form, ohne fassbare Eigenschaften – wir erinnern uns an das Herz-Sutra, welches dafür den Begriff der „Leere" verwendet. Beziehen wir die drei Ebenen „Person", „Beobachter" und „unfassbares

Sein" auf die westliche Psychologie, so entspricht die erste Ebene dem „Ich"-Bewusstsein, das sich mit allen Ereignissen identifiziert und die Welt als von sich getrennt erfährt. Die zweite Ebene könnte vielleicht mit dem Begriff der „Seele" angenähert werden, wobei dieser Begriff ein Gemisch von „Ich" und tieferem Selbst umfasst. Die dritte Ebene entspräche schließlich der unwandelbaren Leere, von der auch C.G. Jung spricht. Er umschreibt sie als eine unfassbare „Mitte", die auch „Gott" genannt werden kann. Im indischen Gedankengut wäre dies Brahman, der alles umfasst, und genau das sind wir. Das teilweise zitierte Gedicht von Ken Wilber schließt mit folgenden Worten: „Wenn du dies verstehst, ruhe in dem, was versteht – und genau das ist Geist. Wenn du nicht verstehst, ruhe in dem, was nicht versteht – und genau das ist Geist."

---

[1] Linji, Das Denken ist ein wilder Affe, O.W.Barth Verlag München 2015, S. 66
[2] Linji, ebd. S.101
[3] aus Ken Wilber, The Eye of the Spirit, Sambhala Publications 2001
[4] aus www.sasserlone.de
[5] aus einem auf youtube veröffentlichten Video

Stille Präsenz

Zen heißt nichts anderes als Meditation; das Wort kommt vom indischen Dhyana resp. dem chinesischen Chan. Und Meditation ist ein Weg in die Stille – ein langer Weg. Zunächst geht es um die äußere Stille. Wie die christlichen Klöster liegen auch die Zen-Tempel an abgelegenen Orten. In der Abgeschiedenheit ist es still, kaum ein Klang erreicht das Ohr – vielleicht das Lied eines Vogels. Ich erinnere mich gut an meine Aufenthalte auf dem Berg Athos, der griechischen Mönchsrepublik, wo nicht nur ganze Klosteranlagen in der völligen Stille der gleißenden Mittagssonne lagen, sondern auch eine ganze Ortschaft. Karyes heißt der Hauptort und Verwaltungssitz aller Mönchsgemeinschaften, und selbst er lag in großer Ruhe unter mir, als ich vom Hafen her zu Fuß über den Hügelzug kam, der die östliche von der westlichen Inselhälfte trennt. Ich hörte keine Bauarbeiten, keine Tiere außer den Bienen, die um mich herum summten, nicht einmal das Flattern von Wäsche an Leinen. Das hat seinen Grund darin, dass in der Mönchsrepublik nur Männer leben – keine Frauen und keine Kinder. Und so gibt es da auch kein Dorf mit Kinderlärm. Auf dem Berg Athos wird nur gestorben, nicht geboren.

In der äußeren Stille wächst die innere Stille. Man kommt zur Ruhe, und das ist auch in der Meditation so. In den verschiedenen Meditationsschulen gibt es unterschiedliche Anregungen dazu, wie der Geist zur Ruhe gebracht werden kann. Dabei sind mit „Geist" zunächst die vielen Gedanken gemeint, die uns normalerweise durch den Kopf gehen, und die sich beruhigen sollen. Viele üben deshalb die Meditation – jemand sagte mir einmal, dass es ein „Beitrag zu seiner Lebensqualität" wäre. Dazu gibt es eine schöne Geschichte: Ein Zen-Schüler geht zu einem Meister, um endlich das Geheimnis des Zen zu erfahren. Er trägt dem

Meister, der ruhig in der Zazenhaltung auf dem Boden sitzt, sein Anliegen vor und bittet diesen um Unterweisung. Der Meister hört ihm zu und weist ihn an, sich ebenfalls in der Zazenhaltung neben ihn zu setzen. Nachdem der Schüler einige Minuten ruhig sitzend neben dem Meister wartet, fängt er an unruhig zu werden. Schließlich schaut er den Meister fragend an, worauf dieser sich zu ihm umdreht und sagt: „Nichts wird mehr passieren. Das ist alles."[1] Die Geschichte erinnert an das Zen-Koan „Bodhidharma bringt den Geist zur Ruhe", das an anderer Stelle dargelegt wurde[2]. Der Schüler und spätere Nachfolger Bodhidharmas konnte den Geist nicht finden, weil dieser völlig leer ist, stiller als still. Im Vers zu diesem Koan steht „Jener, der den Klosterfrieden stört, bist eigentlich Du."

Rainer Maria Rilke (1875-1926) schrieb in seinem Stundenbuch das folgende Gedicht[3], das auf diese andere Stille hinweist:

> Wenn es nur einmal so ganz stille wäre.
> Wenn das Zufällige und Ungefähre
> verstummte und das nachbarliche Lachen,
> wenn das Geräusch, das meine Sinne machen,
> mich nicht so sehr verhinderte am Wachen -
>
> Dann könnte ich in einem tausendfachen
> Gedanken bis an deinen Rand dich denken
> und dich besitzen (nur ein Lächeln lang),
> um dich an alles Leben zu verschenken
> wie einen Dank.

Rilke verweist auf die unergründliche Stille und Leere, um die es auch in der Meditation geht. Es handelt sich dabei nicht um eine vordergründige Beruhigung des Geistes, sondern um die Wahrnehmung einer ganz anderen Stille. Es gibt nicht nur die äußere Stille und im Weiteren die innere Stille, in welcher das psychologische Geschehen zur Ruhe kommt. Die entscheidende Stille liegt jenseits von aller gestaltbaren Stille; sie ist eine „existenzielle Stille", welche die Grundlage allen Seins ausmacht. Hier begegnen wir einer Unergründlichkeit, die zunächst Angst macht, und die wir erst später als unsere Heimat erkennen können. Rinzai sprach „vom hohen Sitz" aus: „Einer ist seit ewigen Zeiten auf dem Weg und doch ist er nicht von seiner Heimat getrennt. Ein anderer ist getrennt von seiner Heimat und doch nicht auf dem Weg"[4]. Wo immer wir sind, dort ist die tiefe und letzte Heimat des Menschen, und um dahin zu gelangen, ist es gut, „auf dem Weg" zu sein – so widersprüchlich das klingen mag. Es ist eben eine Frage der Optik. Vom traditionellen Bewusstsein her gesehen ist es gut, „auf dem Weg" zu sein, wenngleich es vom Standpunkt unseres eigentlichen Wesens her gesehen gar keinen Weg gibt. In diesem Sinne ist die große und letzte Stille immer da – wir müssen sie nur wahrnehmen. Diese Stille gibt uns Boden – diese Stille sind wir selbst.

Die unter dem Namen Gangaji bekannte spirituelle Lehrerin Antoinette Roberson Varner (*1942) sagt[5], man sei schon man selbst, näher als jede Vorstellung, „aber man verkauft sich an eine virtuelle Realität und bezahlt mit dem Leben, und dann ist es vorbei". Die virtuelle Realität sind die eigenen Vorstellungen und Meinungen, die man über sich und das Leben hat, und in denen man gefangen ist. In einem ähnlichen Sinne spricht auch Moo-Young davon, dass man als Person nur in einer Dimension lebt, „aber wenn man weiß, wer man ist, weiß man, woher man spricht. Man ist sich des Unveränderlichen bewusst."

Wenn ich von meinem Schreibpult über die Wiese, den See und die dahinter liegenden Hügel blicke, so ist mir, als läge eine unendliche Stille über allem. Sie ist hier, in jedem Baum, in jedem Grashalm, und auch in meinem kleinen Auto, das vor dem Haus steht. Und weil ich alles so wahrnehme, bin ich diese Stille letztlich selbst – sie ist in mir, und was die Welt da draußen wirklich ist, weiß ich nicht. Der Advaita-Lehrer und ehemalige Schüler von Ramana Maharshi, Harivansh Lal Poonja (1910-1997) nennt diese Stille den eigenen Ruheplatz. Diese Stille ist zeitlos, denn

Stille, die vergeht, ist keine Stille. Von Yolande Duran-Serrano (*1963) gibt es ein Buch mit dem Titel „Amoureuse du silence"[6]. Der Buchtitel sagt alles – sie ist eine Frau, die ganz der Stille hingegeben ist. Ich habe sie bisher zweimal getroffen, und es war mir tief bewegend zu erfahren, in welcher Dichte sie mit Menschen in die Meditation geht, ohne dass sie irgendeine äußere Form vorgibt. Seither verstehe ich, dass Stille nicht mit einer meditativen Position zu tun hat. Dies entspricht der Beschreibung des alten Zen-Meisters Rinzai: „Ehrwürdige! Wenn ich sage, man dürfe das Gesetz (Dharma) des Buddha nicht ‚außen' suchen, verstehen mich die Lehrlinge nicht und meinen, sie müssten es in ihrem Innern suchen. Darum setzen sie sich hin, lehnen sich gegen eine Wand und verharren regungslos, in Meditation versunken, die Zunge gegen den Gaumen gepresst. Das halten sie für die Methode der Patriarchen und für das Gesetz des Buddha! Welch großer Irrtum! Wenn man regungslose Reinheit für die Wahrheit hält, dann unterwirft man sich dem Nichterkennen als seinem Herrn und Meister."[7] Es geht um die Wahrnehmung einer Dimension, die nicht mit Wissen und Bemühung zu erfassen ist, weil das „Ich" die Stille, die Leere nicht fassen kann. Man kann nur Zeuge davon sein. Alles Geschehen findet im sichtbaren Bereich statt, in der Welt der sich stets wandelnden Formen, und die Stille ist der Hintergrund aller Ereignisse. Die Stille, das Schweigen macht nichts, und doch kommt darin alles an seinen Platz. Die Stille ist das Sein, das immer da ist, und dem ist nichts hinzuzufügen.

Die Stille kann als eine Art „reine Präsenz" wahrgenommen werden – aber das ist einfach ein anderer Name für etwas, das letztlich nicht beschrieben werden kann. Präsenz, das reine Sein ist keine Erscheinung, kein Gegenstand, und auch das Wort Empfindung trifft es nicht. Nach Moo-Young hat Präsenz „den Geschmack von Ewigkeit, Friede und keiner Form. Sie ist nicht auf dem Weg irgendwohin, ihr fehlt nichts, und deshalb will sie nichts. Präsenz ist keine Person und hat keine Religion." Ein anderer Lehrer, Gerhard Zandolini (*1954), genannt Saajid, sagt: „in der Tiefe unseres Wesens sind wir Stille, Leere, Weite, offener Raum. Doch wir leben, als seien wir ein geschlossenes System. Unsere Wahrnehmung ist oft eng, eingeschränkt und auf etwas ganz Bestimmtes fixiert, das wir mit unseren Trennungsgedanken aus dem Zusammenhang reißen und als ,das Andere' vor uns hinstellen."[8] Stille ist Einheit, reines Sein, und es braucht keine Anstrengung zu sein, was man ist. Zen spricht von der „Wesensnatur", die allem inhärent ist. Alle Erscheinungen sind „Sein", aber Sein selbst hat keine Eigenschaften. Stille, reine Präsenz entspricht einem Nullpunkt ohne Inhalt – und diesem ist auch die Zen-Übung gewidmet. Ob wir dazu aber in einer bestimmten Position auf einem Kissen sitzen müssen, ist eine andere Frage. Die Stille ist Sein ohne Form und Farbe, und sie gehört niemandem. Von da her kann sie auch von keiner Meditationsschule in Anspruch genommen werden – wenngleich viele Schulen Unterstützung bieten, zur entsprechenden Wahrnehmung zu kommen.

Form ist Leere und Leere ist Form – so ist im Herz-Sutra die Beziehung von äußerem Leben und Stille beschrieben. In der Stille bilden sich die Klänge und Bilder der Welt ab und sie verschwinden allesamt wieder. In Zen-Kreisen wird abends oft der sogenannte „Totenruf" rezitiert, der uns mahnt, uns dessen stets bewusst zu sein: „Hört gut zu, ich sage Euch allen, Leben und Tod sind von großem Ernst. Alle Dinge gehen schnell vorbei. Seid stets wachsam, niemals nachlässig, niemals." Rinzai mahnt in ähnlicher Weise: „Verehrte Mönche, Zeit ist wertvoll, und dennoch sucht ihr geschäftig auf Nebenwegen danach, Zen zu erlernen oder den Weg zu erlernen, akzeptiert Namen und Phrasen, sucht nach Buddha, den Patriarchen, guten Lehrern und stellt Vermutungen an. Täuscht euch nicht! Ihr Übenden auf dem Weg, ihr habt nur einen Vater und eine Mutter - nach was sucht ihr noch darüber hinaus? Beleuchtet euch selbst und seht."[9] Und er weist den Weg zu sich selbst: „Gewöhnliche Menschen ergreifen Objekte. Menschen des Weges ergreifen den Geist. Wenn Geist und Objekte beide vergessen sind, ist es zum ersten Mal der wahre Dharma. Die Objekte zu vergessen ist relativ einfach. Den Geist zu vergessen ist sehr schwer."[10] Dahin müssen wir gelangen. Nach Poonja muss man ganz allein dahin zurückkehren, wo man allein herkommt. Im reinen Sein ist man „allein", ja nicht einmal das. Man kommt nicht von irgendwo her und geht nicht irgendwo hin. Stille und Leere ist alles.

Wir sind unterwegs, bis wir bereit sind anzuhalten. Dann stellt sich die Frage: was ist hier – wenn wir nicht nach etwas greifen, wenn wir nichts tun? Wenn nichts zu tun und nirgendwo hinzugehen ist? Was ist hier? Varner (Gangaji) spricht davon, dass man sich vom Film des äußeren Lebens abwenden und sich dem Licht zuwenden müsse, dem Licht des Bewusstseins. Dieses ist aber nicht an uns als „Person" gebunden. Ich erinnere mich an mein letztes Zusammentreffen mit Pia Gyger (1940-2014), einer Zen-Meisterin, die einen Hirnschlag und weitere Erkrankungen erlitten hatte. Auch ohne äußere oder intellektuelle Präsenz war sie „ganz da", und da war trotz der etwas geschlossenen Läden ein helles Licht im Raum, kein physisches, sondern ein Licht ganz anderer Art. An der Beerdigungsfeier nahm ich dieses Licht wieder wahr. Vielleicht strahlte Pia Gyger etwas vom „Taborlicht" aus, welches die Mönche vom Berg Athos sehen.

Auf dem „Weg zu sich selbst" liegen die Meditationsübung, die Sammlung Samadhi und schließlich ein Lebensgefühl, das als wach und frei charakterisiert werden kann. Nach Poonja ist Meditation kein Konzept, keine Methode, keine Praxis und er spricht auch nicht von einem Weg. Sie sei vielmehr reines Dasein, wofür es auch keinen Namen gibt. Meditation erscheint damit als jene grundlegende Stille, die viel mehr ist als Abwesenheit von äußerem Lärm und auch mehr ist als innere Ruhe. Ohne Namen und ohne Form ist sie reines Sein. Wie die Meditation zunächst als innere Stille und später als absolute Stille erfahren werden kann, hat auch Samadhi, der Zustand innerer Versenkung, diese zwei Aspekte: die tiefe Sammlung, in welcher alle innere Schwingung zur Ruhe kommt, und das reine Sein, in welchem es keine Unterscheidung von Wahrnehmendem, Wahrgenommenem und Wahrnehmung mehr gibt. Fern von den „Träumereien" eines unsteten Geistes besteht eine wache Freiheit. Sie findet sich in der reinen Stille, wo nichts beschrieben werden kann. Es ist nicht die Freiheit einer Beliebigkeit, sondern die Freiheit von sich selbst und allen Vorstellungen. In der Freiheit, von nichts abzuhängen – nicht von Personen, nicht von Ideen, nicht von Gegenständen – öffnet sich eine reine Präsenz, ein Dasein ohne Form. Darin gestaltet sich das Leben selbst, und was getan werden muss, werden wir tun, frei und ohne Strenge. Das Leben ist und geschieht, und wir müssen es uns nicht erarbeiten.

Spirituelle Lehrer sind eigentlich Meister der Stille. Still zu sein, bedeutet ohne Eigenschaften zu sein, und ein spiritueller Lehrer ist die Verkörperung der Stille. Poonja sagt: „Der Meister kann nicht mit den Augen gesehen werden. Man muss ihn mit den Gefühlen erkennen. Glück und Friede gehen von ihm aus. Das können nur Leute fühlen, die bereit sind."[11] Und dabei ist der wahre Meister die Stille selbst. Die Weite, die Liebe, die Einheit von allem.

[1] aus „Koans und Zen-Geschichten" von Bahjan Noam, Blog Yoga-vidya Community

[2] im Kapitel „Fünf Arten des Zen" dieses Buches

[3] verfasst am 22.9.1899, Berlin-Schmargendorf

[4] Linji, Das Denken ist ein wilder Affe, O.W. Barth Verlag München 2005, S. 36

[5] aus auf youtube veröffentlichten Videos

[6] Yolande Duran-Serrano, Amoureuse du silence, Edition Almora, Paris 2012

[7] P. Demiéville, Entretiens de Lin-tsi, Fayard Paris, 1972, S. 131, zitiert nach C.A. Keller, www.carl-a-keller.ch

[8] gemäss einem auf youtube veröffentlichten Video

[9] Linji, Das Denken ist ein wilder Affe, O.W. Barth Verlag München 2005, S. 61

[10] zitiert nach facebook Zen-Kreis Paderborn

[11] zitiert nach einem auf youtube veröffentlichten Video

Die Fülle der Leere

Der alte chinesische Zen-Meister Tou-shuai Ts'ung-yüeh (1044-1091), in Japan unter dem Namen Tosotsu Jûetsu bekannt, richtete für seine Schüler in einem Koan drei Schranken[1] auf.
Die erste Schranke: „Wo befindet sich eure Selbstnatur im Moment, wo ihr bei einem Meister Unterweisung sucht?" – Wo ist euer tiefes Wesen gerade jetzt?
Die zweite Schranke: „Hat man die Wesensnatur erfasst, entrinnt man Leben und Tod. Wie entrinnt ihr Leben und Tod in dem Moment, in dem das Auge bricht?" – Wenn ihr die Unergründlichkeit eures Wesens und allen Seins erfasst habt, wisst ihr um eure wahre Heimat. Wie steht es damit im Moment eures Todes?
Die dritte Schranke: „Ist man von Leben und Tod befreit, weiß man, wohin man gehen soll. Wenn die vier Elemente zerfallen sind, wohin geht ihr dann?" – Was ist nach dem Tod?

Dieses Koan gilt als eines der wichtigsten Koan. Zen-Meister Yamada Kôun Roshi (1907-1989), der viel für die Verbreitung des Zen im Westen getan hat, stellt zur ersten Schranke in Anlehnung an Meister Bassui Tokushô (1327-1387) die gleiche Frage, wie wir sie auch aus der Advaita Tradition kennen: „Wer ist es, der hört?" Wer hört die Frage, die Tosotsu dem Schüler stellt? Wer also ist der Schüler, der Angesprochene? Was ist sein „Wesen"? Der Weg führt in die Tiefe, bis alles verschwunden ist. Und dort wird die Selbst-Natur erkannt. Zen-Meister Rinzai sagt: „Ihr müsst den Menschen erkennen, der jetzt dem Dharma zuhört. Er ist ohne Form und ohne Eigenschaft, ohne Wurzel und ohne Ursprung; er verweilt an keinem Ort und ist dennoch lebhaft und munter."[2] Dort ist die Lösung. Im Katha Upanishad, einer der ersten Upanishaden steht: „Wer die lautlose, geruchlose, geschmacklose, unberührbare, formlose, übernatürliche, nicht verfallende, anfangs- und endlose, unveränderliche Realität kennt, der wird aus dem Rachen des Todes befreit."[3] Und Nisargadatta fordert: „Diesen unveränderlichen Zustand, der unberührt ist von Geburt und Tod eines Körpers oder Verstandes, den müssen Sie wahrnehmen."[4] Wir sehen, dass in allen diesen Traditionen vom Gleichen die Rede ist, vom Unermesslichen, Unendlichen und Unbewegten, das alles durchdringt, allmächtig, zeitlos. – Die zweite und dritte Schranke präzisieren die erste Schranke, denn im Grund gibt es nur eine. In der Unermesslichkeit, der unbeschreiblichen Dimension reinen Seins gibt es nichts von Geborenwerden und Sterben, wie Yamada sagt: „Das Null-Unendliche kann weder geboren werden noch vergehen, obgleich es unsichtbar unendlich viele Fähigkeiten und Entfaltungsmöglichkeiten besitzt."

Bei meinem Besuch in Japan wies Kubota Ji'un Roshi (*1932), der Nachfolger von Yamada Kôun Roshi, auf seinen Meisterstab, auf welchem die beiden sino-japanischen Zeichen für „ungeboren" eingeschnitzt sind und sagte: „as long, as you can not say ‚all human beings never die' your zen ist not yet." Das kann nur von einem Standpunkt „jenseits von Geburt und Tod" gesagt werden, und dieses Sein ist unbenennbar und doch wahrnehmbar. Dort stellt sich die Frage, was nach dem Tod ist, aber nicht. Nisargadatta formuliert auch dies sehr direkt: „Beziehen Sie Ihren Standpunkt außerhalb dieses Körpers, der Geburt und Tod unterliegt, und alle Ihre Probleme lösen sich auf."[5] Dieser Standpunkt liegt außerhalb dessen, was wir „Ich" nennen, denn damit kann das Umfassende nicht wahrgenommen werden. Erst die Überwindung unserer Identifikationen ermöglicht es, uns als Existenz außerhalb von Formen und Strukturen zu erkennen. Dort wiederum entsteht die Empfindung, „nicht zu sein", die unser äußeres Sein relativiert. Da erfahren wir uns als nicht-wissend im Sinne von Sokrates („ich weiß ‚dass ich nicht weiß") und von Bodhidharma, der auf die Frage, wer er sei, antwortete: „Ich weiß es nicht". Es braucht Mut, sich auf dieses „Nichts" einzulassen, der Möglichkeit des eigenen „Nicht-Seins" zu begegnen, denn darin wird das Ich seiner Funktion als zentrale Instanz enthoben. Da es aber ohnehin nur eine vermeintlich zentrale Funktion hat, ist der Verlust kein wirklicher, sondern vielmehr derjenige einer Illusion.

Indem wir uns gleichzeitig als seiend und als nichtseiend erfahren, geraten wir in eine Paradoxie der Selbstwahrnehmung. Die Dimensionen der wahrgenommenen äußeren Existenz und jene der wahrgenommenen Formlosigkeit gehören uns beide zu, und je nach Standpunkt nehmen wir mehr die eine oder mehr die andere wahr. Vom Standpunkt der äußeren Existenz her erscheint die Leere als Inspirationsquelle, und vom Standpunkt der Leere her gesehen als ein „Nichts", in welchem jedoch vieles geschehen kann. Es sind dabei aber nicht wir als Personen, welche die Dinge tun, sondern es ist vielmehr das Leben selbst, das sich durch uns gestaltet. Darin erfahren wir uns als das „unpersönliche Sein", das wir im Tieferen sind, als jenes „Sein", das zugleich ein „Nicht-Sein" ist. Die Selbstwahrnehmung des Nichts ist dabei vollkommen statisch, und das ist unser Wesen. Es ist nicht ein das Nichts wahrnehmendes „Ich", sondern ein Nichts sich selbst seiend, indem es nicht ist. Und zugleich ist da die Wahrnehmung der Form. So umfassend wie das Universum ist das Nichts. Es umfasst alles Seiende und auch alles Nicht-Seiende und ist damit unendlich – „jenseits von Sein und Nicht-Sein; jenseits von Geburt und Tod". Das formlose Sein glänzt dabei in die Welt hinein, die es selber ist, sich selbst erkennend.

Es scheint ein tiefes Bedürfnis des Menschen nach dem „Nicht-Sein" zu geben, auch beim dem allgemeinen Wunsch, möglichst lange zu leben. Jeder sehnt sich nach dem Schlaf, wo er als „Ich" nicht mehr existiert, und jeder will wieder in die Welt hinein erwachen, an die er gewohnt ist. Im Tagesbewusstsein wird es manchem etwas eng in der Gesellschaft und im eigenen Körper, und dann beginnt eine Suche und später folgt das Eintauchen ins Nichts, in die Nicht-Form, die jede Einengung überwindet. Dort auch ist Freiheit – als Nicht-Form ist man frei von allem. Wer das Nichts erfährt, verliert die Sehnsucht, denn er weiß, um was es geht, und er verliert die Angst, weil er etwas von dem erfahren hat, was jenseits von Leben und Tod ist. In diesem Nichts lösen sich auch die Fragen auf, und das ist Erkennen. So etwa wird die Frage nach der Reinkarnation völlig bedeutungslos, denn auf der Ebene der Zeitlosigkeit macht sie keinen Sinn. Weil die tiefe Selbst-Natur vollständig ist, verliert sich auch das Interesse an manchen äußerlichen Dingen.

Im Zen nimmt die innere Erfahrung der „Leere" einen großen Stellenwert ein. In der entsprechenden Erkenntnis darf man aber nicht längerfristig verharren, weil man sonst der Welt verloren geht. Dies erfuhr Hakuin Ekaku (1686-1768), der große Meister des Rinzai-Zen, schon in jungen Jahren. Damals machte er als Mönch in der Zen-Halle tiefe Erfahrungen der Geistesstille, war aber unfähig, diese mit dem täglichen Leben zu verbinden. Wie berichtet wird, war er in einer Krise fast zwei Jahre lang krank. Er war der „Zen-Krankheit" verfallen, die darin besteht, über aller Erfahrung des „Nichts" in der Leere hängen zu bleiben. Erst im Alter von 42 Jahren erkannte er schließlich, dass sich die innere Erfahrung auch in der Außenwelt zeigen sollte, und er entschloss sich, möglichst vielen anderen Menschen zur Befreiung zu verhelfen. Damit kehrte er in die Welt zurück, und es wird berichtet, dass er Hunderte von Schülern hatte. Mit der Erkenntnis über den unergründlichen Charakter allen Seins, der als Leere oder als „Nichts" beschrieben wird, ist es nicht getan. So wie derjenige, der nur in der äußeren Welt lebt, nur die eine Hälfte der Wirklichkeit sieht, so kann der in der Leere Gefangene in der Welt nicht wirksam sein. Die tiefen handelnden Lebenskräfte können sich so nicht zeigen.

Im japanischen Zen wird die Wirklichkeitsfrage dabei etwas anders beantwortet als im Kontext des indischen Advaita-Vedanta. Während Advaita vorwiegend von der „relativen" Welt und dem „absoluten" Sein spricht, ist im Zen von Form und Leere die Rede, die identisch sind. Im Vedanta erscheint das „Absolute" als die eigentliche Wirklichkeit, d.h. der unbewegte Urgrund wird als „wirklich" betrachtet, wohingegen die Welt als Traum erscheint, aus dem man aufwachen kann. Dadurch verschwindet die Welt zwar nicht, aber man weiß im täglichen Leben um die Relativität all dessen, was ohnehin vorbeigeht. Die Bindung an die Welt wird dadurch locker, wenngleich man sich darin bewegt. Im Zen hingegen gibt es keine derartige Stufenfolge. Das im Vedanta als „Absolutes" Bezeichnete hat im Zen als „leeren Charakters allen Seins" zwar einen ebenso hohen Stellenwert, aber die äußere Welt erscheint dadurch nicht als „relativ" oder „traumartig", sondern vielmehr als vollständig erfüllt von dieser unfassbaren Unergründlichkeit – ja sie ist „wesensmäßig" diese Unergründlichkeit. Dies kommt in der Formulierung, „alles hat Buddhanatur" zum Ausdruck. Die Wirklichkeit allen Seins ist im Zen also eine doppelte, die aufgrund der reinen Identität aber wiederum als Einheit erscheint. Alles ist diese Eine.

Die alte Zen-Geschichte mit dem Titel „Der Ochs und sein Hirte" zeigt schön, dass die Erfahrung des Unergründlichen Voraussetzung für ein tief verstandenes und wirkendes Leben ist. Darin muss der suchende Hirte nach einer ersten tiefen Erfahrung des Unergründlichen einen langen Weg gehen, um seine Triebnatur und die Anhänglichkeit an die äußeren Dinge der Welt (im Buddhismus als „Gier, Hass und Verblendung" bezeichnet) zu zähmen. Immer wieder muss er sich bemühen, mit seinem tiefen Wesen (das durch den Ochsen verkörpert ist) in Einklang zu kommen, bis er schließlich in eine vollständige Leere gerät, wo es nichts mehr gibt – sogar er selbst ist verschwunden. Erst danach ist er wirklich lebendig und kann am Marktplatz wirken.

Das Verhältnis von Form und Leere, das im Buddhismus und auch in anderen spirituellen Schulen eine große Rolle spielt, ist insofern paradox, als je das eine das andere beinhaltet, ja indem keines ohne das andere sein kann. Wesenhaft ist Form Leere und umgekehrt. Dabei ist schon das Wort „ist" eigentlich zu viel, denn es handelt sich um eine Einheitswirklichkeit. Nicht zwei Dinge sind eins, sondern es existiert nur ein Einziges in all seinen Aspekten. Dieses entzieht sich den Regeln des logischen Verstandes und im Besonderen denjenigen der Ausschließlichkeit. Das „Nichts" kann in der logischen Betrachtung nicht zugleich etwas sein, und dennoch ist es so. Wir erinnern uns an das Diamant-Sutra, welches diese Dialektik klar zum Ausdruck bringt: Gerade indem etwas nicht ist (reine Leere), gerade dadurch und nur dadurch ist es. Form und reines Sein fallen zusammen – und da gibt es keinen Raum für ein „ist". Da gibt es auch keine Gegensätze – Dualität ist es nur dort, wo die Formenwelt separiert vom Wesen und die einzelnen Erscheinungen separiert voneinander gesehen werden. Das Unermessliche ist demgegenüber alles – alle Erscheinungen und alles Menschsein einschließlich der zwischenmenschlichen Beziehungen. „Die ganze Welt ist Buddhas heiliger Tempel", heißt es in einem buddhistischen Text. Und das sind wir auch selbst, wie der christliche Meister Eckhart (1260-1328) schreibt: „Da bin ich was ich war, da nehme ich weder ab noch zu, denn da bin ich ein Unbewegliches, welches alle Dinge bewegt." Es ist das reine Sein, das versteht und handelt

Die Leere, das „Nichts" ist zugleich Fülle. Sie umfasst alles, und Begriffe wie „Leere" und „Nichts" sind eigentlich nur Worte für eine Dimension, die sich jeder Beschreibung entzieht. So gesehen ist es auch kein Widerspruch, dass die Leere alles enthält – ja vielmehr alles ist. Das Thema „Fülle der Leere" wurde von Zen-Meister Tung-shan Liang-chieh

(807-869), in Japan Tozan Ryokai genannt und Begründer des Soto-Zen, in seinem Werk über die „Fünf Stände" eingehend behandelt. Es geht darin um die verschiedenen Aspekte dieser Einheit. Bereits in jungen Jahren wurde er mit dem Herz-Sutra konfrontiert, und beim Hören der Worte „es gibt kein Auge, kein Ohr, keine Nase, keine Zunge, keinen Körper und keinen Geist" soll er sich an sein Gesicht gegriffen und seinen Lehrer gefragt haben, warum die Schrift behaupte, dass diese nicht existierten. Dem Vernehmen nach fand der Lehrer diese Frage für einen jungen Menschen bemerkenswert und unterzog ihn der weiteren Schulung.

Die „Fünf Stände" bezüglich Leere und Form, die Tozan später in Versform niederschrieb, besagen im Wesentlichen folgendes:

1 – „Im Absoluten die Erscheinungen". Dieser Stand betont die Erfahrung des Absoluten als Grund allen Seins. Dimensionslos wird dieses auch als „Leere" oder als „Nichts" beschrieben. Im Absoluten – im Nichts – ist das Relative (die Erscheinungswelt) enthalten. Die „Welt der Wirklichkeit" hat ihre Bedeutung und besteht innerhalb des Unermesslichen reinen Seins. Auf dem persönlichen Weg entspricht dieser Stand dem Aufgeben der Ich-Illusionen. Alle Dinge sind relativ und Ausdruck des unermesslichen reinen Seins.

2 – „In den Erscheinungen das Absolute". Diese Feststellung klingt wie die reine Umkehrung des vorhergehenden Standes, legt aber ein anderes Schwergewicht. In einem Kommentar von Shin'ichi Hisamatsu (1889-1980) heißt es dazu: „Es ist, als ob der Bodhisattva (in den Erscheinungen) in einen Spiegel schaut und darin sein eigenes Gesicht sieht. Wenn er die Welt lange so betrachtet, werden die Erscheinungen zu einem juwelenhaften Spiegel seines eigenen Hauses, und zugleich wird er zum Spiegel der juwelenhaften Erscheinungen". Kurz gefasst lässt sich sagen: Im Vergänglichen findet sich das Immerwährende. Bevor man das Absolute (die Unergründlichkeit, die Leere) in den Dingen

erkennt, muss man allerdings zuerst ihre Relativität erfassen.

3 – „Aus dem Absoluten kommend". Dieser Stand weist darauf hin, dass inmitten der Stille die unendliche Tätigkeit enthalten ist. „Der Bodhisattva bleibt nicht im Status der Anhaftung an das Absolute oder an die Erscheinungen stehen. Er lässt sein ‚ursacheloses Mitgefühl' scheinen." Es wird da der Mensch beschrieben, der in der Mitte verankert sich selbst „geschehen lässt" und aus seiner Tiefe heraus wirkt. Nicht mehr er handelt, sondern das tiefe Selbst drückt sich in ihm handelnd aus.

4 – „Weder am Absoluten noch an Erscheinungen haftend". Hier ist jede Identität aufgegeben. Körper und Geist sind fallen gelassen. „Der Bodhisattva betritt den Marktplatz mit leeren Händen, doch andern gibt dies große Wohltat. ‚Ist er ein gewöhnlicher Mensch oder ein Heiliger?' " Gemäß Hisamatsu ist dieser Stand „sozusagen über das weltliche wie über das heilige, sowohl über den Menschen wie über den Buddha erhaben". Er kommt allen Anlässen hinsichtlich der leidenden Wesen entgegen, frei von diesen; sonst ist die Errettung der leidenden Wesen nicht möglich. Die innere Stille ist nicht von Gedanken, Worten oder Handlungen gestört.

5 – „Alles vergessend". Dieser Stand umfasst alle vier vorhergehenden Stände. Da gibt es nichts, was Wesen und nichts, was Wirken genannt werden kann. „Form und Leere durchdringen sich in solchem Masse, dass keines von beiden mehr bewusst ist. Alle Vorstellungen über Satori und Verblendung sind vollends verschwunden. Das ist das Stadium vollkommener innerer Freiheit." Hakuin bezeichnet diesen Stand als das erhabene Erwachen.

Die Fünf Stände können als Stufen innerer Erfahrung verstanden werden, aber letztlich sind sie eines. Sie zeigen den Menschen, der Form und Leere in tiefer Einsicht in ihrer vollkommenen Einheit verstanden hat, und der daraus wirkt – er selber mit sich und allem eins, sich selbst vergessend. Auch wenn Tozan vor dem eingangs dieses Kapitels erwähnten Meister Tosotsu gelebt hat, beschäftigte er sich doch wie dieser mit dem Thema Tod, und er fragte deshalb schon früh seinen Lehrer Ungan: „Wenn du gestorben bist und mich jemand fragt, was deine Lehre war, wie soll ich antworten?" Ungan überlegte kurz und sagte dann: „Dies ist es, nur dies!" Tozan schwieg eine Weile. Ungan sagte: „Du musst diese Angelegenheit besonders gründlich verstehen." Tozan hatte noch immer Zweifel. Als er später einen Fluss überquerte und sein Spiegelbild (das Sein) darin sah, wurden ihm plötzlich die vorangegangenen Geschehnisse klar. Er verfasste ein Gedicht: „Suche nichts bei anderen, sonst wirst du dich von deinem wahren Selbst entfernen. Ich bin nun allein und unabhängig, doch ich begegne ihm überall. Es ist nun ich, doch ich bin nicht es. Dieses Verständnis ist so wichtig, um mit dem So-Sein eins zu werden." Eine wunderbare Darstellung der Fülle der Leere.

---

[1] Tosotsus drei Schranken, Koan-Sammlung Mumonkan, Kösel Verlag München 1989, Fall 47, S. 245ff.
[2] Linji, Das Denken ist ein wilder Affe, O.W. Barth Verlag München 2005, 13, S. 80
[3] vergl. Kathaka-Upanishad, 3. Ranke, www. pushpak.de
[4] Sri Nisargadatta Maharaj, Ich bin, 3 Bände, Verlag Kamphausen, Bielefeld 2014, Bd. 1, S.75
[5] ebd., S.79

# Teil III

Wegmarken der Erkenntnis

Nachdem wir uns im zweiten Teil dieses Bandes mit den tendenziell statischen Grundlagen spirituellen Erkennens befasst haben, wenden wir uns nun jenen Aspekten zu, die eher einem dynamischen Prozess zugeordnet werden können. Spirituelle Wanderer gehen auf der Ebene der phänomenalen Welt einen Weg, wenngleich vom Gesichtswinkel des „Absoluten" gesehen letztlich nichts geschieht. Dies entspricht durchaus der Empfindung, die man gewinnen kann – wir bewegen uns und zugleich ist alles ganz still und unbewegt. Es erinnert mich an das Bild vom Meer mit den Wellen, das in der spirituellen Literatur oft zitiert wird: Wenngleich das Meer oben von Wellen bewegt ist, ist es in seiner Tiefe ganz ruhig, und alles ist Wasser. Wellen unterscheiden sich damit „wesensmäßig" nicht von der Tiefe des Meeres. Im übertragenen Sinn würde dies bedeuten, dass auch unsere emotionalen Wellen wesensmäßig das gleiche sind wie die innere Ruhe, die wir zugleich haben können. Tief innen sind wir ganz still, was auch immer geschehen mag, und beides ist eins. „Getrennt vom Seienden gibt es kein Leben" sagt Hakuin dazu in seinem Lied auf Zazen.

Wollen wir zu dieser Erfahrung vorstoßen, gilt es zu verstehen, dass wir nicht in erster Linie die Wellen auf dem Ozean unseres Wesens sind. Sowohl in der ursprünglichen indischen Literatur wie auch im chinesisch-japanischen Buddhismus ist die Rede davon, dass wir uns von unseren Identifikationen und der Anhänglichkeit an Vorstellungen und Objekte lösen müssen. „Alle illusorischen Gedanken und Gefühle, die du bisher gehätschelt hast, musst du austilgen" fordert Wumen Huikai, jap. Mumon Ekai, (1183-1260) in seinem Kommentar zum Koan „Jôjûs Hund". Dazu muss aber die „Verblendung" beseitigt werden, die Unwissenheit über unser eigentliches Wesen als Grundlage des Leidens.

Um „Wissen" zu erlangen, üben viele die Meditation und die „Selbsterforschung". Während die Zen-Lehren die Erfahrung der Einheit allen Seins und die Erfahrung der

„Leere" anstreben, pflegt die Advaita-Tradition die „Selbsterforschung", im Zuge derer man alle „Ich"-Vorstellungen auflöst, bis man schließlich zur Erfahrung des reinen Seins gelangt. Beiden Ansätzen ist gemein, dass der „Körper-Geist", resp. Körper und Geist „fallen gelassen" werden müssen, um unser eigentliches und unpersönliches Wesen zu erfassen. Aus den „Illusionen" zu erwachen ist aber nur vom Standpunkt des persönlichen Erlebens her ein Ereignis; im Grund ist es eine Heimkehr zu dem, was wir immer schon waren. Dadurch wird das Leben erst zu dem, was es „wirklich" ist, zu einem von eigenen Vorstellungen unverbauten Geschehen, zu einem lebendigen Dasein, das wir staunend erfassen. Dieses wird als ursprünglich frei erlebt, und daraus wirken die Menschen. Allen diesen Themen ist der vorliegende dritte Buchteil gewidmet.

Wellen im Ozean

In der Zen-Literatur ist vielfach die Rede von der Flüchtigkeit aller Erscheinungen – alles was entsteht, vergeht wieder; nichts hat dauernden Bestand. Eindrücklich wird dies beschrieben im Shôbôgenzô Zuimonki, den formlosen Ansprachen von Dogen Zenji, die von seinem Schüler Koun Ejo aufgezeichnet wurden: „Die Vergänglichkeit ist wahrhaft die Wirklichkeit, die sich haargenau vor unseren Augen abspielt. Wir brauchen keine Sätze und kein Prinzip aus den heiligen Schriften die in der Welt als sehr wichtig betrachtet werden, als Beweis dafür abzuwarten. Morgens geboren, abends gestorben, jemanden, den wir gestern sahen, gibt es heute nicht mehr – das die Tatsachen, die wir mit eigenen Augen sehen und mit eigenen Ohren hören."[1] Die flüchtige Welt der Erscheinungen wird auch oft mit den Wellen des Ozeans verglichen – ruhig oder stiebend sind sie stets der eine Ozean, das eine Wasser. Und auch wir selbst sind wie Wellen des allumfassenden Ozeans, einmal bewegt und einmal still. Wichtig ist dabei weniger, in welcher Bewegung sie sich gerade befinden, als vielmehr ihre Konsistenz als Wasser, unabhängig von der jeweiligen Form. Wie die Wellen sind wir stets von dem einen „Wesen", auch wenn wir es nicht sehen und uns an die äußere Form halten.

Bereits im Lankavatara Sutra ist davon die Rede, einem alten buddhistischen Text, der auf die Zeit um 450 n.Chr. datiert wird und damit lange vor der Entstehung des Zen niedergeschrieben wurde. Gemäß dem Lankavatara Sutra sind alle Erscheinungen letztlich Geist. Sie entstehen im „Ālaya-Ozean" (dem allumfassenden Bewusstsein) durch die Wahrnehmungen der fünf Sinnesorgane einschließlich des Herzgeistes und des Intellekts. Zusammen werden diese Formen des individuellen Bewusstseins die sieben Vijnânas genannt. „Wie Wellen, die im Ozean entstehen, angetrieben vom Wind, tanzend und ohne eine Unterbrechung zu kennen, wird der Ālaya-Ozean ständig von den Winden der objektiven Welt aufgewühlt und tanzt mit der Vielfalt, wobei die Vijñānas die Wellen sind. Tiefblau, rot, mit Salz, Muschel, Milch und Honig, mit dem Wohlgeruch von Früchten, Blumen usw. sowie den Strahlen der Sonne; sie sind weder unterschieden noch nichtunterschieden, ganz wie Wellen und Ozean: So sind die sieben Vijñānas mit dem Geist verbunden."[2] So steht es in diesem Text, und weiter heißt es: „Alle Dinge haben keine Eigennatur, sie sind nur die Worte der Leute. Das was unterschieden wird, hat keine Realität; sogar Nirvana ist wie ein Traum."[3] Nach dem Lankavatara Sutra entstehen die Unterscheidungen erst in unserem Geist (Cittamatra). Indem man die Welt als einen Traum betrachte, einen Blitz oder eine Wolke, werde die Fortsetzung unterbrochen und man sei erlöst, heißt es weiter. Auch das Samsara ist gemäß diesem Sutra wie ein Traum.

Auch in anderen Texten östlicher Weisheitslehren ist die Rede vom traumartigen Charakter aller äußeren Erscheinungen einschließlich unserer selbst. Modern ausgedrückt könnte man sagen, die Welt und unser Leben entspreche einem virtuellen, dreidimensionalen Zustand, den wir als materiell erleben. Dabei spielt es im Grunde keine Rolle, ob wir die Erscheinungen „virtuell" oder „materiell" nennen, weil es auf das Gleiche herauskommt: Es gibt Wahrnehmungen, die wir mit einem Begriff belegen, auch wenn wir nicht wissen, was sie wirklich sind. Die Welt erscheint in solcher Sichtweise als etwas Relatives, als ein sich ständig bewegendes Spiel, als „Tanz des Lebens", der sehr vielfältige Formen annimmt. Die einen identifizieren sich dabei mit dem Erleben eines reichen und erfolgreichen Menschen und andere mit dem eines armen Opfers. Wieder andere sehen sich als Divas, und es gibt solche, die den Traum eines Einsiedlers träumen – alles Träume. Natürlich sind schöne Träume besser als Albträume, und es ist jedem

Menschen zu wünschen, einen guten Lebenstraum zu haben.

Wer von uns kennt nicht das Wellenspiel der Erscheinungen, das Spiel des Lebens, das sich vor unseren Augen auftut? Solange wir nicht davon betroffen sind – solange es also um das „Spiel" anderer Leute geht, können wir das relativ leicht sehen und verstehen, aber wenn es um uns selber geht, dann ist es schwieriger, weil wir mitten drin stecken. Mitten im Wellenspiel werden wir hin- und hergeworfen, und wir fassen alles Geschehen einschließlich unserer Interpretationen als sehr real auf. Gelingt es uns aber, zu uns selber auf Distanz zu gehen und das Traumartige des Geschehens zu erkennen, so ist das eine wahre Wohltat. Wir sind nicht mehr gefangen im Wellenspiel, sondern sind in der Lage, diesem mit Gelassenheit zu begegnen. Dies bedeutet nicht, an der Welt nicht mehr engagiert zu sein – der „Traum" geht ja weiter – aber in der Erkenntnis seiner Relativität liegt Freiheit. Wir erkennen uns als Figur in unserem Traum und sind als der „Träumende" zugleich Beobachter.

C.G. Jung hatte einmal einen nächtlichen Traum, in welchem es um dieses Thema geht. Er berichtet ihn in seinem Erinnerungsbuch: „Auf einer kleinen Straße ging ich durch eine hügelige Landschaft, die Sonne schien, und ich hatte einen weiten Ausblick ringsum. Da kam ich an eine kleine Wegkapelle. Die Tür war angelehnt, und ich ging hinein. Zu meinem Erstaunen befand sich auf dem Altar kein Muttergottesbild und auch kein Cruzifix, sondern nur ein Arrangement aus herrlichen Blumen. Dann aber sah ich, daß vor dem Altar, auf dem Boden, mir zugewandt, ein Yogin saß – im Lotussitz und in tiefer Versenkung. Als ich ihn näher anschaute, erkannte ich, daß er mein Gesicht hatte. Ich erschrak zutiefst und erwachte an dem Gedanken: Ach so das ist der, der mich meditiert. Er hat einen Traum, und das bin ich. Er hat einen Traum, und das bin ich. Ich wußte, daß wenn er aufwacht, ich nicht mehr sein werde."[4] Jung interpretierte den Traum dahingehend, dass sein Selbst in Versenkung seine irdische Gestalt meditiert. „Man könnte auch sagen, es nimmt menschliche Gestalt an, um in die dreidimensionale Existenz zu kommen."[5] C.G. Jung war also gewissermaßen die Traumfigur des träumenden Yogin. Dieses Bild zeigt deutlich, um was es hier geht: wir sind der Träumer und der Geträumte zugleich. Thich Nhat Hanh umschreibt diese Erkenntnis mit Bezug auf das Beispiel von Ozean und Welle: „Für eine Welle im Ozean ist der Moment der Erleuchtung, wenn sie realisiert, dass sie Wasser ist."[6]

Das weltliche und menschliche Geschehen in seiner Relativität zu sehen, führt uns aus der Enge eines rein äußerlich geführten Lebens. Mit Bezug auf das Verständnis der äußeren Erscheinungen als Traum sind wir einerseits Traumfigur (der Geträumte), und andererseits gestaltende Kraft (der Träumer), wenngleich diese nicht persönlich zu verstehen ist. Nicht wir als Person sind Träumer, sondern die Schöpfung selbst gestaltet sich in einer Weise, die uns mit der nötigen Distanz zum Geschehen als traumartig erscheint. Da wir davon aber ungetrennt sind, leben wir auf zwei Ebenen gleichzeitig, auf einer unpersönlichen als Träumer, und auf einer persönlichen als Traumfigur. Indem wir die Ereignisse der Welt in ihrer Unbeständigkeit erkennen, sind wir aber nicht mehr von den einzelnen Erscheinungen gefangen. Das Wetter des Lebens wechselt so wie die Wolken über der Erde – einmal ist es so, und einmal anders – einmal angenehm und einmal unangenehm. Im Traumartigen des Lebenswetters und seiner Erscheinungen kommt es nicht mehr so darauf an, wie es im einzelnen Moment gerade ist. Bedeutungsvoller ist der Standpunkt außerhalb: dass wir die Welt und unser Leben als ein relatives Geschehen betrachten können. Die äußere Erscheinung ist nicht die letzte Wirklichkeit. Es ist eine alte Weisheit, dass die Dinge und unser individuelles Leben vergänglich sind. Dogen beschreibt es gemäß der Niederschrift des

Zuimonki so: „Selbst wenn wir uns auf eine Lebensspanne von siebzig oder achtzig Jahren eingerichtet haben, so sterben wir doch, wann wir sterben müssen. Bedenken wir also die Wahrheit, so können wir dadurch die Sorgen lösen, die wir während unseres Lebens als Freude oder Trauer, als Liebe zur Familie oder Hass gegen die Feinde erleben, und so unser Leben beschließen."[7]

Dieses Leben findet letztlich in uns selber statt. Alle Lebensereignisse erscheinen in unserem Bewusstsein. „Ich bin meine eigene Welt", schreibt der fast zeitgenössische Zen-Meister Kôdô Sawaki (1880-1965), „wenn ich sterbe, dann stirbt die Welt mit mir. Denn als ich geboren wurde, wurde diese Welt mit mir geboren. Du sagst: ‚Selbst wenn du stirbst, bleibt diese Welt doch bestehen!'. Nein, mein Teil der Welt stirbt mit mir"[8]. Und zugleich ist es das umfassende und allgemeine Leben, das in uns stattfindet – an welchem wir Anteil haben. „Jede Minute und Sekunde deines Lebens lebt dein Menschenkörper dieses universelle Leben, nicht ein Bruchteil davon gehört dir persönlich", sagt Sawaki.[9] Erst wenn wir uns als getrennt vom Geschehen der Welt, als getrennt vom „Ālaya-Bewusstsein" verstehen, werden wir zum abgegrenzten Individuum. Und wenn wir uns mit dieser Abgrenzung identifizieren, ist nur noch die äußere Welt real, und wir erkennen uns nicht mehr als Geist, in welchem alles geschieht; wir kennen uns nicht mehr als den Träumenden, der die Welt in sich abbildet. „Was du siehst, liegt nicht außerhalb deiner selbst", sagt Sawaki, „deshalb kann man auch sagen, dass alle Phänomene bloß dein eigener Schatten sind"[10].

Als Ausdruck des umfassenden Lebens, als der „Träumende", sind wir der Ozean, und wir sehen den Tanz der Wellen. Als tanzende Welle sind wir Wasser und Ozean – in Bewegung. Und beides – Ozean und Welle – sind eines. Aus dem Traum „zu erwachen" heißt, sich selbst in seiner Doppelnatur zu erkennen – als Welle und zugleich als Ozean. In der persönlichen Erfahrung bedeutet dies, am Leben teilzuhaben und dieses zugleich zu transzendieren. Wir sind mitten im Leben und stehen zugleich außerhalb, und beides ist eins. Der Traum wird gewissermaßen „luzid" – als Traumfigur erkennen wir, dass wir träumen. Indem wir uns nicht mehr nur mit der Traumfigur identifizieren, entsteht eine große Freiheit, die über alles Persönliche hinauswächst. So können wir etwa auch nicht sagen, dass wir „als Person" träumen, sondern es geschieht ein Träumen, an welchem wir Anteil haben, indem wir Traumfigur sind. Der Traum hört in der Bewusstwerdung darüber nicht etwa auf – das geschieht wohl erst im Sterben – sondern geht weiter. Es gibt nun aber ein Wissen darum, und das gibt ein Gefühl von Freiheit von den Umständen, auch wenn das Karma noch weiterwirkt. Die Einflussstärke wird aber abnehmen, und dort, wo Bewusstsein entsteht, wächst auch Freiheit. Der Prozess der Bewusstwerdung ist dabei nicht vorwiegend ein mentaler, sondern vor allem ein emotionaler. Tief in der Seele wird erfahren, was sie prägt, und die Erfahrung ist eine ganzheitliche und betrifft somit den ganzen Menschen. Damit wird er aber auch umfassend bewegt und verändert.

Kodo Sawaki, der erwähnte Zen-Meister, spricht davon, das „Licht umzuwenden und sich selbst zu beleuchten", was bedeute, sich selbst ausgesetzt zu sein. „Wenn du dich auf diese Weise selbst betrachtest, wirst du alle leidenden Wesen verstehen: Du wirst verstehen, dass du selbst eines dieser Wesen bist, die sich in ihrer Unwissenheit verstrickt haben."[11] Die Form für diese Selbstbetrachtung ist nach Sawaki Zazen, das Sitzen in der Zen-Meditation. „Nirgends wirst du so gnadenlos mit dir selbst konfrontiert wie in Zazen. Du wirst all das an dir sehen, was du lieber nicht gesehen hättest. Und je reiner Zazen ist, desto durchsichtiger wirst du dir werden." Was uns dabei begegnet, sind unsere Lebensprägungen, unser Karma. „Wir betrachten die Welt durch unsere persönliche Brille," sagt Sawaki, „im Buddhismus nennen wir das ‚Karma' oder ‚Illusion'." Mit diesen Prägungen geht er hart ins Gericht: „Deine individuellen Ansichten sind das, was dir ganz persönlich gehört. Bei diesen individuellen Ansichten geht es letztlich nur um dich selbst. Deshalb ist das, was dir ganz persönlich gehört, der Grund deiner Probleme und Illusionen." Und dagegen geht er radikal an: „Alles, was du denkst und glaubst, ist falsch. Wenn du auf diese Weise alles negierst, bleibt am Ende nichts mehr übrig. Das bedeutet, dass du deine gefärbten Brillengläser abnimmst. Und dann siehst du die Dinge plötzlich so, wie sie wirklich sind." Da erscheint die Welt aber nicht etwa in anderen Umrissen, sondern der Blick weitet sich in die tiefe Dimension der allumfassenden Formlosigkeit. Es ist das universelle Leben, als das wir uns erkennen. „Dieses universelle Leben ist Dein Selbst, es ist der wahre Menschenleib, der den gesamten Kosmos ausfüllt. Zazen bedeutet, das universelle Leben, das heißt: dein Selbst, zu leben. Das bedeutet wiederum, das Universum selbst zu manifestieren und zu bezeugen."

Indem wir aus dem Traum aufwachen; indem wir uns als Traumfiguren und zugleich als Träumende erkennen, erfahren wir das „universelle Leben", an dem wir Anteil haben, ja das wir sind. Etwas anderes gibt es nicht, und somit können wir auch nichts anderes tun, als „unser Selbst" zu leben. Das war schon immer so, aber es macht einen bedeutenden Unterschied, ob wir das erkennen oder nicht. Getrennt von der Welt sind wir ein verlorenes Wesen – ungetrennt sind wir das „universelle Leben". Rinzai Gigen sagte: „Erlangt den Dharma, und alles ist getan. Was ist Dharma? Dharma ist Geist-Dharma. Geist-Dharma ist ohne Form, er durchdringt die Zehn Richtungen, und sein Wirken offenbart sich direkt vor euren Augen. Weil Menschen ohne ausreichendes Vertrauen sind, akzeptieren sie Namen und Phrasen und spekulieren über den Buddha-Dharma in geschriebenen Worten. Dann ist ES so weit entfernt wie der Himmel von der Erde."[12]

Rinzai ermahnt seine Schüler deshalb, sich nicht im Vordergründigen zu verfangen – seien dies nun Dinge, Meinungen, Ansichten, Konzepte: „Übende, wenn ihr Buddha werden wollt, dürft ihr nicht den zehntausend Erscheinungen folgen. Wenn sich Geist erhebt, so entstehen die verschiedenen Erscheinungen. Wenn Geist erlischt, dann erlöschen die verschiedenen Erscheinungen. Wenn sich kein Geist erhebt, dann sind die zehntausend Erscheinungen ohne Makel."[13]

---

[1] Eihei Dogen, Shobogenzo Zuimonki, Theseus Verlag 1987, Kap. II/14, S. 87
[2] Lankavatara Sutra, zitiert nach Karl Heinz Golzio, Die makellose Weisheit schauen, O.W. Barth / Scherz Verlag, publiziert auf www.buddhismus-studium.de, Verse 99-101
[3] Lankavatara Sutra, Verse 145-146
[4] C.G. Jung, Erinnerungen – Träume – Gedanken, herausgegeben von Aniela Jaffé, Buchclub Exlibris, 1962, S. 326
[5] ebd., S.326
[6] Thich Nhat Hanh, Living Buddha, living Christ, zitiert nach viewonbuddhism.org
[7] Eihei Dogen, Shobogenzo Zuimonki, Theseus Verlag Zürich 1992, S. 87
[8] Kodo Sawaki, Zen ist die grösste Lüge aller Zeiten, Angkor Verlag, Frankfurt 2005, S. 29
[9] ebd., S. 20
[10] ebd., S. 29
[11] Dieses und die weiteren Zitate aus Kodo Sawaki, Zen ist die grösste Lüge aller Zeiten, Angkor Verlag, Frankfurt 2005
[12] Linji, Das Denken ist ein wilder Affe, O.W. Barth Verlag München 2015, S. 64
[13] ebd., S. 163-164

Jenseits der Person

Für den spirituellen Weg ist es bedeutsam, sich nicht mehr mit jener Figur zu identifizieren, welche wir als unsere „Person" verstehen. Die Person ist der Mensch in all seinen äußeren Erscheinungen, seinem Beruf, seiner sozialen Stellung, seinen Lebensverhältnissen, seinem Selbstbild, seinen Meinungen, Ansichten, Vorstellungen und Zielen. Ohne die Idee, „wer man ist" sind wir uns selbst. Meistens identifizieren wir uns ja nur mit unseren Äußerlichkeiten, mit dem, was wir zu sein scheinen und erreicht haben, und diese Identität besteht vielfach aus einem Vergleich mit anderen Menschen. „Im Gegensatz zu X bin ich so und so", „ich denke und meine folgendes", „mein Charakter ist.." usw. Das geht von Boulevard-Identitäten („ich bin Kellner, 174 cm groß, 28 Jahre alt, liebe Rock-Musik, und meine ideale Partnerin sollte lieb und verständnisvoll sein") bis hin zu einem Selbstverständnis in philosophischen Weltbildern und ihren manchmal unerfüllbaren Konsequenzen. Der bereits früher erwähnte Meister Mario Mantese hält die Persönlichkeit für „nichts als eine Vorstellung, eine Spiegelung im Bewusstsein. Das mentale Leben ist ein Spiel, das sich selbst spielt, und dieses Spiel erschafft die Vorstellung eines subjektiven Lebens." Danach besteht die Persönlichkeit „aus Gedanken, aus subjektiven Gefühlen und Emotionen und unzähligen Vorstellungen. Der Wille ist der Motor, der diese fiktive Struktur aufrecht erhält und sie mit selbstbehauptenden Kräften nährt."

Durch die dauernde Wiederholung einer bestimmten Welt-Interpretation wird die Identität laufend neu hergestellt – sie ist keine fixe Größe. Durch die Bestätigung des eigenen Weltbildes im Rahmen der Familie, des Berufs und eventuell der Politik entsteht Identifikation und damit „Identität". Viele lieben ihre Identifikationen und Gefühle dabei so sehr, dass sie nicht darauf verzichten wollen. So möchten auch manche Meditierende beides: ein größeres Bewusstsein erlangen und gleichzeitig die konventionelle Bindung an die Welt mit allen ihren Identitäten aufrecht erhalten. „Ich will die Welt genießen", heißt es etwa. Es geht aber nicht darum, sie zu verneinen, es geht nur um die Aufhebung einer Bindung an die eigene Interpretation. Dazu muss man nicht etwas finden, sondern aufhören, sich laufend in seiner engen Weltsicht zu bestätigen und sich durch äußere Dinge abzulenken.

Nach Moo-Young ist die „Person" eine Annahme der Kultur. Alle sind sich darin einig, dass wir Personen mit einer Geschichte sind, und dass dies das Wesentliche unserer Erscheinung sei. Dies entspricht dem allgemeinen, kollektiven Bewusstsein. Der Psychoanalytiker Erich Fromm (1900-1980) sagte dazu: „In Wahrheit befindet sich der Durchschnittsmensch in einem Halbschlaf, während er glaubt, wach zu sein. Er ist sich der Wirklichkeit nur soweit bewusst, als es sein soziales Leben notwendig macht."[1] Im Grunde geht es dabei um eine Gefangenschaft im eigenen Denken. Mario Mantese meint sogar: „Dieses ganze illusorische Ich-hafte Dasein – das ist der Tod.[2]" So sind wir nicht wirklich lebendig, und unsere Probleme kommen von diesem „persönlichen Ich". Verstrickt in die eigenen Vorstellungen, Wünsche und Gefühle lieben wir aber zugleich „dieses Leben". Und weil sich alle Leute als derartige Personen verstehen, kommen wir nicht auf die Idee, dass es auch anders sein könnte. Es ist aber nicht die Person, die agiert und Bewusstsein hat, sondern die Person ist vielmehr Ausdruck des Bewusstseins. Nur Person zu sein ist nicht genug, weil darin mit allen Urteilen, Bedürfnissen und Emotionen auch das Leiden eingebunden ist. Man sollte den Emotionen aber nicht erlauben, einen zu kontrollieren, und das gilt auch für das Glück. Es ist eine tiefe Freude, keine Freude haben zu müssen.

Yolande Duran-Serrano geht mit der Personenfrage nicht so weit wie andere – sie betont aber, dass die Person nicht das Zentrum des Menschen sein dürfe – nicht das Zentrum seines tiefen Seins, welches sie das Schweigen nennt –, sondern dass die Person der Diener unserer Existenz sein solle. So gesehen geht es nicht darum, alles Persönliche abzulegen, sondern vielmehr zu erkennen, dass das Persönliche nicht das Entscheidende unseres Menschseins ist. Das Eigentliche ist das Leben, das durch uns strömt. Dem Boden unserer unergründlichen Substanz entspringt eine innengeleitete Lebendigkeit, und in dieser sind wir mit allem verbunden. Mantese sagt dazu: „Du kannst nicht aus dir selbst existieren, denn außer der Totalität gibt es absolut nichts"[3]. Er meint damit nichts anderes, als was Zen auch sagt: alles ist Eins. Alles ist dieses eine Sein, und alle Erscheinungen sind miteinander verbunden. Und tatsächlich: könnten wir ohne die Luft um uns her leben, ohne Pflanzen und Tiere, ohne Sonne, Mond und Sterne, ohne den „Sternenstaub", der wir sind?

Wer aus dem Gefängnis der Identifikation mit den äußeren Dingen der Welt ausbrechen will, braucht Mut. Weil die Person das Umfassende nicht sehen kann, braucht es einen radikalen Wandel. Wir müssen alles lassen, was uns innerlich bindet, und dazu gehört auch, dass wir uns selbst und anderen nichts mehr vormachen. Auch Letzteres ist eine Angelegenheit der Person, oder der „Persona", wie C.G. Jung es formulierte. Er bezeichnet damit die nach außen gezeigte Persönlichkeit – so wie wir vor anderen und auch vor uns selbst erscheinen möchten. Das ist aber nicht, was wir wirklich sind. Das Märchen „Des Kaisers neue Kleider" bringt dieses Thema in schöner Weise auf. Wie der Kaiser ohne Kleider sind auch wir unter den Kleidern alle nackt, und es fragt sich, warum wir uns gegenseitig so viel vormachen. Das ganze Machtgehabe, mit dem sich Menschen gegenseitig zu beeindrucken suchen, ist soziales Geschehen ohne tiefere Bedeutung. Das japanische „Teehaus" versucht dem punktuell Abhilfe zu verschaffen, indem die an der Teezeremonie Teilnehmenden mit dem Betreten durch den niederen Eingang alle gesellschaftlichen Unterschiede ablegen. Die finnische Sauna hat einen ähnlichen Effekt, und die Russen verhandeln wichtige Geschäfte oft in der Banja, dem russischen Dampfbad mit seinen Birkenzweigen. Es ist gut und wirkungsvoll, die künstlichen Unterschiede abzulegen, die durch Kleider, Autos und andere Statussymbole geschaffen werden. Das Gefühl der Verankerung im einen Sein macht uns frei. Diese Einheit reicht tiefer als eine äußere Gleichartigkeit der Menschen – sie beinhaltet die Erkenntnis, dass alle Welt eins ist, und dass wir dieses Eine sind.

Im Diamant Sutra (Vajracchedika Prajnaparamita) wird der Verzicht auf alles Personhafte als Voraussetzung für tiefere Erkenntnis beschrieben. Dieser wichtige klassische buddhistische Text enthält Lehrreden Buddhas, die er im Jetavana Tempelgarten im Norden Indiens gehalten haben soll. Er wendet sich dabei an einen Schüler, den „ehrwürdigen Subhuti", der ihm mit den Worten begegnet: „Du von aller Welt Verehrter, äußerst selten nur begegnet man jemandem wie dir."[4] Gleich zu Beginn des Sutra stellt Subhuti die Frage, auf was man sich stützen solle, um das Denken zu beherrschen – jene Frage, die auch alle Meditierenden zu Beginn der Meditationspraxis haben. Das Denken bindet uns an die Welt. Es bindet uns an die „Person". Nur wenn wir denken, haben wir eine Vergangenheit und eine Zukunft, und nur mit dieser Zeitdimension sind wir eine Person. Daran schließt sich die Frage an: Was ist dein Wesen ohne diese Zeitdimension? Gibt es dann noch eine Person, wenn nur dieser Augenblick existiert? Buddha antwortet auf die entsprechende Frage Subhutis mit der für das ganze Sutra zentralen Erklärung: „Wenn ein Bodhisattva an der Vorstellung festhält, dass ein Selbst, eine Person, ein Lebewesen oder eine Lebensspanne existiere, dann ist er kein echter Bodhisattva."[5] In diesem alten buddhistischen Text wird das Problem der Identifikation mit der äußeren Person sehr deutlich angesprochen. Was aber ist, wenn da kein Selbst, keine Person, kein Lebewesen und keine Lebensspanne existiert? In welchen Zustand geraten wir, wenn wir von der äußeren Erscheinungsform absehen? Die Antwort Buddhas deutet es schon an: es geht um ein zeitloses Sein „ohne Lebensspanne", um einen Zustand jenseits von Zeit und damit jenseits „von Leben und Tod", wie es in den später entstandenen Zen-Texten oft formuliert ist.

Im Diamant-Sutra führt Buddha weiter aus: „Wenn ein Bodhisattva sich in Freigebigkeit übt, dann stützt er sich auf kein Objekt, das heißt, er stützt sich auf keine Form, keinen Klang, keinen Geruch, keinen Geschmack, kein Berührbares und kein Dharma, um Freigebigkeit zu üben. Das, Subhuti, ist der Geist, aus dem heraus der Bodhisattva Freigebigkeit praktizieren sollte, ein Geist, der sich nicht auf Zeichen stützt. ... Subhuti, stützt sich ein Bodhisattva auf keinerlei Vorstellungen, wenn er sich in Freigebigkeit übt, dann ist das Glück, das diesem tugendhaften Handeln entspringt, so groß wie das Weltall. Es kann nicht ermessen werden. Subhuti, die Bodhisattvas sollten ihren Geist in diese Belehrungen versenken und dort verweilen lassen."[6] Keinerlei Vorstellungen zu haben führt nach Buddhas Lehre zu einem Glück, „so groß wie das Weltall". Ohne Vorstellung zu sein, lässt ein Bewusstsein anklingen, das von formloser Größe ist. Und dann führt Buddha aus: „Wo es etwas gibt, das durch Zeichen unterscheidbar ist, da gibt es Täuschung. Wenn du die zeichenlose Natur der Zeichen sehen kannst, dann kannst du den Tathagata sehen."[7] Wenn wir die formlose Natur der Erscheinungen sehen können, dann erkennen wir das Unergründliche. (Tathagata – „der Vollendete" – ist der Name, den Buddha verwendete, wenn er von sich selber sprach. Er meint damit natürlich nicht sich als Person, sondern sich als Manifestation des unendlichen, unfassbaren Seins.) Schließlich räumt Buddha auch mit der Vorstellung von einem Dharma auf (wörtlich „Gesetz", womit in den buddhistischen Texten aber oft ein umfassendes geistiges Prinzip gemeint ist): „Wenn du der Vorstellung von einem Dharma verhaftet bist, dann bist du auch der Vorstellung von einem Selbst, einer Person, einem Lebewesen und einer Lebensspanne verhaftet. Bist du in die Vorstellung verstrickt, dass es keine Dharmas gebe, dann bist du noch immer in der Vorstellung von einem Selbst, einer Person, einem Lebewesen und einer Lebensspanne gefangen. Darum dürfen wir uns den Dharmas nicht verhaften, noch der Vorstellung, dass Dharmas nicht existierten. Das ist die verborgene Bedeutung dessen, wenn der Tathagata sagt: ‚Bhikkhus, ihr müsst wissen, dass alle Lehren, die ich euch gebe, ein Floß sind.' Alle Lehren müssen aufgegeben werden, ganz zu schweigen von den Nicht-Lehren."[8]

In der Koan-Sammlung Hekiganroku gibt es ein Koan von Nanquan Puyan, jap. Nansen Fugan (749-835) welches diese Situation schön beleuchtet. Es trägt den Titel „Nansens Dharma, der niemals gepredigt wurde' "[9]. Nansen wurde darin von Meister Hyakujô gefragt, ob es einen Dharma gebe, der den Menschen von den bisherigen Heiligen noch nicht gepredigt worden sei, und nach der Bejahung fragte er weiter: „Was ist dieser Dharma, der den Menschen noch nicht gepredigt worden ist?" Nansen sagte: „Dies ist nicht Geist. Dies ist nicht Buddha. Dies ist nicht ein Ding." Hyakujô sagte: „Du hast ihn doch gepredigt." Nansen sagte: „So steht es mit mir. Wie ist es mit Euch, Meister?" Hyakujô sagte: „Ich bin kein Mann von großer Weisheit. Wie kann ich wissen, ob es einen gepredigten oder einen nichtgepredigten Dharma gibt?" – Hyakujo hatte die bessere Antwort als Nansen: Man kann es nicht wissen. Dies ist mehr als „kein Buddha, kein Ding", wenngleich diese Antwort auch nicht schlecht war. Hyakujo machte es einfach direkter und bezog sich selber in die Fragestellung mit ein. Der Punkt ist, dass der Dharma in seiner tiefsten Bedeutung das Unermessliche darstellt, das nicht gewusst werden kann. Deshalb kann er auch nicht gepredigt werden.

Im Diamant-Sutra fragt Buddha seinen Schüler Subhuti weiter, ob der Tathagata den höchsten, vollkommen erwachten Geist erlangt habe und ob er Belehrungen gebe. Nach dem Beispiel von Hyakujo können wir schließen, dass es keinen solchen Geist und keine Belehrungen gebe, und entsprechend antwortet Subhuti auch: „Es gibt kein unabhängig existierendes Objekt des Geistes, das höchster, vollkommen erwachter Geist heißt"[10]. Und zugleich sind in der Erscheinungswelt alle Objekte miteinander verbunden, weshalb Subhuti weiter präzisiert: „Die Lehren können nicht unabhängig und eigenständig existierend gedacht werden." Alles ist eins, und auch die Lehren gehören dazu. Dann erklärt Subhuti auf eine weitere Frage Buddhas, dass es keinen Strom gebe, in den man eintreten könne; dass es auch so etwas wie „Nie-Wiederkehr" nicht gebe, und dass nichts zu erlangen sei. Schließlich entwickelt sich im Zwiegespräch die für das Diamant-Sutra typische Dialektik, dass etwas ist, indem es nicht ist: „Ein harmonisches, schönes Buddha-Feld schaffen bedeutet in Wirklichkeit nicht ein harmonisches, schönes Buddha-Feld schaffen. Und darum nennt man es: ein harmonisches, schönes Buddha-Feld schaffen."[11] Dem entsprechend sagt auch Subhuti: „Der Tathagata hat erklärt, dass alle Vorstellungen Nicht-Vorstellungen sind und alle Lebewesen Nicht-Lebewesen."[12] Und Buddha selbst erklärt: „Einen Dharma-Vortrag zu halten bedeutet in Wirklichkeit, dass kein Vortrag gehalten wird. Das ist wahrhaft ein Dharma-Vortrag."[13] Und: „Bezüglich des höchsten, vollkommen erwachten Geistes habe ich überhaupt nichts erlangt. Und darum wird er der höchste, vollkommen erwachte Geist genannt."[14] Solche Formulierungen klingen auf den ersten Eindruck widersprüchlich, aber hier wird die vordergründige Existenz von Erscheinungen vertieft. Indem in der Form die tiefe Dimension des Formlosen gesehen wird, erlangt die Form ihre richtige (relative) Bedeutung. Buddha fasst alles Gesagte zusammen: „In diesem Geiste, Subhuti, sollten alle Bodhisattva-Mahasattvas ihren reinen, klaren Vorsatz fassen. Wenn sie diesen Vorsatz fassen, sollten sie sich dabei nicht auf Form, Klang, Geruch, Geschmack, Berührbares oder Geistesobjekte stützen. Sie sollten einen Vorsatz fassen aus einem Geist heraus, der nirgendwo verweilt." Und weiter: „Subhuti, du musst wissen, dass die Bedeutung dieses Sutras jenseits von Gedanken und Worten liegt. Und ebenso liegt die Frucht, hervorgebracht durch das Annehmen und Praktizieren dieses Sutras, jenseits von Gedanken und Worten."

Das Diamant-Sutra umfasst noch viele weitere Aussagen, welche die gleichen Thesen unterstützen, wie etwa: „Wenn jemand sagt, der Tathagata habe etwas zu lehren, so verleumdet diese Person den Buddha." „In Wirklichkeit gibt es für den Tathagata kein einziges Wesen, das zum anderen Ufer zu bringen wäre." „Wenn jemand sagt, der Weltverehrte komme, gehe, sitze und liege, so hat diese Person nicht verstanden, was ich gesagt habe." Alle diese Aussagen zielen auf das Unergründliche, das nicht beschrieben werden kann, und worin auch keine Aktivität stattfindet. Hier wird nicht gelehrt, niemand wird zu einem anderen Ufer gebracht, ja hier ist keine Person, die sitzt oder liegt. Gemäß den abschließenden Worten des Diamant-Sutra „verstricken sich nur gewöhnliche Menschen in herkömmliche Begriffe". Und zugleich gilt die Aussage Buddhas: „für den Tathagata ist niemand ein gewöhnlicher Mensch. Und darum kann er sie gewöhnliche Menschen nennen."[15]

Trotz der langen Zeit seit Buddhas Aussagen sind sie noch stets „tagesaktuell". Wie damals geht es auf dem spirituellen Weg heute noch um das Gleiche: nicht an die „Person" gebunden zu sein. Das Ego muss transzendiert werden, und dann dehnt sich „Präsenz" aus – reines unpersönliches Sein – und „wenn das Ich mit Präsenz synonym ist, dann ist die Arbeit beendet", sagt Moo-Young. Der Durst müsse sein, sich zu befreien, ganz und gar, denn „die Sehnsucht nach Gott ist auch eine Anhaftung". Man müsse „Im Tempel der Leere getauft sein", und dann nehme einen Gott auf. Auch der Mystiker Johannes vom Kreuz (1542-1591) sprach von den „dunklen Nächten der Sinne und des Geistes", wo jede göttliche Tröstung ausbleibe. Durch diese Phase müssen wir hindurch finden.

---

[1] Vergl. Erich Fromm, Psychoanalyse und Zen Buddhismus, in Suhrkamp TB 37, Suhrkamp Verlag 1971, S. 118
[2] Gespräch mit Mario Mantese, Advaita Journal Nr. 7, ohne Jahresangabe
[3] Vergl. Mario Mantese, Das was du wirklich bist, Drei Eichen Verlag Hammelburg 2008, S. 140
[4] Das Diamant Sutra, kommentiert von Thich Nhat Hanh, Theseus Verlag Zürich 1993, S. 11
[5] Das Diamant Sutra, ebd. S. 12
[6] ebd., S. 13
[7] , ebd., S. 14
[8] ebd., S. 15
[9] Hekiganroku Fall 28, Yamada Kôun Roshi, Hekiganroku, Kösel Verlag München 2002, Bd. 1 S. 296
[10] Das Diamant Sutra, ebd. S. 15
[11] ebd., S. 18
[12] ebd., S. 23
[13] ebd., S. 30
[14] ebd., S. 31
[15] ebd., S. 32

Meditation und Selbsterforschung

Meditation und Selbsterforschung – diese beiden Begriffe erscheinen auf den ersten Blick als gegensätzlich. „Meditation" assoziiert sich leicht mit Passivität, und „Selbsterforschung" erscheint als Aktivität. Beide aber haben den gleichen Zweck – das eigene Wesen zu erkennen – und die Wege sind auch nicht so unterschiedlich, wie es gemäß dem ersten Eindruck erscheinen mag. Wenn wir davon ausgehen, dass das eigene Wesen ohne eine im alltäglichen Sinn fassbare Form ist, so erscheint die Meditation als Hingabe an dieses Sein, denn mit Aktivität kann nicht erreicht werden, was jenseits von Form und Handlung ist. Ebenso bringt uns die Selbsterforschung im Sinne einer bewussten Hinwendung zum eigenen Wesen in eine tiefere Dimension. In beiden Fällen geht es um eine Ausrichtung, welche das eigene Bemühen und das eigene Selbstbild transzendiert. Verschiedene Wege können uns helfen, zu Erfahrungen unseres tiefen Wesens zu gelangen, aber weil die Form das Formlose nicht erreichen kann, bedarf es eines zusätzlichen qualitativen Sprungs, der den Charakter einer Selbstaufgabe hat. Als „Person" können wir nicht erfahren, was jenseits der Person liegt, und erst dort, wo wir uns jenseits des Persönlichen erfahren, eröffnet sich der Weg, „der weder zwei noch drei ist", wie es im Lied auf Zazen heißt. „Als Form, die Nicht-Form ist, sind wir nie irgendwo anders, ob wir kommen oder gehen"[1], heißt es dort weiter. Wir begegnen hier wieder der Dialektik des Diamant Sutra: Indem wir Nicht-Form sind, haben wir Gestalt, und unser Wesen liegt darin, „Nicht-Gestalt" zu sein, d.h. weit über die äußere Erscheinung hinauszureichen.

Wenden wir uns zunächst der **Meditation** zu, die hier als Übung bewegungslosen Sitzens verstanden werden soll, wodurch ein Zustand innerer Stille angestrebt wird und auch erreicht werden kann. Die Meditationsübung deckt dabei vier Erfahrungsebenen ab, die allenfalls auch als Stufen der Verinnerlichung verstanden werden können. Es sind dies die Beruhigung des Geistes, eine Relativierung des „Ich" als handelnder Instanz, die Erfahrung tiefer Stille oder „Leere" als Urgrund allen Seins und das Wirken in der Welt.

Dass Meditation im Sinne der ersten Erfahrungsebene *den Geist beruhigt* ist einsichtig. Während es viele Arten der Bewegung gibt, gibt es nur eine Art, sich nicht zu bewegen, und das ist eben, sich nicht zu bewegen. Auf die Position kommt es dabei nicht so an, auch wenn sich die Sitzhaltung am Boden mit gekreuzten oder untergeschlagenen Beinen über Jahrhunderte bewährt hat. Wichtig ist die Bewegungslosigkeit, denn die äußere Stille führt zu einer inneren Beruhigung und späteren Stille. „Das Denken ist wie ein wilder Affe", so bringt es ein Buchtitel auf den Punkt[2], und man kann ergänzen, dass auch die Gefühle gewohnt sind, Kapriolen zu schlagen. Wenn wir beidem nicht folgen, beruhigen sich die Affen und lassen uns mit der Zeit ganz in Ruhe. Hui Neng, der berühmte sechste chinesische Patriarch, auf den die späteren Zen-Schulen zurückgehen, sagte: „Meditation bedeutet, in allen Lebenslagen – seien sie gut oder schlecht – gelassen zu bleiben und ohne zu unterscheiden über den Dingen zu stehen"[3]. Hier begegnen wir dem beruhigten Geist, der auch mit schwierigen Situationen umzugehen weiß. In der Meditation erfahren wir unser Inneres, ohne dass da Zuschauer sind, die uns bemitleiden oder applaudieren. Ohne Reaktionen der Außenwelt verebben Gefühle und Gedanken mit der Zeit – wir müssen nur lange genug sitzen! (Das schließt nicht aus, dass einige psychotherapeutische Sitzungen manchmal der bessere und schnellere Weg sind, um mit einzelnen Problemstellungen gut umzugehen.) Auch Nisargadatta sagt: „Der wesentliche Zweck von Meditation ist, dass wir uns unseres inneren Lebens bewusst werden und uns mit ihm vertraut machen"⁴, doch ist dies nach seinen Worten nicht der Endpunkt. Wir kommen noch darauf zurück.

Nach längerer Meditationsübung stellen wir fest, dass sich nicht nur unsere Gedanken und Gefühle beruhigen, sondern dass auch unsere Meinungen und Ansichten an Gewicht verlieren. Damit ist die zweite der oben genannten Erfahrungsebenen angesprochen: Die *Relativierung des Ich*. Gedanken und Gefühle sind an unser Selbstverständnis gekoppelt, und beide verlieren ihre Fixierung gleichzeitig. Wenn man in der Meditation die innere Bewegung sieht und sie unaufgeregt verfolgen kann, hat man schon eine Position außerhalb eingenommen – man ist seinen Emotionen und den zugrundeliegenden Vorstellungen nicht mehr ausgeliefert! Das ist eine erste Stufe der Befreiung. Für eine wirkungsvolle Meditation ist dabei ein gewisser Rückzug aus der alltäglichen Betriebsamkeit angezeigt. Weil darin viele äußere Aktivitäten an Anziehung verlieren, erscheint dieser Rückzug auch als Folge der Meditation. Das Ego verliert zugunsten der Verinnerlichung an Bedeutung.

Dogen Zenji (1200-1253), der Überbringer des Soto-Zen nach Japan, beschreibt in seinem Hauptwerk Shôbôgenzô vier verschiedene Meditationsarten, „die falsche Ansichten ausschließen"⁵. Sie können alle weitgehend dem Aspekt „Relativierung des Ich als handelnder Instanz" zugeordnet werden und lauten kurz gefasst wie folgt:
– „Die Beobachtung, dass der Körper unrein ist". Gemeint ist damit die Relativierung unserer Identifikation mit dem Körper.
– „Die Beobachtung, dass Empfindung zu Leiden führt". Die Gebundenheit an die Welt der Empfindungen bedeutet Leiden.
– „Die Beobachtung, dass der Geist unbeständig ist". Alle Dinge und der Geist sind nicht von Dauer und damit unbeständig.
– „Die Beobachtung, dass alle Dinge ohne Selbst sind". Alle Dinge sind wie sie sind, und deshalb sind sie ohne Selbst.

Dogen schließt zu diesen vier „Meditationsarten" an: „Wenn wir das begreifen, können wir Freiheit von Verwirrung und Zweifel erlangen." Kurz gefasst ist Dogens Botschaft: Wenn wir die Identifikation mit dem Körper, mit den Leiden schaffenden Empfindungen und mit dem unbeständigen Geist aufgeben, erkennen wir, dass alle Erscheinungen von einem tiefen formlosen Wesen sind, und darin werden wir frei.

Meditation relativiert also die Person, und das geschieht im Sitzen, wenn die Gedanken und Gefühle bis an ihr Ende innerlich durchlebt und damit „ausgeleitet" werden. Der persönliche Aspekt unseres Lebens verliert an Bedeutung, indem emotionale und psychische Gewohnheiten durchbrochen werden, und so entsteht Freiheit. Wenn wir unsere Erinnerungen, unsere Persönlichkeit und unsere Fixierung auf Zeit und Raum lassen, sind wir dennoch hier. Das Gefühl der eigenen Existenz gibt es unabhängig von den Lebensumständen, und hier erfahren wir uns auf einer neuen Ebene.

Im tibetischen Buddhismus gibt es einen schönen Text mit dem Titel „Gesang des Mahamudra". (Mahamudra, das „Große Siegel" bezeichnet die höchsten Lehren.) Er wurde von Tilopa (988-1069) verfasst, einem indischen Vorvater der Kagyü-Linie des tibetischen Buddhismus. Darin kommt die „Essenz der Lehren Buddhas" zum Ausdruck, und zur Meditation heißt es:

„Tu nichts mit dem Körper - entspanne dich nur,
Verschliesse fest den Mund und sei still.
Entleere deinen Geist und denk an nichts.
Lass deinen Körper leicht wie einen hohlen Bambus ruhen.
Kein Geben und Nehmen: lass ruhen deinen Geist,
Mahamudra ist wie ein Geist, der sich an nichts klammert.
Wenn du dich darin übst, wirst du bald von der Buddhaschaft erreicht."[6]

„Gib alles Tun und Wünschen auf,
Lass die Gedanken steigen und verebben wie sie wollen,
Wie die Wellen des Meeres.
Wer die Vergänglichkeit niemals vergisst,
Noch das Prinzip der Urteilslosigkeit,
Der richtet sich nach Tantrischem Gebot.
Wer alles Sehnen und alle Begierden aufgibt,
Sich nicht an dieses oder jenes heftet,
Erkennt den wahren Sinn der Schriften."

Im ganzen buddhistischen Kontext hat die Relativierung der äußeren Erscheinungen eine große Bedeutung. Wenn die Bindung daran aufgegeben wird, kann die Sicht auf unser tiefes Wesen frei werden. In aller Meditation geht es nicht darum, etwas zu erlangen, sondern vielmehr darum, sich von einem Welt- und Selbstbild zu befreien, das uns an einer tiefen Selbsterkenntnis hindert.

Im Sinne der dritten anfänglich genannten Erfahrungsebenen hat die Meditation aber ein noch viel tieferes Ziel. „Meditation ist, in den *Urgrund unseres Wesens zu schauen*" sagt der sechste Patriarch Hui Neng dazu, und Nisargadatta meint im gleichen Sinne, dass der Endpunkt der Meditation sei, die Quelle des Lebens und des Bewusstseins zu erreichen. „Der höchste Zustand ist von absoluter Stille und Ruhe. Wer immer dort hingeht, verschwindet. Dieser Zustand ist unerreichbar durch Worte oder Verstand. Es ist der namenlose, inhaltslose, anstrengungslose, spontane Zustand jenseits von Sein und Nichtsein."[7]

Ebenso enthält der oben erwähnte „Gesang von Mahamudra" den Versuch einer Beschreibung des Unbeschreiblichen und eine Anleitung, wie man zu einer entsprechenden Erfahrung gelangen kann:

„Die Leere braucht keine Stützen,
Mahamudra ruht im Nichts,
Ohne jede Anstrengung,
Einfach nur, indem du gelöst und natürlich bleibst,

Kannst du das Joch zerbrechen –
Und Befreiung erlangen.
Wenn du mit wachen Augen nach Nichts suchst
Und dann mit deinem eigenen Geist den eigenen Geist betrachtest,
Verschwinden alle Unterscheidungen,
Und du gelangst zur Buddhaschaft."
„Obwohl wir Worte brauchen, um die Leere zu erklären,
Ist doch die Leere selbst nicht sagbar.
Wir sagen zwar: ‚Der Geist, das reine Bewusstsein ist ein helles Licht‘,
Doch lässt es sich mit Worten und Symbolen nicht erfassen,
Bewusstsein ist in seinem Wesen leer,
Und doch umfasst und hält es alle Dinge."

Ein moderner spiritueller Lehrer, Andrew Cohen (*1955) spricht vom großen Wandel zur Freiheit, der durch die Lösung der Identifikation mit Form und Zeit geschieht. Es gehe darum, sich als Teil eines unbegrenzten Ozeans zu erfahren. Darüber schreibt er in Analogie zur Formulierung anderer spiritueller Lehrer: „Unter den ewig wandernden Sandbänken der menschlichen Persönlichkeit ist die geheimnisvolle Tiefe unseres Selbst, das weder Anfang noch Ende hat, immer vorhanden. .. Das Gespür von etwas jenseits der persönlichen Identität ist bereits das absolute Selbst. .. Im Bewusstsein jenes einen Selbst gibt es keine Zeit, kein Alter, keine Erinnerung und kein Geschlecht. Dort ist nie irgendetwas geschehen, und deshalb ist dort vollkommene Unschuld, und in dieser Unschuld liegt eine Freiheit von jedem Gefühl der Begrenzung."[8] Der Weg heiße, alles gehen zu lassen, „nicht nur dieses und jenes", immer wieder, bis es zu einer Haltung wird. Was die Form der Meditation anbelangt, spüre man, wenn etwas funktioniere. Still sein heiße, keine Beziehung zu den Inhalten des Bewusstseins zu haben.

Cohen leitet in einen weiteren Schritt über, welcher der vierten Erfahrungsebene der Meditation entspricht: dem *Weg zurück in die Welt.* Schon in der früher erwähnten alten Zen-Geschichte vom Ochs und seinem Hirten spielt der Marktplatz zum Schluss des Weges eine wichtige Rolle: Nach der Erfahrung der umfassenden „Leere" kehrt der Hirte auf dem Marktplatz ein, um dort „die verdorrten Bäume zum Blühen zu bringen", oder wie es in einer anderen Version heißt, „um die Fischer zu sich selbst erwachen zu lassen". Er ist zum Bodhisattva geworden, der gelobt hat, „alle Lebewesen zu retten". Cohen nennt diesen Schritt „Wiedergeburt ins Leben" und bezieht sich unter dem Begriff „evolutionärer Impuls" auf die grundlegende Lebensenergie, die in der Welt ein neues Bewusstsein und neue Formen entwickeln kann.

Cohen bezeichnet den Weg zurück zum Urgrund als „alte Erleuchtung". Es gehe aber nicht nur darum, zu „nichts" zurückzukehren. In einer „neuen Erleuchtung" (die er „Enlighten next" nennt – die nächste Erleuchtung), gehe es darum, in die Richtung des Möglichen und Künftigen zu gehen. Im Sinne der alten Erleuchtung sei das Selbst am Hier und Jetzt interessiert, aber im Sinne einer neuen Erleuchtung sei es am nächsten Moment interessiert; es ziele irgendwo hin. Cohen rät, diesem Prozess von der Einheit in die Vielheit – dem „evolutionären Impuls" – zu folgen[9]. Dazu sagt er in einem Video[10]: „Es ist Teil des Mysteriums, dass wir auf der einen Seite die inhärente Einheit erkennen und gleichzeitig eine immer stärkere Fähigkeit erlangen, Unterschiede zu machen. ... Wir beginnen zu erkennen, dass die Entstehung von Strukturen selbst die Einheit (das Eine) in der Welt der Form ausdrückt. Deswegen sind wir hier, um die Erfahrung der Einheit in die Welt der Form zu bringen."

Der Mensch wird nach Cohen mehr und mehr zum bewussten Vehikel der Gestaltungskraft des Universums. Diese Gestaltungskraft ist nicht das Ego mit seinen Wünschen und kollektiven Vorgaben („shoulds"). Es gebe etwas Wichtigeres als die persönlichen Wünsche, und es sei entscheidend, sich mit ihnen nicht zu identifizieren. Dann entstehe Freiheit – zunächst im Unbewegten und dann in der Gestaltungskraft. Cohen betrachtet die Evolution als „unpersönliches Entwicklungsfeld", so wie es ein Bewusstsein als solches gibt („unpersönliche Erleuchtung"). Diese Entwicklung aus dem kollektiv geprägten Ego kann nach Cohen nur gemeinsam mit anderen Menschen gelingen. Je stabiler der kollektive Zustand „jenseits des Ego" wird, umso mehr Menschen werden Zugang zu diesem Prozess haben. In der zwischenmenschlichen Beziehung sei dabei die „kreative Friktion" wichtiger, als glücklich zu sein oder „sich besser zu fühlen". Die zwischenmenschlichen und partnerschaftlichen Beziehungen dienten der Transformation, und Voraussetzung dafür sei das Vertrauen.

Die Gedanken von Andrew Cohen zu einem evolutionären Aspekt der Spiritualität sind durchaus bedenkenswert. Viele Schulen beziehen sich in erster Linie auf die Innerlichkeit und relativieren die Bedeutung der äußeren Welt sehr. Cohen meint demgegenüber, dass der Impuls, welcher die Bewusstseinsentwicklung lange Zeit nach innen lenkte, sich nun nach außen wenden kann. Dies geschieht, wenn die kollektive Bewusstseinsentwicklung entsprechend weit fortgeschritten ist. Cohen versteht das Selbst als inspirierende kollektive Kraft, deren Erkenntnis nicht nur inneren Frieden schafft, sondern auch die Welt verändert.

Die **Selbsterforschung** (self-enquiry) ist ein Ansatz zur spirituellen Entwicklung, der vor allem in der Advaita-Tradition gepflegt wird. Die alte indische Lehre des Vedanta wurde von Ramana Maharshi (1879-1950) weltweit bekannt gemacht. Seine Anleitung zur Selbsterforschung ist in Kürze: „Verfolge unerbittlich die Ergründung ‚wer bin ich'. Spüre die Wurzel deiner Persönlichkeit auf! Finde heraus, von wo der Ich-Gedanke entspringt! Wende den Geist nach innen! Mit der Praxis werden sich die Gedankenströme beruhigen und du fühlst eine untrügliche Intuition. Überlasse dich dieser Intuition. Lass dein Denken ein Ende nehmen und sie wird dich ans Ziel bringen."[11] Maharshi geht es nicht um eine Art psychologischer Selbstergründung, welche sich dem persönlichen Innenleben widmet und unbewusste Mechanismen bewusst macht. Vielmehr bezweckt die von ihm praktizierte Selbsterforschung die Ergründung unseres eigenen tiefen Wesens jenseits der Körperlichkeit. Im Sinne der Veden geht es dabei um die Erkenntnis des „Brahman", der ursprünglichen „Weltseele" in sich selbst. Die Selbsterforschung reicht damit tiefer als die psychologischen seelischen Schichten in jenen unermesslichen Raum, der als Leere oder Urgrund bezeichnet wird. Die Methode hat das gleiche Ziel wie die vorgängig beschriebene Meditation. Statt einfach still zu sitzen wird aber empfohlen, den eigenen Gedanken stets „bis an die Quelle" zu folgen, welche mit dem Urgrund identisch ist. Alle Gedanken und Gefühle, ja alles Sein quellen aus diesem Urgrund, und dieser ist unser „wahres Wesen".

Der bereits erwähnte Lehrer des Advaita-Vedanta, Anthony Paul Moo-Young, widmet einen großen Teil seiner Lehrtätigkeit der Vermittlung der Selbsterforschung (self-enquiry). Der Zweck sei, die Menschen zum „Selbst" zu bringen, resp. zu zeigen, dass sie es nie verlassen haben.[12] Es geht um die Erkenntnis der tiefen eigenen Identität. Man sitze dabei vor dem „Spiegel der Introspektion" und sehe die Reflexion des eigenen Seins. Was man dabei sieht, sei immer eine innere Erfahrung. Analog zu Maharshi sagt er, dass die Wahrnehmung des Ich als Körper nicht genug geprüft worden sei und einer voreiligen Annahme entspreche. Die Frage, wer wir „wirklich" sind, hält Moo-Young für das wichtigste Thema im Leben. Auf dem Weg der Selbsterforschung gelange man zuerst zur Sicht, dass das „Ich" vor allem anderen existiert. Ohne mich gibt es kein Du und keine Welt. Dieses „Ich" ist die Instanz, die sich der eigenen Gedanken und Gefühle bewusst ist, und deshalb nicht damit identisch ist. Weil es einen Körper braucht, um die eigene Existenz („Ich bin") zu fühlen, gebe es die Identifizierung damit, obwohl Bewusstsein nicht der Körper sei. Wenn man sagt, „ich bin bewusst", seien das aber nur Worte. Das „Ich" muss daher näher untersucht werden. Es hat nach Moo-Young drei Aspekte: den Körper, geboren in der Zeit und dem Tod unterworfen; den Verstand (mind), der auch nicht stabil ist; und das „Wahre Selbst", das Ziel aller spirituellen Suche. Das Gefühl reiner Existenz („Ich bin") braucht nichts, neigt aber zur Identifikation mit dem Körper. Die Erfahrung eines reinen „Ich bin" ohne alle Identifikationen und ohne Kombination mit Gedanken und Gefühlen stellt nach Moo-Young einen wichtigen Punkt in der spirituellen Entwicklung dar. Nach Moo kommen viele Leute aber nicht an diesen Punkt, weil sie etwa sagen „ich bin ein Diener Gottes", „ich bin ein Pilger" etc. Sie begnügen sich damit, eine „Person" zu sein.

Dieses „Ich bin" als reine Existenz muss nach Moo erfahren werden, und diese Erfahrung ist der eigentliche Beginn der Enquiry. Das „Ich" wird als Zeuge von allem Geschehen erfahren, und dieser hat keine Vergangenheit, keine Zukunft, keine Beziehungen, keine Erinnerung und keinen Atem. Dieses beobachtende „ich bin" zu erkennen, sei dabei nicht schwer, wir sind es stets. Wenn immer wir uns selbst fühlen, ohne mit Geschichten identifiziert zu sein, sind wir das „Ich bin". Man weiß, dass man existiert, und es sei nicht die Existenz einer Peron, sondern diejenige von Bewusstsein. Moo sagt, das „ich bin" sei eine Art „something-nothing". Damit meint er nicht den Doppelcharakter aller Erscheinungen („Form ist Leere" im Herzsutra), sondern vielmehr den Umstand, dass dieses „Ich bin" immer noch einen phänomenalen Charakter hat. Es kann zwar nicht gemessen werden, aber es ist doch noch eine Art Erscheinung, wenn auch keine materielle; es gibt noch „jemanden", der dies erfährt. Dieser Jemand erscheint als eine unbewegte Kraft, die sich dessen bewusst ist, was sich bewegt.

Die Selbsterforschung richtet sich weiter auf das, was sich nicht bewegt. Wenn man genügend in der Wahrnehmung der eigenen reinen Existenz verankert sei, dann sehe man den „phänomenalen Charakter" des „Ich bin". Die Selbsterforschung führt schließlich weiter bis in den Bereich vollständiger Erscheinungslosigkeit, bis in die „Leere", ins „Nichts", bis zu „Brahman". Man gelangt zum Absoluten, zum Unwandelbaren, zu einem „reinen Bewusstsein". Wenn das Bewusstsein alles transzendiert hat, dann sei dieses einfach natürlich, sagt Moo. Dann fragt man sich, warum die äußere Person so lange so wichtig gewesen sei. Und man erkennt, dass die Person nichts dafür tun kann, eine „Nicht-Person" zu werden. Man sieht, dass die Aufmerksamkeit auf die eigene „Person", welche Erkenntnis erlangen will, den Erfahrungsweg behindert. Das einzige, was getan werden kann, ist leer zu sein, sich nicht mit den Beobachtungen zu identifizieren und dabei die große „Leere" zu erfahren, aus der alles kommt. Alle unsere Gedanken und Gefühle stammen von da – wir haben sie nicht gemacht. Unsere Existenz in der phänomenalen Welt erscheint nach Moo als unser „dynamisches Sein", wenn wir erkennen, dass dieses auf dem Bildschirm des Bewusstseins ist. Das Gefühl, Dinge zu tun und sie zugleich nicht zu tun, zu sein und zugleich nicht zu sein, sind die zwei Aspekte von Person und Selbst. Mit der Erkenntnis des Selbst stirbt die Person nicht, aber wir erkennen sie in ihrer Relativität. Die Person ist einfach ein limitiertes Bewusstsein. Die Aufgabe ist, sich mit dem eigenen Selbst ganz auf die Linie zu bringen. Dann geschehen die Dinge von innen her ganz zwanglos, und wir erfahren uns als „am rechten Platz".

Selbsterforschung ist im Grunde nichts anderes als Meditation; sie ist Ausdruck der treibenden Kraft in uns. Zen nennt diese den „großen Zweifel". Er stellt die drängende Frage, ob wir bereit sind, dem Unfassbaren zu begegnen, uns ihm auszusetzen. Zu sehen, dass wir das Unergründliche in uns tragen, dass wir selber dieses Unfassbare sind – jenseits aller Dimensionen. Im „Lied auf Zazen" von Hakuin heißt es: „Jene aber, die sich nach innen wenden und die Selbst-Natur bezeugen – die Selbst-Natur, die eine Nicht-Natur ist – gehen über bloße Lehren weit hinaus". Wenn wir uns diesem Weg wirklich überlassen, gehen wir über alle Lehren hinaus – auch diejenige des Buddhismus – und erfahren die „Wirklichkeit" ganz direkt. Dann erkennen wir, dass die „Wahrheit" jenseits aller Lehren liegt und dass sie unfassbar ist. Für diesen Weg braucht es Mut, denn die „Person", das was wir zu sein glaubten, und das „Ich" als vermeintliches Zentrum des eigenen Wesens verlieren an Bedeutung. C.G. Jung spricht von der „Passion des Ich, d.h. des empirischen, gewöhnlichen, bisherigen Menschen, dem es zustößt, in einen größeren Umfang aufgenommen und seiner sich frei dünkenden Eigenwilligkeit beraubt zu werden." Für Mario Mantese bedeutet Meditation, „in den tiefsten Schichten des inneren Seins zu forschen und von aller Aktivität und Nicht-Aktivität in diesem Sinne frei zu werden."[13]

[1] Hakuin Zenji, Lied auf Zazen
[2] Linji, Das Denken ist ein wilder Affe, O.W. Barth Verlag München 2015
[3] zitiert nach Vimalo Kulbarz, Jeder Tag ein guter Tag, Theseus Verlag Berlin 1996, S. 302
[4] Sri Nisargadatta Maharaj, Ich bin, 3 Bände, Verlag Kamphausen, Bielefeld 2014, Bd. 1, S.7
[5] Dogen Zenji, Shôbôgenzô, Angkor Verlag Frankfurt 2008, Kapitel 70, (Sanjushichihon Bodai Bumpo), S. 456 ff.
[6] zitiert mit Bezug auf verschiedene Quellen, u.a. nach buddhaland.de
[7] Sri Nisargadatta Maharaj, Ich bin, 3 Bände, Verlag Kamphausen, Bielefeld 2014, Bd. 1, S.29
[8] Andrew Cohen, gekürzter Text über „Das, was nie geboren wurde", enlightennext.de
[9] vergl. Andrew Cohen, Evolutionary Enlightment, Select Books Inc. New York, 2011
[10] aus Video, Willigis Jäger & Andrew Cohen: Spiritualität im 21. Jahrhundert
[11] zitiert nach Ramana Maharshi, Wer bin ich? Norderstedt 2011, S.11; vergl. auch: Ramana Maharshi, Sei, was Du bist, O.W. Bath Verlag 1990
[12] Die folgenden Darlegungen und kurzen Zitate entstammen aus zahlreichen Videoaufnahmen von Mooji, vom Autor aus dem Englischen übersetzt.
[13] C.G. Jung, Zur Psychologie westlicher und östlicher Religion, Ges. Werke Bd. 11, Walter Verlag Olten 1973, S. 171

Körper und Geist fallen lassen

Zum dynamischen Aspekt spirituellen Erlebens gehört die Aufforderung von Zen-Meister Dogen, „Körper und Geist fallen zu lassen". Sie basiert auf seinem eigenen Erweckungserlebnis, das er bei Meister Ju-ching (jap. Nyojô, 1136-1228) in China erlangte. Gemäß den biographischen Quellen saß Dogen dort in der Zen-Halle einmal neben einem Mönch, der während einer langen und intensiven Meditationssitzung eingeschlafen war. Da kam Meister Ju-ching vorbei und gemahnte diesen: „Zen studieren heißt, Körper und Geist fallen lassen" (shinjin datsuraku). „Warum widmest du dich dem zentrierten Sitzschlaf, statt der zentrierten Sitzmeditation?" Bei diesen Worten habe der nebenan sitzende Dogen das „große Erwachen" erlangt. Gemäß der Koan-Sammlung Denkoroku waren es die Worte „Körper und Geist fallen lassen", welche Dogen die Erkenntnis gewinnen ließen[1]. Nach einem anderen Bericht soll der Meister den Mönch nebenan sogar geschlagen haben. Wie die genauen Umstände auch immer waren, es muss ein „Schlag" gewesen sein, der Dogen auf eine andere Ebene gebracht hat. Tatsächlich scheint er in diesem Moment seinen eigenen „Körpergeist" fallen gelassen haben, was er anschließend seinem Meister berichtete.

Dogen brachte später Zen nach Japan und verfasste dort sein großes Werk Shôbôgenzô (Der Schatz des wahren Dharma), worin er alle Grundlagen und Aspekte des Zen darstellt. Im Kapitel mit dem Titel Genjôkôan erläutert er sein Verständnis von ‚Körper und Geist fallen lassen': „Den Buddhaweg zu erfahren bedeutet, sich selbst erfahren. Sich selbst erfahren heißt, sich selbst vergessen. Sich selbst vergessen heißt, sich selbst wahrnehmen in allen Dingen. Dies zu erkennen ist das Abfallen von Körper und Geist, von sich selbst und anderen."[2] Diese Worte sind in der Zen-Lehre bis heute von großer Bedeutung. Sie zeigen den Weg:

„Selbsterfahrung" geschieht in der Selbstvergessenheit, wo alle Anhaftungen an Körper und Geist wegfallen, und sie beinhaltet die „Einheitserfahrung", d.h. die Erkenntnis, dass man selbst und alle Dinge der Welt ungetrennt sind. Alles ist eins; alles ist dieses eine, leere, unergründliche Sein, auch wir selbst. Wenn die Identifizierung mit dem Körper und die Anhaftung an Gedanken und Gefühle weggefallen sind, bleibt das Unermessliche.

Es geht hier um die in aller spirituellen Literatur zentrale These, dass das wesentliche Element unserer Existenz nicht die äußere Erscheinung ist – also der Körper mit all seinen Funktionen, und nicht die psychische Identität, die durch Identifizierungen zustande kommt – sondern dass wir letztlich von einer Unergründlichkeit sind, die jenseits von aller äußeren Gestalt liegt. Schauen wir tief genug, wissen wir nicht, wer wir sind – wie es schon Bodhidharma festgestellt hat. Unsere letzte Quelle ist ohne Gestalt und damit nicht beschreibbar. Und dennoch ist sie erfahrbar. Der Weg dazu heißt „Körper und Geist fallen lassen". Er heißt, die Identifikation mit unserem Körper aufzugeben und eine neue Sicht zu wagen. Dafür müssen wir unsere Anhänglichkeit an alle Vorstellungen, die unsere „Identität" ausmachen, fallen lassen. Und wie soll das gehen? Im Grund stellen wir nicht nur unsere Weltsicht, sondern auch unser Selbstverständnis laufend neu her. Beides sind keine fixen Größen, aber sie werden zu statischen Bildern, wenn sie immer wieder gleich gestaltet werden. Das geschieht im Großen bezüglich der Welt, das geschieht in unseren Beziehungen, und das geschieht bezüglich unserer Identität.

Nun macht uns die gewohnheitsmäßige Einstellung gegenüber Welt und Menschen das Leben leichter – wie schwierig wäre es, wenn wir uns in keinem Fall auf frühere Erfahrungen abstützen könnten – aber sie macht uns das Leben manchmal auch unnötig eng. In der spirituellen Erfahrung geht es aber nicht um eine täglich völlig neue Welterfahrung, sondern vielmehr um die Erschließung einer Dimension, welche uns vorurteilsfrei werden lässt, und die uns eine innere Heimat gibt, woraus wir der Welt urteilsfrei begegnen können. Ohne ein fixiertes Selbstbild können wir uns täglich und stündlich von uns selber überraschen lassen. Es darf dann geschehen, was uns aus unserer tiefen Quelle zukommen will, und wir werden zu einem fluiden Wesen, das jenseits all dieser Erscheinungen verankert ist und diesen deshalb auch keine übertriebene Bedeutung zukommen lässt. Der spirituell wache Mensch verabschiedet sich ja nicht von der Welt, sondern er bewegt sich darin in innerer Freiheit.

Wie nun können wir „Körper und Geist fallen lassen"? Nur in der Meditation? Wenn die Identifizierung mit dem Körper auf Gewohnheit beruht, können wir uns neu orientieren. Sobald wir eine erste tiefe Erfahrung gemacht haben, als Wesen unabhängig vom Körper zu existieren, können wir uns auf dieses neue Bewusstsein konzentrieren. Wir können uns immer wieder zur Ordnung rufen, wenn wir uns wieder in äußeren Identifikationen verloren haben, die meistens auch eine Identifikation mit der Körperlichkeit beinhalten. Mit der Zeit wird unsere Selbstwahrnehmung weiter, und wir können die Erfahrung machen, nicht wirklich unser Körper zu sein, selbst wenn wir ihn vor dem Tod nicht verlieren. Es ist das Gefühl, gleichzeitig zu sein und nicht zu sein. Das Nicht-Sein erleben wir als „irgendwie gibt es mich nicht"; es ist die Empfindung einer großen Weite, die weder im Körper noch nicht im Körper ist, es ist die Empfindung, jenseits einer Dualität von „es gibt mich" und „es gibt mich nicht" zu sein. Die Zen-Frage: „Wer warst Du, bevor Deine Eltern waren", zielt in diese Richtung.

Eher etwas leichter ist es, den „Geist" fallen zu lassen. Unsere Identifizierungen haben sich später gebildet als unser Körpergefühl und die Identifikation damit. Und zudem sind Meinungen und Ansichten weniger materiell und erscheinen damit einfacher zu überwinden, als die leibliche

Identifikation. Wenn wir die Identifizierung mit Vorstellungen bei uns nicht leicht erkennen können, so sehen wir sie doch bei anderen Menschen genau. Und wir sehen auch, wie sie dadurch unbeweglich werden, und wie schwer ihnen das Leben so wird. Mit jeder unerfüllten Vorstellung verbindet sich auch eine Frustration, woraus Schuldzuweisungen und Streit entstehen. Es ist aber keiner verpflichtet, sich nach den Vorstellungen anderer zu richten. Manche Menschen vergeben jedoch für das „Bühnenstück ihres Lebens" gewisse Rollen, und die Menschen in ihrer Umgebung werden danach ausgesucht, ob sie eine Rolle im Stück übernehmen können. Ist dies der Fall, so werden sie zum geliebten oder verachteten Menschen – oder wie auch immer die Reaktion auf die Rolle lautet. Die Rollenzuweisung erscheint für die betroffenen Menschen im Allgemeinen als ein Druck, dem sie mit wachsender Eigenständigkeit immer weniger stattzugeben geneigt sind. Lehnen sie schließlich die ihnen zugemessene Rolle ab, dann gibt es ernsthafte Schwierigkeiten, z.B. in der Partnerschaft. „Du bist nicht mehr der Mensch, den ich geheiratet habe", heißt es dann etwa, oder „ich fühle mich von dir allein gelassen" usw. Dies wiederum kann für den Protagonisten Anlass für dramatische Auftritte sein oder gar zum Abbruch der Beziehung führen.

Wenn wir bei anderen Menschen derartige Verhaltensmuster erkennen können, lässt sich in Betracht ziehen, dass wir selbst vielleicht auch zur Identifikation mit fixen Welt- und Selbstbildern neigen, und dass vielleicht auch wir versuchen, die Welt und die Menschen in unserer Umgebung unseren Vorstellungen anzupassen. In diesem Falle vermögen wir uns nicht mehr von uns selbst und von der Welt überraschen zu lassen, sondern wir befinden uns in einem Kampf mit der (Um-)Welt, und dieser ist kräfteraubend. Allan Watts spricht davon, dass wir uns dann im „Überlebensmodus" befinden, was aber kein wirkliches Leben sei. So gesehen ist es durchaus empfehlenswert, auch den „Geist" fallen zu lassen und frei zu werden für ein wirkliches Leben. In der Praxis können wir uns mit Regelmäßigkeit darüber Rechenschaft ablegen, ob wir noch im „Lebensmodus", oder wieder im „Überlebensmodus" sind. Manche werden einwenden, dass die Welt halt ein Kampfplatz sei, und wenn wir darin über die Runden kommen wollten, müssten wir tatsächlich um unser „Überleben" kämpfen. Das mag für Menschen in Extremsituationen auch der Fall sein, aber viele pflegen völlig unnötige Auseinandersetzungen und machen sich das Leben gegenseitig schwer, weil sie glauben, ihre Haut retten zu müssen. Es lohnt sich, hier genau hinzuschauen und in Betracht zu ziehen, dass ein selber verändertes Verhalten auch das Verhalten anderer beeinflusst. Die beste und vielleicht einzige Art, die Welt zu verändern liegt darin, sich selbst zu verändern – und dann über die Reaktionen der anderen zu staunen.

Wenngleich diese Gedanken wie „angewandte Psychologie" klingen mögen, so geht es im Kern hier um eine spirituelle Angelegenheit. Es geht hier ja nicht um „ein bisschen mehr oder ein bisschen weniger", sondern um eine grundsätzlich neue Lebenshaltung, die aus einem „gar nicht" resultiert. Wer den Blick ins „Nichts" getan hat, die eigene Unergründlichkeit kennenlernte und die Lebensgestaltung der tiefen Lebensquelle überlässt, hat „Körper und Geist fallen gelassen." Er weiß, dass wir etwas anderes sind als die äußere Erscheinung mit ihrer Neigung zur Verteidigung der eigenen „Person", und darin liegt die Freiheit, von der die spirituellen Wege sprechen.

In einem alten buddhistischen Text ist die Rede davon, dass das entscheidende Kriterium für diesen Wandel der inneren Ausrichtung sei, „nicht zu wählen". Er wurde vom dritten chinesischen Zen-Patriarchen Seng Ts'an, jap. Sosan (✝606) lange vor Dogen verfasst und trägt den Titel Shinjinmei, der im Allgemeinen mit „Verse über den Glaubensgeist" übersetzt wird. Wörtlich heißt er „Inschrift vom

Vertrauen in den Geist", was den Inhalt des Textes besser zum Ausdruck bringt. Er spricht von der Befreiung von jeder Wertung, wodurch alles als das Eine erkannt wird. Der Text beginnt mit den Worten:

„Der höchste Weg ist nicht schwer,
wenn Du nur aufhörst zu wählen.
Wo weder Liebe noch Hass,
ist alles offen und klar.
Aber die kleinste Unterscheidung
bringt eine Distanz wie zwischen Himmel und Erde.
Soll ES sich dir offenbaren,
lass Abneigung wie Vorliebe beiseite.
Der Konflikt zwischen Neigung und Abneigung
ist eine Krankheit des Geistes.
Wird diese tiefe Wahrheit nicht verstanden,
versuchst du deine Gedanken vergeblich zu beruhigen.
Der Weg ist vollkommen wie leerer Raum,
ohne Mangel und ohne Überfluss.
Nur wenn du wählst und zurückweist,
geht das Sosein verloren.
Jage nicht äußeren Erscheinungen nach,
verharre auch nicht in der Erfahrung der Leerheit.
Bleibe gelassen im Einen,
und alle Verwirrung verschwindet von selbst."[3]

Dieser einführende Textteil klingt einfach – wir müssen nur gelassen im Einen bleiben – aber die Schwierigkeit liegt darin, zu diesem Einen zu finden. Das „Sosein", von dem Seng Ts'an spricht, ist nach Nisargadatta „das ewig unfassbare Sein." Und weiter: „In mir geschieht die Welt. Sie erscheint als real am Grenzpunkt von Gewahrsein und Vorstellung. Das Sein ist ewig bewegungslos und stirbt nicht, wurde nie geboren. Die Erscheinungen kommen und gehen alle. Die individuelle Wahrnehmung oder Gestaltung der Welt stirbt (mit dem Tod), aber diese Welt ist ohnehin nur Schein – eine Vorstellung des großen Seins ‚durch mich hindurch'. Im unbewegten Sein (bin „ich") allein."[4]

Nisargadatta betont die Leerheit. Die einen Lehrer betonen mehr die Leere (die Welt als Projektion), die anderen mehr die Fülle (Du bist die Welt). Die Leere muss erfahren werden, bevor wir sie in allen Erscheinungen sehen können. Mit der Zeit füllt sich die Leere – sie ist auch Fülle.

Damit setzt sich auch das Shinjinmei auseinander: „Weil es das Eine gibt, existieren die Zwei, doch halt´ auch nicht fest an dem Einen. Wenn der Geist der Einheit nicht entsteht, sind die zehntausend Dinge nicht schuld." Weil es das Unergründliche gibt, gibt es auch die Welt der Erscheinungen, doch soll man auch nicht an der Leere festhalten. Davon war schon an anderer Stelle und von anderen Autoren die Rede, und wir sehen die Essenz der buddhistischen Lehre. Sie weist in vielen Versionen auf die Einheit von Urgrund und Erscheinungen und der dadurch bestehenden Einheit aller Erscheinungen hin. Wenn aber keine erfahrungsmäßige Bewusstheit über diese Einheit entstehen kann, „ist die Welt daran nicht schuld!" – so Seng Ts'an. Und er gibt noch eins drauf: „In der Tat, wer die Sinneswelt nicht hasst, ist eins mit der wahren Erleuchtung." Damit verweist er auf das Leben selbst. Das Leben ist alles. Jeder von uns ist das Leben, das Prinzip des Lebens. Das ganze Universum besteht nur daraus. Alles ist Bewegung. Und was ist dieses Leben? Worin gründet es? Wie an früherer Stelle erörtert kommt es aus dem Nichts und geht ins Nichts – wie die Gedanken. Das Leben ist wohl dieses Nichts selbst, dieses unfassbar Ungeformte in Bewegung, leer und voll zugleich. Die Erscheinung vergeht, der Raum bleibt. Das Prinzip Leben ist wie ein unendlicher Raum. Das sind wir. Dass wir das tiefe und umfassende Sein jenseits von allen Unterscheidungen sind, muss man spüren und erfahren. Das ist keine intellektuelle Angelegenheit. Und wir merken: Dort, wo man ganz sich selber ist, ist man auch ganz Welt. Ganz leben heißt, in Einheit mit der Welt zu leben, denn wo wir in uns selber ungeteilt sind, hört der Zwiespalt auf.

Im weiteren Verlauf des Textes geht Seng Ts'an nochmals auf den Kernpunkt, das reine „Sosein" ein: „Wenn der Geist nicht unterscheidet, sind alle Dinge das eine Sosein. Das Wesen dieses einen Soseins ist ein Geheimnis: unbewegt, absolut, alle karmische Bindung vergessend. Siehst du alle Dinge gleich, kehren sie heim zum natürlichen Sein. Ursachen verschwinden, und Vergleiche sind nicht möglich." Hier wird das Mysterium des Lebens beschrieben, das reine Sein. Form und Leere zusammen ergeben das Leben; in allen Formen findet sich der Urgrund, wo „nichts" ist. „Im Absoluten sind keine Regeln. Der Geist in Einklang mit ihm wird unparteiisch und hört auf, zu planen und zu streben. Wenn Zweifel und Argwohn ausgeräumt, ist wahrer Glaube leicht gewonnen," heißt es weiter im Shinjinmei. In dieser Schilderung erscheint der Glaube gleich der Erfahrung reinen Seins, und selbst dieses erlangt erst im gleichzeitigen „Nicht-Sein" seine Vollständigkeit: „Sein ist nichts anderes als Nichtsein, Nichtsein nichts anderes als Sein. – Der Glaubensgeist ist Nicht-Zwei. Nicht-Zwei ist der Glaubensgeist. Worte gehen fehl, es zu benennen. Es ist nicht von der Vergangenheit, der Zukunft oder Gegenwart."

„Shinjin datsuraku – Körper und Geist fallen lassen" erscheint wie ein geheimes Losungswort, das uns den Weg ins Unergründliche weist.

---

[1] The Denkoroku, Keizan Zenji, Shasta Abbey California 1993, Kap. 52, S.278ff.
[2] Dogen Zenji, Shôbôgenzô, Angkor Verlag Frankfurt 2008, S. 53
[3] zitiert nach verschiedenen Quellen wie www.kensho.ch; vergl auch: Seng Ts'an, Die Meisselschrift vom Glauben an den Geist, O.W. Barth Verlag München / Scherz Verlag Bern 2001, S. 17ff.
[4] Vergl. Sri Nisargadatta Maharaj, Ich bin, 3 Bände, Verlag Kamphausen, Bielefeld 1991

Erwachen ist kein Ereignis

Erwachen geschieht, wenn man die Identifikation mit Körper und Geist fallen lässt. Der Begriff „Erwachen" hat dabei mit dem Umstand zu tun, dass man aus einem bisherigen Bewusstsein „erwacht" und sich im Leben in neuer Art frei und damit als „wach" zeigt. Weil es um die Wahrnehmung eines Zustandes geht, der immer schon war, kann man im Grund auch nicht von einem Ereignis sprechen. Wir waren immer schon, was wir sind, auch wenn wir bedeutende Aspekte davon nicht gesehen haben. Es gibt vielerlei Beschreibungen davon, was Erwachen ist. Einige sollen hier angeführt werden[1]: Erwachen geschieht, „wenn das Bewusstsein über sich selbst bewusst wird" (Steve Ford), „wenn man realisiert, dass die menschliche Existenz Bewusstsein ist und nicht der Körper" (Roger Castillo). Erwachen ist das „plötzliche Sehen der Leere von allem und die spätere Wahrnehmung der Fülle von allem" (Richard Sylvester); es ist die „Offenbarung der Wesensnatur" (Gerhard Zandolini); es ist ein „klares stabiles Verständnis davon, dass die Persönlichkeit ein Mythos ist und da nur das Selbst ist" (Moo-Young). Nach Mario Mantese heißt Erwachen „sich der absoluten Einheit des Lebens gewahr zu sein" und nach Ramana Maharshi kann davon dann die Rede sein, „wenn das Gefühl der Unendlichkeit dauerhaft und zur bestimmenden Seinsweise geworden ist."

Zusammenfassend kann gesagt werden, dass es sich um einen neuen Bewusstseinszustand handelt, in welchem als Basis aller Erscheinungen eine unbeschreibliche „Leere-Fülle" dauerhaft wahrgenommen wird und sich das Leben darin gestaltet. Es ist das Ende der Identifikation mit dem Körper und dem Verstand mit seinen Vorstellungen und Zielen. Im Aufwachen kommt nicht etwas dazu, sondern es fällt etwas weg: die Vorstellung, ein getrenntes Ich zu sein. So verstanden ist im Grunde auch niemand da, der erwacht, denn Erwachen ist das Ende der „Person". Moo-Young sagt dazu, dass man Erwachen nicht erreichen könne und dass da niemand sei, der es besitze.

Weil das „Unendliche" zeitlos und damit immer präsent ist, gibt es für das Erwachen keinen bestimmten Weg. Einzelne Menschen werden davon geradezu „überfallen" und erfahren eine plötzliche bleibende Veränderung ihres Bewusstseins, aber die meisten Menschen gehen einen Weg der langen Übung, der sie zu jenem Moment führt, wo sich die Sicht auf das Leben grundlegend wandelt. Zu Beginn dieses Prozesses findet sich oft eine „existenzielle Sehnsucht", ohne dass man sagen könnte, nach was man sich sehnt. Moo-Young spricht davon, dass uns das Bewusstsein offenbar glauben lässt, dass es dieser Körper sei, um damit Erfahrungen zu machen. Alle Menschen beginnen das Leben als Person und müssten es mit allen Grenzen, Bedürfnissen und Anhaftungen erfahren. Sei das Leben aber genügend wahrgenommen, komme das Gefühl, dass etwas fehlt und eine Ahnung, dass es anders sein könnte. Die Empfindung des Mangels kann dabei so stark werden, dass eine Art „existenzielle Verzweiflung" entsteht, die ihren Grund in der Getrenntheit vom eigenen tiefen Wesen hat und uns vorwärts treibt. Solange man denkt, man sei der Körper und kontrolliere seine Aktionen, ist man von sich selber getrennt, was wiederum Leiden bedeutet. Nach Roger Castillo kann man nicht glücklich sein, solange man sich für etwas hält, was man nicht ist. Zu diesem Gefühl kann sich eine „existenzielle Angst" gesellen, welche den weiteren Prozess eine Zeitlang untermalt. Alle diese Empfindungen sind eigentlich Voraussetzung für den folgenden Weg. Wir müssen dafür tief erschüttert sein, und diese Erschütterung ist der Vorbote und im Grunde auch bereits die Kraft eines neuen Bewusstseins. Nach Ramana Maharshi gibt es dann über einige Zeit erste kurze Erfahrungen von Stille und Unendlichkeit, die durch entsprechende Übungen ausgedehnt werden können.

Der Weg beinhaltet eine Auseinandersetzung mit hemmenden Einstellungen, denn alles was einem neuen Bewusstsein entgegensteht, muss „ausgebrannt" werden. Im Satipatthana-Sutra, einem zentralen Text des Theravada-Buddhismus über „die vier Grundlagen der Achtsamkeit" werden fünf Hindernisse (nivaranai) genannt: Das „Sinnenverlangen" (Liebe); „Hass" (Nicht-Liebe); „Starrheit und Müdigkeit" (auch als Schläfrigkeit bezeichnet), „Gewissensunruhe" (Ablenkung) und „Zweifel". Diese Hindernisse sollen auf dem Weg zur Erkenntnis achtsam kontempliert werden, ebenso wie der Körper (kaya), die Gefühle (vedana) und der Geist (jitta) – alle mit ihren jeweiligen Funktionen. Dabei richtet sich die Achtsamkeit nicht nur auf den gegenwärtigen Moment, sondern auch auf die Essenz der Realität. Indem der Geist in der Realität gehalten wird, soll er still werden.

Auf dem Buddhaweg geht es darum, den Geist zu klären, die Leiden zu überwinden, die „Wahrheit" zu finden und Nirvana zu erfahren. Das Leiden hat seinen Grund gemäß der Lehre von den „vier edlen Wahrheiten" in Elementen wie unseren Bindungen, dem Begehren, Verlangen, Anhaften, Denken, Ergreifen und den Identifikationen. Um von diesen „Anhaftungen" frei zu werden, muss die Bindung an alle Erscheinungen, an die „Form" ganz generell aufgegeben werden. Das entspricht einer Art „Kreuzestod". „Hier wird nicht geschlafen, hier wird gestorben" soll ein Zen-Meister einmal durch die Meditationshalle geschrien haben. Tatsächlich muss etwas absterben, und dies ist im Wesentlichen die herkömmliche Bindung an die Welt, mit der wir uns lange identifiziert haben. Die Welt kann nur neu gewonnen werden, wenn wir unsere Vorstellungen davon erst einmal aufgeben. So verhält es sich auch mit den spirituellen Erfahrungen: nur wer seine Glaubensinhalte aufgibt, kann zu Erfahrungen gelangen, welche jenseits aller Gedanken sind. Als Mensch in dieser Welt zu sein, ist ein Mysterium, das bis auf den Grund ausgelotet werden muss. Wir sind gefragt, unsere konventionellen Auffassungen aufzugeben, um ein tieferes Menschsein zu erlangen.

Mit der Erfahrung unserer tiefen Seins-Dimension verändert sich unsere Wahrnehmung der Welt wie auch unser Selbstverständnis. Die Welt erscheint als Inhalt des eigenen Bewusstseins und damit als Aspekt der „Leere", als Manifestation des Urgrundes. Insofern als sie Manifestation ist, besteht sie weiterhin in den gewohnten Formen, aber insofern als sie auch als „Leere" (ohne fassbare Dimension) erfahren wird – als im tiefsten Sinne die Dimensionen übersteigend und damit „all-dimensional" – wird sie „durchsichtig" respektive auch (nicht nur) als nicht existent erfahren. Wie schon früher angesprochen wird sie doppelt wahrgenommen, als existierend und als nicht existierend, und auch sich selber erfährt man so. „Es gibt mich, und es gibt mich nicht", habe ich einmal niedergeschrieben, „mit leeren Händen stehe ich da." Als reines Sein sind wir „hier", und aus dem Hiersein kann man nicht weggehen, und dieses ist in uns. Moo-Young beschreibt das Verhältnis zur Welt sinngemäß so: Die Außenwelt erscheint als eine „panoramische Suppe" – man nimmt alles ohne Fokussierung wahr. Im Innern wird die Präsenz als eine Art Summen wahrgenommen, „wunderbar" sagt Moo. Diese Beschreibung deckt sich genau mit meinen Erfahrungen. Und Moo weiter: Diese Sicht wird permanent, wenn es klar geworden ist, dass der Geist (mind) illusorisch ist. Wie der Mond das Licht der Sonne reflektiert, reflektiert er das Selbst.

In der Zen-Welt gibt es in der Koan-Sammlung Hekiganroku das schöne Koan mit dem Titel: „Hyakujôs Wildente"[2]. „Als Großmeister Ba und Hyakujo einen Spaziergang machten, sahen sie eine Wildente vorbeifliegen. Meister Ba sagte: ,Was ist das?' Hyakujô antwortete: ,Eine Wildente'. Meister Ba sagte: ,Wohin ist sie geflogen?' Hyakujô antwortete: ,Sie ist weggeflogen.' Meister Ba zwickte Hyakujôs Nase. Hyakujô schrie auf vor Schmerz. Baso sagte: ,Wohin soll sie denn geflogen sein?' " – Dieses

Koan ist ein wunderbares Lehrstück über die Welt, die zugleich Fülle und Leere ist. Wäre Hyakujô sich der Dimension der Leere bewusst gewesen, hätte er sich in seiner Antwort nicht auf die äußere Erscheinung der Wildente beschränkt. Er hat daher den Nasenzwick seines Lehrer verdient, der ihm zugleich eine Lehre darüber erteilte, dass es in der Welt der Leere keine Wildente gibt, und auch kein Wegfliegen. Beides ist wahr – es gibt die Welt und es gibt sie nicht. So sieht die Welt in der Erfahrung des tiefen dimensionslosen Seins aus. Wir leben zugleich in „Zeit und Ewigkeit", in Sein und Nicht-Sein, in Erscheinung und Urgrund. Und dabei ist beides zugleich eins – es sind nur zwei Aspekte des Einen. Da ist einfach Sein. Das Eine zeigt sich in allen Formen und bleibt doch stets das Eine.

Auf dem Weg zu einem ganzheitlichen Selbstverständnis wechselt die Aufmerksamkeit eine Zeitlang zwischen dem üblichen Schauen der manifesten Welt und dem neu erworbenen Zustand reiner Präsenz. Das reine Sein ist aber beides zusammen, und darin kommen die lange Suche und Anstrengung zu einem Ende. Moo-Young beruhigt uns diesbezüglich: „Man kann auch nicht ein Leben lang ein Sucher sein." Da wird es einfach: Alles was man sucht, ist schon da: Leben, Lachen, Heimat. Das tägliche Leben ist es – dies ist die Einheit. Da ist aber nur Leben, nicht „mein Leben". Niemand besitzt die Gefühle, die auftauchen. Wir sind alles, was wir sind, aber das hat nichts mit Charakter und Persönlichkeit zu tun. Auch wenn die Suche ein Ende findet, so doch nicht der Weg. Wer den Wesensgrund sieht, muss sich doch weiterentwickeln und weiter Dinge ins Leben aufnehmen. Alles, was einen noch in Unruhe versetzt, muss verstanden und integriert werden; das Dasein in der Welt muss geläutert werden. Verwirklichung bedeutet schließlich, den Urgrund in die Vielschichtigkeit des Daseins einfließen zu lassen.

Zu einem wachen Dasein gehört auch das Herz, und seine Wirkung ist ein Wirken ohne Absicht. Die Welt verbessern zu wollen, sie erlösen und heilen zu wollen, ist eine wohlgemeinte Idee, aber die Schöpfung muss nicht korrigiert werden – es genügt, sie zu erleben. Wenn man aufgehört hat, nach etwas zu streben und ganz da ist, dann beginnt die Welt vielleicht zu leuchten. Das Leben leuchtet, und „nichts fehlt in diesem Augenblick", wie das Lied auf Zazen sagt.

---

[1] Zitate sind aus Videoaufnahmen der entsprechenden spirituellen Lehrer übernommen und teilweise vom Autor aus dem Englischen übersetzt.

[2] Hekiganroku Fall 53, Yamada Kôun Roshi, Hekiganroku, Kösel Verlag München 2002, Bd. 2. S. 31

Das Leben ist alles

Das Leben und alle Erscheinungen darin sind paradox. Wir hätten beides aber so gerne einfach, und entsprechend legen wir es uns zurecht. Wir teilen die Menschen in „gute", „neutrale" und „böse" ein, wir interpretieren die Ereignisse als „gut" oder „schlecht", wir sind mit dem Leben „zufrieden" oder „unzufrieden", wir sind über einzelne Geschehnisse „glücklich" oder „enttäuscht". Allenfalls lassen wir auch den Gedanken zu, dass sie etwas von beidem haben. Aber nur ein bisschen „etwas von beidem" entspricht nicht den Tatsachen. Jede Münze hat zwei Seiten, und wir können nicht behaupten, dass eine Münze „etwas Kopfseite und etwas Zahlseite" hat – nein, sie hat eine ganze Kopfseite, und eine ganze Zahlseite, sie ist ursächlich beides und das eine kann nicht ohne das andere sein. Die beiden Seiten machen die Münze ursächlich aus – es gibt keine Münze mit nur einer Seite. So verhält es sich auch mit dem Leben und den Ereignissen – sie haben ursächlich verschiedene Seiten, sie bestehen aus der Tatsache der gleichzeitigen Verschiedenheit, ja Widersprüchlichkeit zweier Seiten, die sich in Opposition gegenüber stehen und zugleich eins sind.

Die westliche Tiefenpsychologie beschäftigt sich im Modell der Archetypen mit dem dualen, bipolaren Charakter menschlicher Verhaltensmuster. So wie allen Erscheinungen eine Doppelnatur anhaftet – ohne Berge kein Tal, ohne Gegensatz der Wärme keine Kälte etc. –, so weisen die archetypischen Rollenmuster ebenfalls zwei Pole auf: Eine Mutter kann ohne Kind keine Mutter sein – Mutter und Kind sind also zwei Pole eines Archetypus. Ein Arzt ist ohne Patienten kein Arzt, und ein Priester ohne Kirchenvolk kein Priester. Man muss sich dazu nur den Arzt oder den Priester ganz allein auf einer Insel vorstellen. Wo ist da der Arzt oder der Priester? Auch Mann und Frau sind Archetypen, und gäbe es nur ein Geschlecht – wie immer es ausgestaltet sein möge – es gäbe keinen Gegenpol, durch den es sich definieren könnte. Erst durch anderen Pol des Archetypus kann die eine Seite bestehen, sogar im Krieg ist ohne Gegner kein Kampf. „Stell dir vor, es ist Krieg, und keiner geht hin" war früher zu lesen. Leben kann ohne Tod nicht sein, und der Herrscher nicht ohne Volk. Diese Doppelgesichtigkeit macht das Wesen aller Erscheinungen aus – sie sind ursächlich zwei, weil sich jede Erscheinung erst durch eine andere definiert. Das ist in der Welt, zwischen den Menschen und auch innerhalb unserer selbst so.

Der reife Mensch zeichnet sich dadurch aus, dass er die Widersprüchlichkeit der eigenen Existenz annehmen kann. Wir sind frei und gebunden, wir sind ein materialisiertes Wesen und sind es nicht, wir können nicht wählen und haben doch Verantwortung, wir stehen der Welt mit einem lachenden und einem weinenden Auge gegenüber. Alles ist Bewegung, und alles ist unbewegtes Sein. Wir sind Präsenz und zugleich Absenz, und hier zeigt sich die Doppelnatur oder Paradoxie unseres Seins besonders klar: erst in der „Absenz", im unermesslichen „Nicht-Sein" sind wir tatsächlich präsent. Für andere ist die Wahrnehmung unserer inneren Weite eine gute Voraussetzung, sich in ihrem Wesen angenommen zu fühlen und in ihrer eigenen Weite abgeholt zu werden. Man trifft sich gewissermaßen auf einer tieferen Ebene, wo es eine gemeinsame Schwingung und Einheit gibt, und da ist man „verbunden" – ja mehr noch, da ist man „eins". Während das Leben auf der Ebene der Erscheinungen dual ist, ist es auf der Ebene des reinen Seins nondual.

Auch wir selbst nehmen uns in solch doppelter Seinsweise wahr, und zugleich erkennen wir, dass diese eins ist wie die Münze mit ihren zwei Seiten. Unsere Probleme haben nicht mit diesem Doppelcharakter zu tun, sondern sie entstehen dann, wenn wir uns mit der einen Seite identifizieren und die andere übersehen. Die Doppelnatur des Seins anzuerkennen verlangt nicht, die eine Seite zu eliminieren, sondern vielmehr, sich über diese bewusst zu werden und sie in sich selbst zu tragen und „zu ertragen". Dann belasten wir damit nicht andere Menschen. Dies ist kein leichtes Unterfangen, wenn beispielsweise eine eigene innere Verlassenheit auszuhalten ist. Das ist viel schwieriger als andere Menschen dafür verantwortlich zu machen, dass man sich – mit oder ohne sie – „allein" fühlt.

Diese Zusammenhänge bestehen nicht nur auf der psychologischen Ebene – unsere Doppelnatur zeigt sich auch in einer existenziellen Betrachtungsweise. Wir identifizieren uns für eine gewisse Zeit mit unserem Körper, unserer sozialen Stellung, unseren Aufgaben und unseren Ansichten und übersehen dabei nur zu leicht die andere Seite, nämlich die formlose Grundlage unseres Daseins. Durch die ausschließliche Identifikation mit dem Vordergründigen erhält die äußere „Welt" eine zu große Bedeutung, woraus wiederum Probleme entstehen. Indem wir die Welt als Gegenüber erleben, versuchen wir sie zu beherrschen, und das erfordert Kraft. Zugleich müssen wir einen Teil der Lebensenergie dafür verwenden, die aus der einseitigen Lebenshaltung entstandenen Folgen – etwa ein Burn-out – zu bewältigen.

Alles dies findet letztlich aber in unserem Inneren statt; unsere Wahrnehmung und unsere Auffassungen generieren unser Verhalten, und alles sind wir selbst. In diesem Sinne begründet sich der Dualismus als Weltbild in uns selber, wo er zu einer Selbstentzweiung führt. Weil wir die Beziehung zu unserem eigenen Grund verloren haben, entstehen Schwierigkeiten – im buddhistischen Kontext als „Leiden" bezeichnet. Solange wir nur gut „funktionieren" und die Anforderungen der Außenwelt erfüllen, sind wir unserem tiefen Sein gegenüber entfremdet. Weil alles in uns selber liegt, gilt aber auch das Umgekehrte: Wer in sich selbst geborgen ist, ist auch in der Welt geborgen. Die Einheit mit der Welt begründet sich damit in der Einheit mit sich selbst.

Selbstentfremdung sowohl im psychologischen wie im existenziellen Sinne muss überwunden werden. Die Psychotherapie hilft dabei, psychologische Selbstentfremdung zu korrigieren, und eine gelebte Spiritualität auf Basis von inneren Erkenntnissen ermöglicht uns, mit uns selbst im Kern eins zu sein. „Gott kommt in die Welt" bedeutet in diesem Sinne, dass das tiefe Sein in uns bewusste Gestalt annimmt. Dabei ist aber zu beachten, dass dieser Urgrund immer schon da war. Nichts kommt hinzu – nur unser Bewusstsein weitet sich. Es wird aber auch nichts geringer – die Bedeutung der Welt nimmt nicht ab. Sie wird nur relativer, weil unser Bewusstsein nun mehr umfasst als die äußere Welt, und diese hat daher nicht mehr die gleiche Bedeutung wie vorher. Wir erkennen, dass es nicht so wichtig ist, wie die einzelnen Verhältnisse im Detail sind – das Leben als solches ist das Entscheidende. Für diese Sicht müssen wir jedoch eine tatsächliche Beziehung zu unserem Leben haben. Da unsere Aufmerksamkeit nebst den äußeren Eindrücken nun auch von der „Innenschau" beansprucht wird, bleibt etwas weniger für die äußeren Umstände. Die Menschen in unserer Umgebung rechnen uns dies dann als „Gelassenheit" an und sind manchmal verwundert, wie diese auch angesichts unerfreulicher Zustände bestehen kann. Es wäre aber ganz falsch, dies als Gleichgültigkeit zu interpretieren, denn diese setzt wiederum eine Trennung von der Welt voraus, und gerade eine solche besteht in einem tieferen Seinsverständnis nicht. Ist man in seiner Existenz wirklich verankert, ist man auch ganz Welt, und da ist ganz „Leben". Wer bei sich selbst ist, kann die Welt umarmen!

Wir sind das gestaltlose Sein, das alles umfasst. Es ist unendlich weit und überall zu finden, und sich selbst als das zu erkennen, bedeutet, „zuhause" zu sein. Der gute alte Ryokan hat einfach gelebt: schlafen, essen, mit den Kindern spielen, sich in den Duft der Räucherstäbchen betten, und das Besondere daran ist, dass er sich zugleich immer seines wahren Seins bewusst war. „Endlich bin ich heimgekehrt und habe mich unter einer zerklüfteten Bergspitze niedergelassen. Friedvoll lebe ich in einer Grashütte, lausche der Musik der Vögel"[1], schreibt er in einem Gedicht. Und andernorts: „Mein Tagewerk: mit den Dorfkindern spielen. Immer habe ich ein paar Stoffbälle dabei in meinen Ärmeltaschen. Zu viel anderem bin ich nicht nütze, doch ich weiß mich zu erfreuen am stillen Frieden des Frühlings."[2] Auch die weite Dimension unseres unergründlichen Seins beschreibt Ryokan eindrücklich: „Diese Welt, ein verhallendes Bergecho, leer, unwirklich. In einem leichten Schneefall dreitausend Welten; in diesen Welten ein leichter Schneefall. Wie der Schnee meine Hütte verschlingt in der Abenddämmerung, da wird mein Herz völlig leer."[3] Im Schneefall das Unergründliche, im Unergründlichen der Schneefall. Da ist Stille, reines Sein. So gesehen gibt es auch keinen „evolutionären Impuls" wie er früher beschrieben wurde, nur dieses ewige Sein. Verändert sich die Welt aufgrund neuer Einsichten, so nimmt sie einfach neue Formen an. Neue Wellen, auch diese sind Wellen des Bewusstseins. Das Sein selbst muss nicht in die Welt gebracht werden, denn es ist ja schon hier. Es ist wunderbar, nicht nur „in" der Ewigkeit zu existieren, sondern diese „zu sein". Wenn das erkannt ist, kann man nirgendwo mehr hingehen, weil man überall ist. Der Hirte in der Geschichte vom „Ochs und seinem Hirten" kehrt zum Schluss seines inneren Weges auf den Marktplatz zu den Menschen zurück. Genau genommen war er aber immer schon da. Es war immer schon das Leben, das ihn bewegte und erfüllte.

Zu dieser Einheit müssen wir zurückfinden. Das Leben ist einfach. In meinen Notizen habe ich einmal niedergeschrieben: „Ich fühle, wie der lange Weg in der einfachen Gegenwart endet: Die Blätter sind grün, die Rosen rot. Man kann nicht einmal mehr sagen, alles sei tief erfüllt; es ist einfach. So wie es immer war und für alle ist. Warum dann dieser lange Weg?" Ich erinnere mich an ein Zen-

Gedicht von Zen-Meister Hsing-ssu, jap. Seigen Gyoshi (660-740):

> „Bevor ich für dreißig Jahre Zen studiert hatte, sah ich Berge als Berge und Flüsse als Flüsse.
>
> Als ich ein besseres Verständnis entwickelt hatte, kam ich an den Punkt, wo ich sah, dass Berge nicht Berge sind und Flüsse nicht Flüsse.
>
> Aber jetzt, wo ich in der Ruhe beheimatet bin, sage ich: Berge sind wirklich Berge und Flüsse wirklich Flüsse."[4]

Wir sitzen in der Zen-Meditation um zu finden, was immer schon war. Und dennoch besteht ein Unterschied zwischen dem Zustand vor der Reise, und demjenigen danach. Angekommen gibt es nichts zu tun. Sôtô-Zen drückt es in der Haltung aus, dass „Sitzen" alles sei. Reines Sitzen sei gleich Erkenntnis. Dem kann zugestimmt werden – unter der einen Voraussetzung, dass im Sitzen das unergründliche Sein erfahren und manifestiert wird. Dann aber finden wir es auch im Stehen, Liegen und Gehen.

---

[1] Meister Ryokan, Alle Dinge sind im Herzen, Herder Verlag Freiburg, Spektrum Bd. 5718, S. 66

[2] ebd., S. 81

[3] ebd., S. 90

[4] zitiert in Wartenweiler Dieter, Der wahre Mensch ohne Rang und Namen, Patmos Verlag Ostfildern 2010, S. 7

Die Wirkkraft innerer Freiheit

Unser Verstand kann das Leben und die Welt nicht begreifen, weil er in Gegensätzen arbeitet – er ist ein Kind des Dualismus. Er hält die Dinge für so oder anders, er glaubt „recht" zu haben in seiner Betrachtung, die immer etwas ausschließt, er kann die Weite und Erfülltheit, die Ganzheit unseres Seins nicht fassen. Als Individuen umfassen wir aber Seiten, die sich in logischer Betrachtung ausschließen, wir sind etwas und auch das Gegenteil. Wir sind großherzig und kleinlich, wir haben klare Ansichten und werfen sie über den Haufen, wenn sie im Einzelfall unseren anderen Interessen zuwiderlaufen, Gefühle der Liebe können in Hass umschlagen und beides tragen wir in uns, wir sind innerlich bewegt und zugleich ganz still. So sind wir als Menschen, und das Problem ist nicht diese Tatsache, sondern dass wir oft meinen, „eindeutig" sein zu müssen. Was uns als „Widersprüchlichkeit" erscheinen mag, ist eine theoretische Angelegenheit und das Resultat der Funktionsweise unseres Verstandes. Ganzheit ist ein besseres Wort, um unser Wesen zu umschreiben. Sie ist umfassend, und es scheint angemessen, zuerst diesen Umstand anzuerkennen, bevor wir in der einzelnen Situation die inneren Kräfte wirken lassen um zu spüren, was zu tun ist.

Auch auf der kollektiven Ebene der Menschheit zeigt sich vieles in vordergründiger Widersprüchlichkeit, an der wir uns vielleicht stoßen, aber wir kommen nicht darum herum, auch diesbezüglich die Ganzheit allen Seins anzuerkennen. Das Leben in dieser Welt ist ständige Bewegung, mit aller Reibung, die dazu gehört. Im steten Auf und Ab allen Geschehens sehen wir Brahman, den Schöpfer, und Shiva, den Zerstörer, wirken. Wie alles Geschehen der Natur durch Strukturen geprägt ist, so schaffen auch die Menschen Strukturen. Mit der Zeit verhärten sie sich und behindern eine weitere Entwicklung, und dann werden sie durch Ereignisse aufgebrochen, die oft als „Krise" verstanden werden. Da gab es den Aufbruch des „arabischen Frühlings", da sind Kriege im Gange und Flüchtlingsströme bringen die Strukturen anderer Länder an ihre Grenzen. Die Reaktionen darauf gehen in zwei Richtungen – die einen versuchen alles Geschehen, welches bestehende Strukturen aufweicht oder gar zu sprengen droht, durch noch mehr Strukturen zu verhindern, und andere sind bereit, Strukturen zugunsten einer neuen Realität zu verändern. Was immer die Absichten sind, das Geschehen der Welt wird die Dinge verändern – ob es uns passt oder nicht. Ob es zerstörerisches oder evolutionäres Geschehen genannt wird, ist dabei nur eine Frage des Standpunktes. Das Leben selbst aber ist einfach, und es kümmert sich nicht um Standpunkte.

Auch die Spiritualität ist nicht von Strukturen frei, und auch diese neigen dazu, sich zu verhärten. Religionen entstehen und verfestigen sich, und schließlich werden Auffassungen von mystischen Angelegenheiten zu Kriegsgründen, und ebenso zu Verhandlungsgegenständen. Ob und in welcher Form die eine Religion eine andere als „wahr", als „ebenfalls von gewissen wahren Inhalten", als „von wahrhaftigem Bemühen aber im Kern irregeleitet" oder als „völlig unwahr" bezeichnet, wird zum Gegenstand politischer Aktionen. Man spricht von Fortschritten, wenn man sich näher kommt, und neue Anerkennungen werden als große Ereignisse gefeiert. Und doch sind alles nur Auffassungen einer unbeschreibbaren spirituellen Dimension, und von da her gesehen wirken manche Diskussionen und Aktionen als Beschäftigung mit selbstgeschaffenen Auffassungen, die allesamt relativ sind.

In der Spiritualität des Ostens spielt die Einschätzung der „Welt" als äußerer Erscheinung eine nicht unbedeutende Rolle. Die Bandbreite geht dabei von „völlig unwirklich" bis zur „wahren Wirklichkeit" als Manifestation des einen Seins. Die Gründe dafür liegen im Betrachtungswinkel.

Wer die Welt als rein psychische Angelegenheit ansieht und ihr Wesen als reines Bewusstsein versteht, gibt ihr wenig Wirklichkeitscharakter. Dann liegt die Betonung auf der Formulierung, dass alle Erscheinungen leer und ohne Substanz sind. „Der tiefes Prajñāpāramitā praktizierende Avalokiteshvara sah klar, dass alle fünf Skandhas leer sind", heisst es zu Beginn des Herz-Sutra. Die Skandhas beschreiben die menschlichen Charakteristika (Körper, Gefühle, Wahrnehmung, Geist und Bewusstsein) und betreffen auch ihre Verbindung mit der Außenwelt durch die Sinnesorgane, die Gefühle, die Wahrnehmung, den Willen und das Bewusstsein. Mit Leere ist dabei die Unermesslichkeit gemeint, die allen Erscheinungen anhaftet, ja die sie sind. Unfassbar und zugleich manifest die sie Erscheinungen beides. In vielen Koan wird explizit darauf hingewiesen, dass das Wesen allen Seins, die „Buddhanatur" (im Herz-Sutra als Leere bezeichnet), in der Realität der Erscheinungen zu finden sei. Darauf verweisen etwa die Koan „Masagin" und „Kanshiketsu" in der Sammlung Mumonkan. Sie sind beide sehr kurz und lauten: „Ein Mönch fragte Tôzan: ‚Was ist Buddha?' Tôzan antwortete: ‚Masagin' (Drei Pfund Flachs)"[1] und „Ein Mönch fragte Unmon in allem Ernst: ‚Was ist Buddha?' Unmon sagte: ‚Kanshiketsu!' (Ein vertrockneter Kot-Spatel)."[2] Buddha – das Wesen – ist in allem zu finden, im Flachs und selbst in jenem Spatel, der im alten China verwendete wurde, um die Notdurft zu beseitigen.

Die Diskussion über die Auswirkung von spirituellen Erfahrungen auf die Welt hat im Westen neuen Auftrieb erhalten, indem auch hier einige Lehrende die Leerheit allen Seins betonen, während andere die Dynamik der Bewusstseinsentwicklung und ihre Folgen für die Welt fokussieren. Grundlage für beide Richtungen ist die Identität von Form und „Leere", wobei die einen mehr Gewicht auf den formlosen Urgrund legen und die anderen die Gestaltungswelt mehr betonen. Entsprechend wird auch der Begriff der in der Spiritualität gewonnenen Freiheit unterschiedlich interpretiert. Freiheit kann als Ausfluss der Leere erscheinen (im unendlichen Sein entsteht ein Gefühl von völliger Freiheit) oder als die Freiheit, entsprechend den inneren evolutionären Kräften zu handeln, die auf dem spirituellen Weg erfahren werden (Freiheit darf nicht von der Welt zurückgehalten werden.) Dazwischen liegt die Auffassung, Freiheit bedeute, mit der spontanen Existenz in Einklang zu sein.

Die Identität von Form und Urgrund entspricht jener von Bewegung und Stille. Unsere Welt und unser Leben sind reine Bewegung, und sie sind zugleich vollkommene Stille und Unbewegtheit. Was dem Verstand als widersprüchlich und damit nicht akzeptierbar erscheint, ist dem spirituellen Verständnis durchaus zugänglich. Wenn in der Leere alles aufgehoben ist und alles darin verschwindet – die Leere selbst ist nicht geboren worden und stirbt nicht, alles ist schon da und es gibt nichts zu tun – so sind wir in aller Erfahrung doch auch hier: „Ich bin". Es scheint, dass sich unsere Aufmerksamkeit in der „Einheitswirklichkeit von Form und Leere" vom einen Pol zum anderen verschieben kann, und je nachdem ist die eine oder andere Seite mehr im Vordergrund. Der Fokus kann also von „äußerer Welt" über „Ich bin" bis hin zum reinen Sein pendeln. Während der Erkenntnisweg im Allgemeinen von außen nach innen verläuft (wir werden immer mehr der Relativität aller Erscheinungen bewusst), geht die Wirkung von Erkenntnis in die umgekehrte Richtung (der erkannte freie und unpersönliche Geist wirkt in der Welt).

Die ganze Entwicklung mag dabei einem evolutionären Wunsch oder Druck nach mehr Bewusstsein entspringen. Wir machen unsere Entwicklung ja nicht selbst, sondern sie geschieht uns vielmehr, und insofern sind wir Ausdruck einer schöpferischen Expansion. Nach Auffassung des bereits erwähnten Andrew Cohen gibt es die spirituelle Aspiration des Universums, etwas entstehen zu lassen.

Während die Kreationen der Menschen bisher von ihrem „Ich" gesteuert waren, seien die spirituellen Kräfte nun selbst zunehmend wirksam. Sich damit in Einklang zu setzen sei eine Voraussetzung für eine Neugestaltung der Welt, und da es sich hier um eine kollektive Angelegenheit handelt, bedarf es auch vieler Menschen – also eines neuen kollektiven Bewusstseins – um diese Haltung wirksam werden zu lassen.

Thomas Hübl (* 1971) verfolgt einen ähnlichen Ansatz.[3] Er setzt zwischen die traditionelle Weltauffassung und die reine Präsenz als Ausdruck des ungeformten Hintergrundes den Begriff der „Wahrnehmungskompetenz", die im Wachsen sei. Das Durchschimmernde werde offensichtlich, und es ginge darum, „zwischen die Dinge zu lauschen". In der Zeitlosigkeit reinen Seins werde die Zukunft sichtbar, und auch die Mystik werde sich weiterentwickeln. In der Meditation gehe es nicht nur um die Stille, sondern auch um das Erkennen jener Kraft, die uns in Bewegung hält. Nach Hübl heißt Erwachen nicht, dass man sich von der Welt zurückziehen müsse, sondern dass Impulse aus der Leere gestaltet werden sollen – jeder Gedanke, jedes Gefühl, jeder Impuls. Es gehe darum, die Prinzipien der Inkarnation zu studieren: Wie kommt etwas in die Welt, wie entwickelt es sich, und wie geht es wieder zurück? Er fragt, wie mit Spiritualität eine wachere Gesellschaft entstehen könne, und wünscht, dass wache Menschen Beiträge dazu leisten. Wir müssten ein globales Bewusstsein entwickeln, um mit den globalen Problemen umgehen zu können, aber der Übergang sei schwierig. Dazu brauche es Menschen, welche intellektuelle Grenzen durchbrechen können, eine Empfindung für die Zukunft haben und eine „neuere Version von uns" verwirklichen. Alles, was in Systemen Identität und Grenzen schafft, könne mit einem umfassenderen Bewusstsein durchbrochen werden. Künftige Politiker sollten eine Stimme der evolutionären Kraft sein, und in einem „Wir-Raum" sollte das Potential aller entwickelt und genutzt werden.

Das spirituelle Thema hinter derartigen Überlegungen zielt auf die Frage nach der Existenz eines freien Willens. Haben wir die Freiheit, eine neue Welt zu schaffen – oder gestaltet sich die Welt vielmehr selbst, und wir sind nur Zuschauer und Instrumente dazu? Unser gutes Bemühen sei dabei nicht in Abrede gestellt, aber es besteht die Frage, ob „wir" dieses haben, oder ob vielmehr dieses uns „hat". Die Antwort hinsichtlich der eigenen Wirkungsmöglichkeiten ergibt sich wiederum als Folge des eigenen Standpunktes: In der Welt der Formen erscheinen uns die eigenen Handlungen als Ausfluss eines freien Willens, während sie sich aus Sicht der Leere und auch aus dem Blickwinkel der Abhängigkeit aller Erscheinungen voneinander als reines Geschehen charakterisieren. Ist Form gleich Leere und Leere gleich Form, d.h. sind Erscheinungen zugleich das Unermessliche und umgekehrt, dann ist auch der „freie Wille" gleich einem reinen Geschehen, in das wir eingebunden sind, und dieses erscheint wiederum als „wesensmäßig leer". Mit dieser Paradoxie haben wir zu leben – wir sind und wir sind nicht; wir wirken und wir wirken nicht; es gibt einen freien Willen und es gibt ihn nicht. Beides steht nebeneinander, und beides ist wahr.

Auf dem spirituellen Weg braucht es die Offenheit, allem zu begegnen; die Bereitschaft zum Wandel; ein Verständnis für den unpersönlichen Charakter unseres Seins, und den Mut, sich auf unser tiefes Sein einzulassen – sei es im Erkennen oder im Handeln. Und zugleich ist einfach alles, wie es ist – mehr geht nicht. Im reinen Dasein ist Freiheit, die sich spontan äußern mag, und wir fühlen das Unergründliche, das in und zugleich jenseits jeder Form und Vorstellung ist, auch derjenigen der Freiheit. Alles kehrt in die Stille zurück, und da ist niemand, der Freiheit braucht. Da ist Nichts, und selbst damit ist zu viel gesagt.

Am Ende unserer Reise stehen wir schweigend vor dem Mysterium, das wir selber sind.

---

[1] Mumonkan Fall 18, Kösel Verlag München 1989, S. 110
[2] Mumonkan Fall 21, Kösel Verlag München 1989, S. 123
[3] Die folgenden Ausführungen sind seinen zahlreichen auf youtube veröffentlichten Videos entnommen.

Teil IV

Es gibt nichts zu tun

Wir gehen den langen Zen-Weg oder vielleicht einen anderen spirituellen Weg –, nur um festzustellen, dass es nie einen Weg gab. Immer schon waren wir angekommen, nichts ist in diesem Leben zu ergänzen, und alles hatte schon immer seine Tiefe und Weite, ob wir es nun sahen oder nicht. So wie es getrennt vom Wasser kein Eis gibt, so ist nichts „vom Seienden" getrennt, wie es in Hakuins „Lied auf Zazen" heißt. Alles ist dieses eine Sein – ob wir uns darüber bewusst sind oder nicht. Alles ist dieses eine Leben des Universums. Um das Ganze zu sehen, brauchen wir die Wahrnehmung der einzelnen Erscheinungen aber nicht zu vermeiden. Wie der japanische Zen-Meister Sokei an (1882-1945) schreibt, ist es „nicht nötig, die Wellen des Ozeans wegzufegen, um den Ozean zu sehen. Ihr braucht bloß zu schauen – beobachtet die Wellen und seht den Ozean!"[1] Jede Welle ist der Ozean, jeder Mensch ist ein Ausdruck des Ganzen, all unser Tun ist dieses eine große Leben. Nichts kann dazugelegt werden, nichts kann weggenommen werden – was wollen wir noch mehr?

Wir sind uns aber nicht gewohnt, das Ganze zu sehen, vielmehr verlieren wir uns oft in Details und in den Einzelheiten, die wir als vom Ganzen getrennt wahrnehmen. So sehen wir auch nicht das Seiende, den Urgrund in seiner Fülle, der sich überall findet. Sattdessen werten wir, unterscheiden, lehnen ab. Und dann machen wir uns auf den Weg und suchen den Geist. Wir haben ein Gottesbild oder ein Bild, wie die Dinge zu sein haben, und anschließend versuchen wir, die Welt unseren Vorstellung anzupassen – sei es im Kleinen in der Familie, oder im Großen, wie es manche Politiker tun, die sich auserwählt fühlen, „die Welt zu retten".

Vielleicht müssen wir nicht die Welt verändern, sondern vielmehr unsere Einstellung der Welt und dem Leben und uns selbst gegenüber. Gefangen in einer rein äußeren Weltbetrachtung fehlt der Blick in die Tiefendimension allen Seins. Diese Dimension müssen wir aber nicht herstellen – da gibt es nichts zu tun. Sie ist immer da, sie begleitet uns stetig, ja wir sind sie selbst. Wir müssen nur die Augen öffnen, um sie zu sehen, und dies wird unser Leben verändern, weil sich die Akzente und Schwergewichte verschieben. Das reine Sein wird wichtiger, während die Formen an Bedeutung verlieren. Es ist wunderbar zu sehen, dass es nichts zu tun gibt, dass alle Welt schon geschaffen ist. Und dennoch werden wir Apfelbäume pflanzen, Rüben ernten, den Hof wischen. Und einige werden ein Land regieren, Finanzen regeln, Visionen für die Wirtschaft umsetzen. Und darin liegt kein Widerspruch. Die Wellen wogen auf dem Ozean, während sie immer schon Ozean sind. Jede Form ist reines Sein, und dafür gibt es nichts zu tun.

---

[1] vergl. Shigetsu Sasaki Sokei-an, der 6. Patriarch kommt nach Manhattan, Theseus Verlag Küsnacht 1988, S. 62 und 143

Weder Sein noch Nicht-Sein

„Nur wenn wir überhaupt nichts tun, füllen wir damit das ganze Universum aus"[1], sagt Kodo Sawaki, der im vorangehenden Kapitel erwähnte japanische Zen-Meister des letzten Jahrhunderts. „Dein Körper und deine Kraft sind begrenzt. Beim Buddhaweg geht es darum, über deine Grenzen hinauszugehen und dich dem Grenzenlosen hinzugeben."[2] Dafür steht für ihn die Praxis des Zen: Zazen. „Bei der Praxis des Zen geht es nicht darum, etwas zu erreichen. Deine tägliche Praxis muss Ausdruck von Ziellosigkeit, Hingabe und Loslassen sein. Von Anfang an spielt es überhaupt keine Rolle, ob es etwas bringt oder nicht." Zen bedeutet loslassen – Eintauchen ins Nichts. „Nichts übertrifft das, was gut für nichts ist. Nur das, was gut für nichts ist, ist absolut,"[3] sagt Sawaki.

Es braucht schon einigen Mut, sich auf das „Nichts" einzulassen. „Nichts" ist die Negation von jeder Form, es ist nicht etwas. Im Englischen wird dies noch etwas deutlicher: „no-thing". Kein Ding. Das Grundlegende des Menschseins ist kein Ding, nicht „etwas", es hat keine Form, ist nicht charakterisierbar. Im Buddhismus und speziell im Zen wird es oft als „Leere" bezeichnet. Von dieser Begrifflichkeit war schon die Rede: leer ist eigentlich nur ein Wort für die oben genannte fehlende Fassbarkeit. Alles, was Form hat, ist beschränkt, und es ist deshalb nicht das Umfassende. Sich auf das „Nichts" einzulassen heißt, sich radikal auf die Negation aller Form einzulassen. Da ist nichts, was gefasst werden kann, und man tut gut daran, sich auch nicht etwas „Allumfassendes" vorzustellen. Das wäre ja wieder nur die Summe aller Formen. Es geht aber um etwas prinzipiell anderes. Man muss sich fallen lassen in einen Raum, wo nichts ist. Weil dies die übliche menschliche Erfahrungswelt übersteigt, ist es sehr schwer, sich darauf einzulassen. Wer es tut, macht aber eine überraschende Feststellung:

Dieses „Nichts" übersteigt alle Vorstellungen. „Nicht zu sein" ist etwas radikal Neues. Man kann nicht einmal sagen, dass es eine Erfahrung oder ein Gefühl ist. Man kann aber auch nicht sagen, dass das „Nichts" nichts wäre. „Die Edlen stehen über Sein und Nicht-Sein" heißt es im Lankavatara-Sutra. Beides hängt ursächlich miteinander zusammen – ja letztlich ist beides eins. So wie jede Form eine gegenteilige voraussetzt („heiß" gibt es nur in Bezug auf den Gegensatz „kalt"; ein Berg besteht nur in Bezug zu einem Tal und umkehrt), so setzen auch alle Erscheinungen insgesamt ein Gegenteiliges voraus. „Wenn Existenz zur Auswirkung kommt, gibt es Nichtexistenz; kommt Nichtexistenz zur Auswirkung, gibt es Existenz", heißt es dazu im Lankavatara Sutra.

Sein kann also nicht ohne Nicht-Sein sein, und letztlich sind sie eines. Das Nicht-Sein gibt dem Sein seine Tiefe und seine Existenz. So gesehen ist das Nicht-Sein die unendliche Weite, die aller Existenz innewohnt, ja die sie letztlich ist. Existenz ist tiefe mystische Präsenz, und die alten Kulturen wussten darum. Ein alter Weiser aus dem Gagudju-Volk im Nordosten Australiens, Bill Neidjie, schrieb es so: „We walk on earth, we look after, like rainbow sitting on top. But something underneath, under the ground. We don't know. You don't know."[4] Die Welt ist für die australischen Aborigines ein „dreaming place", und ihre Pfade über der Erde waren real und spirituell zugleich. Im Laufe der weiteren Entwicklung des menschlichen Bewusstseins haben sich das Fassbare und das Unergründliche aber getrennt; die Erforschung der Außenwelt und die Ergründung der Innenwelt sind verschiedene Wege gegangen. Im Rahmen der Naturwissenschaften wurde die äußere Dimension der Welt und des Menschen erforscht, aber dies war nur unter Verzicht auf die Tiefendimension möglich. Solange die Plätze „sacred places" und die lebenden Wesen von ebensolcher Qualität sind, kann man damit nicht nach Belieben umgehen. Diese Abspaltung war wohl notwendig, damit das mentale Bewusstsein entwickelt werden konnte. Und auch die Ergründung der Innenwelt ist ihre eigenen Wege gegangen: Hinter den Klostermauern vertieften sich die Mönche und Nonnen in die Belange des inneren Seins und ergründeten den Menschen und die Welt von innen her. Hier wurde man sich der Hintergründe aller Erscheinungen bewusst und gab ihnen Gestalt – sehr eindrücklich im Hinduismus und im Buddhismus Indiens zu sehen. Wie in den Naturwissenschaften entwickelte sich auch hier das Bewusstsein, aber im Innern ist ein anderes Licht als dasjenige, welches die äußere Welt erhellt. So ging die Bewusstseinsentwicklung in Außen- und Innenwelt gewissermaßen getrennte Wege, und die Frage ist nun, ob und wie sich die beiden Formen des Bewusstseins wieder miteinander verbinden lassen. Kann wieder ein einheitliches Bewusstsein entstehen, welches die äußere Welt und die tiefe Innerlichkeit gleichermaßen umfasst? Könnten sich dadurch Probleme der Welt lösen, die infolge dieser Trennung entstanden sind? Vielleicht steht es jetzt an, eine neue Sicht der Einheit herzustellen; das ursprüngliche Einheitsbewusstsein auf höherer Ebene.

Die Kunst erscheint als eine Vorreiterin dieser Entwicklung. Gute Kunstwerke setzen beide Dimensionen in eins und geben dem Betrachter eine Ahnung der ursprünglichen und wieder zu gewinnenden Einheit. Bei Van Gogh verbinden sich die beiden Welten etwa in der flammenden Gestalt seiner Bäume und Wolkenstimmungen, Chagall entführt uns in eine Welt, wo die Gesetze der Gravitation aufgehoben sind und sich eine Dimension auftut, welche alle Erscheinungen durchwirkt, und Rothko malte Bilder, die dem Betrachter einen Durchblick ins Unermessliche ermöglichen. Jeder echte Künstler, ob Maler, Komponist, Musiker, Bildhauer, Dichter, Architekt oder Tänzer schafft seine Werke aus der umfassenden Weite jener Dimension heraus, welche im Buddhismus die „Leere" und im Christentum das Göttliche genannt wird. Dabei kommt es weniger auf die künstlerische Qualität der Werke an – die ganz unterschiedlich sein kann und auch im Bezug zur kulturellen Situation eines Volkes steht –, sondern vielmehr auf die Tatsache, dass sich im Werk die Einheit des Bewusstseins ausdrückte, das sich in zwei Formen entwickelte. Nur wenn im Werk auch das „Nicht-Sein" zum Ausdruck kommt, verbindet es Sein und Nicht-Sein, Form und Leere, Erscheinung und Tiefe. Da können wir in einer romanischen Kirche ebenso stehen wie in einem japanischen Tempel, da können wir Mozart hören wie indische Sitar-Musik, da können wir aus dem „Nicht-Sein" schöpfend den Text eines Briefes entstehen lassen oder einfach nur die Bewegung der Blätter in einem Baum betrachten und dabei um das Unergründliche allen Seins wissen. Bill Neidjie schrieb in seiner einfachen Sprache: „ I feel it with my body, with my blood. Feeling all these trees, all this country. When this wind blow you can feel it. Same for country, you feel it. You can look. But feeling... that make you."[5]

Das „Shodoka", der „Gesang vom Erkennen des Tao" von Yoka Daishi (665-713), handelt vom unbewegten Urgrund unseres Seins, der „Leere" und dem „Nicht-Sein" als Angelpunkt jeder Existenz. „Der leere Schein-Leib ist der wahre Dharma-Leib. Wenn der Dharma-Leib voll erwacht, ist nicht ein Ding"[6], heißt es da gleich zu Beginn. Der Schein-Leib ist jener, welcher körperlich und leer zugleich ist, und der Dharma-Leib erscheint als das reine Sein ohne Unterscheidungen. Während alle Erscheinungen kommen und gehen und auch unsere Gefühle nur wie „Blasen auf der Oberfläche des Meeres" sind, ist dieses Unfassbare ohne Konturen. „Erfahren wir die Wirklichkeit, gibt es weder Mensch noch Ding"[7]. Wir sind eingeladen, in jenen Bereich und zu jener Erfahrung vorzustoßen, der hier als „Nicht-Sein" beschrieben worden ist, in jenen Bereich, wo gänzliche Stille herrscht und kein Mensch und kein Ding ist. Dazu hilft im Zen die Meditation. Weiter heißt es im Shodoka: „Wenn wir plötzlich zum Tathagata-Zen erwachen, sind die sechs Paramitas und alle guten Taten bereits vollendet in uns."[8] Die sechs Paramitas sind die Tugenden: Freigiebigkeit, Sittlichkeit, Geduld, Entschlossenheit, Meditation und Weisheit. All das ist vollendet, wenn wir das Unermessliche wahrnehmen. Die Paramitas sind die Grundlagen des Lebens, die im Erkennen des Seins verwirklicht sind – ein unverfälschtes Leben richtet sich nach diesen Tugenden. Und: „Im Traum sehen wir klar die sechs Wege; wenn wir erwachen, ist das ganze Universum leer." Erwachend erkennen wir die „Leere", die unfassbare Tiefendimension der äußeren Welt, ja des Universums. „Lass die vier Elemente los" (Erde, Wasser, Luft und Feuer; auch die vier Geisteszustände: fest, flüssig, erhitzend, bewegend), muntert uns Shodoka auf, „iss und trink nach Belieben in vollkommener Klarheit" (dem wahren Wesen entsprechend), „alle Dinge sind vergänglich und leer – das ist die große vollkommene Erleuchtung des Tathagata."[9] Der Tathagata (Buddha und zugleich das kosmische Prinzip) wird in der Vergänglichkeit aller Dinge sichtbar. Sie haben keinen Bestand, und genau darin zeigt sich das Unermessliche. „Die Menschen kennen nicht den Juwel, tief in der Schatzkammer des Tathagata verborgen", steht im anschließenden Vers. „Sein wunderbares Wirken in den sechs Sinnen ist leer und nicht-leer. Sein vollkommenes Licht ist Form und Nicht-Form."

Wie viele andere Texte vergleicht auch das Shodoka das Wesen der Welt mit dem Mond, der sich im Wasser spiegelt. „Bilder in einem Spiegel zu sehen, ist nicht schwer. Aber wer kann den Mond im Wasser fassen?"[10] Das Erkennen ist nach Yoka Daishi „wie der Mond, leuchtend in kristallener Schale. Nun erkenne ich den Wunsch-erfüllenden Juwel, der mir und allen zur unerschöpflichen Wohltat wird." „Diese Form ist weder leer noch nicht-leer, und dies ist die wahre Gestalt des Tathagata", schreibt Daishi weiter. Was mit „Tathagata" bezeichnet wird – das letzte Prinzip – ist weder leer noch nicht leer. Da sind wir an einem springenden Punkt. Während sich die meisten Menschen in der Welt der äußeren („nicht-leeren") Erscheinungen bewegen, mit der sie sich ausschließlich identifizieren, machen einige die spirituelle Erfahrung der Leere. Wer beide Ebenen gleichzeitig realisiert, sieht den Tathagata. Diese „Zusammenschau" – oder besser: Realisierung der Einheit – ist aber auch nach einer Erfahrung der Leere nicht einfach. Man neigt zunächst dazu, zwischen diesen beiden Erfahrungsebenen hin und her zu pendeln. Einmal bewegt man sich wie bisher in der außen wahrgenommenen Welt, und einmal fühlt man sich leer und formlos als reines Sein. Schließlich bildet sich aber ein Zustand von Gewahrsein, wenngleich Form und Formloses darin weiterhin unterschieden werden. Auch das muss noch überwunden werden. Dann wächst eine Verfassung reinen „Nicht-Wissens", worin „Sein" und „Nicht-Sein" zusammenfallen. Daishi schreibt dazu: „Ist beides, Sein und Nicht-Sein zur Seite gelegt, ist selbst die Nicht-Leere leer". Wenn Sein und Nicht-Sein beide zur Seite gelegt werden, kommen wir zu uns selbst. Erst jenseits des Dualismus, denn jede verwendete Begrifflichkeit hat ein Gegenstück zur Folge, kann Einheit sein – nicht eine „zusammengesetzte", sondern die tatsächliche ursprüngliche Einheit allen Seins. Es ist die Einheit vor jeder Zweiheit, die Urnatur vor jeder Unterscheidung, vor jedem „Wählen" (vergl. das früher erwähnte Shinjinmei). Vor jeder Unterscheidung besteht weder Sein noch Nicht-Sein und damit ein Zustand jenseits von Sein und Nicht-Sein. Zugleich ist es ein Zustand jenseits der Zeit, in dem Sein–Nicht-Sein liegt. Wie es im Shodoka heißt, ist dort selbst „die Nicht-Leere leer", wobei dieses zweite „leer" reines Sein ist, alle Form-Leere transzendierend. Das ist unsere Natur. Weil wir dieses Eine schon sind, können wir es auch nicht erlangen. Und überall ist es da. „Ein Mond spiegelt sich in allen Wassern; alle Wasser-Monde haben den einen Mond. Der Dharma-Leib aller Erleuchteten ist in meiner Natur; meine Natur ist eins mit dem Tathagata"[11], sagt Yoga Daishi. Diese wesentliche Schlussfolgerung des Shodoka geht uns alle an.

Der Weg zu solcher Erfahrung ist für die meisten Menschen steinig, und zur Unterstützung hatte Hakuin Zenji eine „Pille zum Erkennen der Eigen-Natur und zum Buddhawerden"[12] im Angebot, die er gratis abzugeben gewillt war: „Meine Pille zum Buddhawerden kostet auch nicht einen einzigen Sen, wollt ihr nicht mein Mittel nehmen?" Gratis ist sie, weil jeder Mensch sie schon in seiner Tasche trägt. Die Weisheit ist überall, nur – warum sehen wir sie nicht? Heutzutage müsste der Pille ein Beipackzettel hinzugefügt werden: „Dies ist ein Arzneimittel – lassen Sie sich von einer Fachperson beraten und lesen Sie die Packungsbeilage". In der Packungsbeilage steht das Kleingedruckte des Zen-Weges. Und da müsste stehen, dass der Ausgang der Behandlung ungewiss ist wie bei einer Krankenbehandlung oder einer Operation. Wozu aber ein Heilmittel – sind wir krank? Die drei buddhistischen Geistesgifte (Gier, Hass und Verblendung) könnte man heute übersetzen mit übermäßiger Identifikation mit dem Materiellen, unkontrollierten Gefühlen und fehlendem Wissen über das Wesen unseres Seins. Das sind die wesentlichen Hindernisse der Erkenntnis. Auf dem Weg zur größeren Persönlichkeit gibt es schließlich weitere Krankheiten – der alte Zen-Meister Yunmen (jap. Unmon, 864-949) nannte vier davon: keine Erkenntnis zu haben, nur über eine kleine Erfahrung zu verfügen, in der Leere hängen zu bleiben sowie zu meinen, man habe „es". Die von Yunmen genannte Krankheit, in der Leere hängen zu bleiben, bezeichnet dabei das Risiko, auf halbem Wege stehen zu bleiben. Wer über innere Erfahrungen verfügt und dort „hängen bleibt", bewegt sich in einer spirituellen Dimension ohne Bodenkontakt und wirkt deshalb „blutleer". Die Welt und andere Menschen sind ihm von geringerer Bedeutung, und umgekehrt können ihn andere Menschen nicht gut spüren, weil seine äußere Erscheinungsweise wenig ausgeprägt ist. Und zu meinen, man habe „es" wird der Unergründlichkeit und Unbeschreiblichkeit des Seinsgrundes und damit unseres Wesens nicht gerecht – ES ist nicht zu fassen! Die Zen-Pille von Hakuin soll all diese Krankheiten heilen. Und unter dem Titel Risiken und Nebenwirkungen wäre auf dem Beipackzettel im Weiteren zu vermerken: „Die Anwendung des Heilmittels erfordert Mut, kann zeitweilig die allgemeine Befindlichkeit beeinträchtigen und die Beziehungen verändern." Es braucht Mut, sich der Erfahrung des „Nicht-Ich" auszusetzen und sich der unermesslichen Weite des Seins anzunähern. Und das hat Auswirkungen auf uns selbst und damit auch auf unsere soziale Umgebung. Wir werden möglicherweise stiller und zentrierter, tiefer und weiter, und das mag für andere Menschen ungewohnt sein. Wer sich ausschließlich in der Außenwelt bewegt, kann dies als Belastung der Beziehung empfinden. In der ständigen Auseinandersetzung mit äußeren Lebensgegebenheiten befindet er sich aber auch in einer Art Überlebensmodus, nicht in einem wirklichen Leben, und da kann etwas Verunsicherung durchaus helfen. Nach Yunmen ist das ganze Universum Medizin für die Krankheiten.[13] Wir leben in der einen Welt – tief und unergründlich – jeden Tag, mit jedem Schritt.

[1] Kodo Sawaki, Zen ist die grösste Lüge aller Zeiten, Angkor Verlag Frankfurt 2005, S. 112
[2] ebd., S. 63
[3] ebd., S. 119
[4] Bill Neidjie, Gagudju Man, Gecko Books Australia, 2009, S. 34
[5] ebd., S. 39
[6] Shodoka, Vers 2, zitiert nach www.ohofzendo.de; vergl. auch Shodoka, kommentiert von Deshimaru Roshi. Werner Kristkeitz Verlag 226, S. 14ff.
[7] ebd., Vers 4
[8] ebd., Vers 5
[9] ebd., Vers 8
[10] ebd., Vers 11
[11] ebd., Vers 36
[12] Katsuaki Tanahashi, Der Zen-Meister Hakuin Ekaku, DuMont Verlag Köln, S. 151ff.
[13] Hekiganroku Fall 87, Yamada Roshi, Hekiganroku, Kösel Verlag München 2002, Bd. 2, S. 321

Stille. Nicht-Wissen

Stille.
Was gibt es schon darüber zu schreiben?
Stille ist Stille.

Wirkliche Stille ist jene Stille, die immer ist - auch wenn Klänge in der Luft liegen, wenn Bewegung ist. Sie ist der unermessliche Raum, der sich auftut, wenn wir innerlich ruhig werden. Wir können Auto fahren, wir können reden, und dennoch ist es absolut still. In all unserem Tun bewegt sich nichts. Da ist reines Dasein, Nicht-Sein im Sein und das jenseits von beidem, ein Zustand, der alles einschließt und zugleich jenseits von allem ist. Alle Widersprüche sind darin aufgehoben. Jenseits meint: Es ist weder das, noch ist es nicht das. Die Sprache reicht nicht aus, um Stille zu beschreiben – man muss sie fühlen, in allem und hinter allem und ohne alles und ohne hinter-allem. Sie transzendiert alles was wir kennen, und gerade darin ist sie alles was ist.

Die Stille zu hören und zu fühlen, das üben wir in der Meditation. Für einmal abstrahieren wir von allen äußeren Umtrieben; wir legen uns still, in der Körperhaltung und, soweit es geht, auch im Geist. Zazen ist alles, sagen die Sôtô-Mönche und Meister, es braucht nichts sonst. Wenn wir es so verstehen, dann ist Zazen auch in aller Aktivität, in jeder Bewegung des Alltags – nicht nur in jedem Atemzug während der Meditation. Sich für eine Weile still niederzusetzen macht Sinn, vor allem für den Ungeübten, aber es ist auch notwendig, die Stille in der Bewegung zu erfahren. Die Schwierigkeit ist nicht, dass die Stille nicht immer da wäre; sie liegt vielmehr darin, dass wir nicht gewohnt sind, darauf zu achten. Es ist wie mit den Kleidern – weil wir seit früher Kindheit gewohnt sind, sie mit wenigen Ausnahmen immer zu tragen, wissen wir nicht mehr, wie es ohne sie ist, obwohl es die natürlichste Sache der Welt wäre. Unsere Kultur hat uns vieles beschert, ohne das wir kaum mehr sein können – einfach, weil wir es gewohnt sind. Im meiner Jugend gab es noch kein Fernsehen, in meiner Berufszeit keine mobilen Telefone und bis vor kurzem keine Smartphones mit dauernder Internetverbindung. Und nichts davon hat uns gefehlt. Und auch in unserem Verhalten finden sich Gewohnheiten, die wir selten reflektieren. So sind wir gewohnt, uns ständig mit etwas zu beschäftigen, bis hin zum verinnerlichten Motto: Wer nicht arbeitet, ist nichts. Solche Gewohnheiten können gar mit einem moralischen Unterton behaftet sein, etwa in dem Sinne, dass wer nicht arbeitet „Gott den Tag stiehlt". Und so beschäftigen wir uns wie wild, nur um die Leere und Stille nicht zu spüren, die unsere eigentliche Lebensgrundlage darstellt.

Im japanischen Zen finden wir Hinweise auf die Nützlichkeit des Tuns, die aber eine ganz andere Bedeutung haben. So wird von Meister Hyakujo berichtet, dass er sich im Alter von 80 Jahren immer noch täglich an der Feldarbeit beteiligte. Als die Mönche seines Klosters ihn mit Rücksicht auf seine Gesundheit davon abhalten wollten und deshalb seine Hacke versteckten, hörte er auf zu essen und erklärte: „Ein Tag ohne Arbeit ist ein Tag ohne Essen". Hier geht es nicht um eine Überbeschäftigung im Sinne des Multitasking, die zu Burn-out führt, sondern um ein gesundes Tätigsein als Lebensgrundlage.

In unserer Kultur entspricht der Weg zur Stille einer vollkommenen Umkehr. Das müsste nicht so sein. Eigentlich wäre es einfach: gelassen in dem zu sein, was ist. Aber das geht nicht an einem Arbeitsplatz mit Stress und „Druck von oben". Nicht an einem Ort, wo Gewinnmaximierung das oberste Ziel ist. Und alle machen mit – vom obersten Chef bis zum Handlanger, um sich Dinge erwerben zu können, die sie nicht brauchen. In der Schweiz haben sich in den letzten Jahren mehrere hoch positionierte Führungskräfte das Leben genommen – was jedes Mal viel Aufsehen erregte. Wenigstens diese sollten doch glücklich sein – „sie haben ja alles", ist die Haltung ihnen gegenüber. Aber offenbar stimmt etwas nicht, und die Führungskräfte sind auch in dieser Hinsicht Exponenten der gesellschaftlichen Entwicklung. Das Einzige, was ihnen fehlt, ist „sie selbst", ihr eigenes Leben. Aber das ist das Entscheidende. Die Selbstentfremdung hat alle Gesellschaftsschichten durchdrungen, und sie ist so stark (wir sind so daran gewöhnt), dass wir sie nicht mehr als wesensfremd wahrnehmen. Vielleicht muss es zu einer Krise kommen, damit wir etwas merken.

Die Gegenwart ist durch zwei Bewegungen geprägt, welche als Reaktionen gegen die Sinnentleerung verstanden werden können: durch den Fundamentalismus einerseits und durch das stille Erwachen vieler Menschen andererseits. Wer die U-Bahn-Stationen von London, Tokyo oder anderen Megacities in der Stosszeit kennt, weiß um die Selbstentfremdung und um die Verletzlichkeit unserer Kultur. Gegen diese Selbstentfremdung bäumt sich der religiöse Fundamentalismus auf, auch wenn die Rückkehr zu alten Werten nicht der Weg ist. Und umgekehrt vollzieht sich eine stille Revolution, die von der Gesellschaft noch gar nicht zur Kenntnis genommen wird: Während Menschen mit tieferer Sicht früher die große Ausnahme waren, entwickeln heute viele jüngere Menschen einen Sinn für das Eigentliche, und manche gewinnen ein tiefes Verständnis für das unfassbare Wesen unserer Welt. Gemeint ist damit nicht ein Sinn für gesellschaftspolitische Abläufe, sondern ein spiritueller Blick in eine ganz andere Dimension. Sie erkennen die Relativität aller äußeren Erscheinungen und nehmen das Hintergründige wahr, das Unfassbare in allem Sein. Das verändert ihre Einstellung dem Leben gegenüber radikal, wenngleich viele von ihnen in der Gesellschaft integriert bleiben. Im Stillen beginnen sie zu wirken und später vielleicht zu lehren. Ich denke, sie sind die Vorboten eines neuen Bewusstseins in einer neuen Zeit.

Die absolute Stille ist nicht beschreibbar und kann uns wie ein „Klang" des Unergründlichen vorkommen. Im Zen gibt es Hakuins berühmte Frage: „Was ist der Klang der einen Hand?"[1] – dies im Gegensatz zum Klang, der durch das Klatschen von zwei Händen entsteht. Die Stille lässt sich nicht als „etwas" erfahren, sie entspricht vielmehr der Aufhebung jeder Erfahrungsmöglichkeit. Mit den Möglichkeiten unserer Sprache lässt sie sich nur durch die Negation der Negation andeuten, die etwas anklingen lässt. Wahre Stille ist Stille, Nicht-Stille, sowohl Stille als auch Nicht-Stille und weder Stille noch Nicht-Stille. Es verhält sich damit wie mit dem Sein. Auch dieses umfasst Sein, Nicht-Sein, Sein und Nicht-Sein, sowie weder Sein noch nicht Sein. Alles in allem klingt da etwas an, das über alle Kriterien hinausgeht. Die Stille ist so unergründlich wie das Sein. Irgendwie ist sie auch dasselbe. Dasselbe wie auch die Welt. Alles ist dieses eine Unergründliche. In aller Bewegung ist alles auch still.

Die äußere und innere Stille ist das Tor zur wirklichen Stille, zum Unergründlichen, zum Unbeschreiblichen. Wir Menschen werden wohl nie wissen, was hinter dem Vorhang, vor den uns das Leben gestellt hat, wirklich ist. Wir können es nur erahnen und unser Leben soweit möglich bewusst darin verbringen, wie es die alten Mönche und Nonnen getan haben. Im Vergleich zur Erfahrung stiller Unergründlichkeit erscheinen die äußeren Dinge als relativ unwichtig, und dennoch leben wir in ihnen ganz und gar. Auch hier finden wir wieder das Sowohl-als-auch und das Weder-noch. Staunend stehen wir davor, und staunend stehen wir damit vor dem, was wir selber sind.

Das menschliche Pendant zum Unergründlichen ist unser „Nicht-Wissen". Gemeint ist damit nicht, „keine Ahnung zu haben", und auch nicht primär eine Haltung ohne vorgefasste Meinungen einzunehmen, welche also „nicht weiß", was kommen wird. Vielmehr geht es um ein vollkommenes Nicht-Verstehen dessen, was die Welt ist. Angesprochen ist hier unsere existenzielle Ebene, und nicht etwa ein fehlendes intellektuelles Verständnis. Wir können von den Zusammenhängen und Abläufen der Welt viele Detailkenntnisse haben, und doch wissen wir im Tiefsten nicht, was diese Welt ist, und was wir Menschen sind. Dazu bräuchte es einen archimedischen Punkt außerhalb des uns zugänglichen Bewusstseins. Immer sind wir aber in einem Weltverständnis gefangen, welches ein in sich geschlossenes System darstellt. Inhaltlich können wir dieses System nicht sprengen, aber wir können feststellen, dass es Grenzen hat, und dass sich dort etwas zeigt, was darüber hinaus weist. Was das aber ist, entzieht sich unserer Erkenntnismöglichkeit. Wir können also nur feststellen, dass da etwas ist, was unsere Bewusstseinsmöglichkeiten übersteigt. Dies ist ein Mysterium, und darauf bezieht sich unser „Nicht-Wissen". Nicht-Wissen heißt in diesem Zusammenhang, dass wir das Unermessliche nicht wissen können, und die einzige Form ihm zu begegnen, ist in Form eines tiefen Nicht-Wissens. Alle Erscheinungen dieser Welt sind von dieser Dimension geprägt, oder vielmehr: sie sind wesensmäßig diese Dimension. Während unser intellektuelles Wissen die Erscheinungen innerhalb unseres „geschlossenen Systems" erklärt und sie zueinander in Bezug setzt, betrifft das „Nicht-Wissen" die Tatsache der Erscheinungen selbst.

Das Gefühl tiefen Nicht-Wissens ist sehr speziell. Es kann sich in allem finden, was uns begegnet, denn alles ist von dieser unfassbaren Dimension. Um das spüren zu können, müssen wir wenigstens zeitweilig auf das vordergründige Fachwissen über die Welt verzichten und uns auf das Mysterium einlassen. Nicht-Wissen bedeutet, keinen Inhalt definieren zu können, und zugleich beinhaltet es die Ahnung dessen, was nicht gewusst werden kann. Vordergründig mag dies als Widerspruch erscheinen, tiefer gesehen sind Nicht-Wissen und Ahnung identisch. Die Ahnung „besteht aus Nicht-Wissen", könnte man sagen, oder anders herum: „Nicht-Wissen ist schon etwas", auch wenn nicht gewusst werden kann, was es ist. Nicht-zu-Wissen ist schon ein tiefes Wissen (was Sokrates mit seiner Aussage „ich weiß, dass ich nicht weiß" gemeint haben mag), und es ist viel mehr als nur „ich weiß es nicht". Tiefes Nicht-Wissen kann unsere Erfüllung bedeuten, und darin wird die ganze Welt einschließlich unserer selbst zum Mysterium.

Je tiefer unsere Erfahrungen reichen, desto unspezifischer werden sie. Stille, das Unergründliche des Seins und unser Nicht-Wissen verfließen ineinander. Es wird etwas erfahrbar, wofür Begriffe nicht mehr als eine unzulängliche Annäherung sein können. Allah hat 99 Namen, weil keiner (und auch diese neunundneunzig nicht) genügen kann, um das Unfassbare zu beschreiben. In der westlichen Kultur versucht das Trinitätsdogma dem Unbeschreiblichen näher zu kommen. Gott, die Menschwerdung Gottes und der Geist sind drei und eines zugleich. Man könnte auch sagen: Das Unfassbare für sich, die Manifestation des Unfassbaren in der Welt und die als spirituell erfahrene Dimension des Ganzen sind letztlich eins. Auch im Buddhismus gibt es eine Trinität – die „drei Kostbarkeiten" Buddha, Dharma und Sangha, die nicht nur äußerlich zu verstehen sind, sondern auf einer „absoluten Ebene" als Leere, Erscheinungswelt und Einheit von beidem.[2] Immer geht es darum, etwas Nicht-Fassbares, das zugleich Form hat, zu verstehen.

Wahres Nicht-Wissen weiß nicht vom eigenen Nicht-Wissen. Alles löst sich auf, selbst das Nicht-Wissen. Was bleibt ist das staunende Dasein in dieser unergründlichen Welt, eine ewige Stille in allem, welche die hier angestellten Erwägungen als ganz unzulängliches Stückwerk erscheinen lassen. Wie alle Versuche von Hinweisen auf das unfassbar-Eigentliche sind auch die hier geäußerten Gedanken nicht mehr als gut gemeinte Annäherungsversuche, die das Eigentliche allesamt nicht treffen. Im besten Falle sind sie wie ein Fingerzeig auf den Mond, oder die Spiegelung des Mondes im Wasser – und nie der Mond selbst. Spiegelung und Mond werden im Zen verwendet, um das Menschenwerk vom Eigentlichen zu unterscheiden. Zen-Meister

Gutei pflegte das „Ein-Finger-Zen": Auf alle Fragen nach Zen streckte er jeweils einfach einen Finger hoch. Als er zum Sterben kam, sagte er: „Ich habe dieses Ein-Finger-Zen von Tenryû empfangen. Mein ganzes Leben lang habe ich es benützt, aber nicht ausgeschöpft"[3].

Weil das Wesen der Welt unerschöpflich ist, konnte Gutei sein Einfinger-Zen nie ausschöpfen. Immer ist es da, und doch entzieht es sich jeder Beschreibung. Da ist es gut, die Stille ihren Raum einnehmen zu lassen, jenen Raum, der ihr stets eigen ist, ob wir uns darum kümmern oder nicht. Stille ist immer da. So wie das Leben immer da ist. Als Lebewesen können wir das Leben gar nicht verlieren, denn das sind wir. Warum also suchen wir das „wahre Leben" und meinen, dass es mit bestimmten Umständen zu tun hat? Mit der Stille verhält es sich ebenso. Wir nehmen sie immer mit, wohin wir auch gehen. Sie ist dabei nicht nur unser Begleiter, sie ist der Boden, auf dem das Leben wächst. So wie es ohne Erde keine Bäume geben kann, so ist ohne Stille kein Leben möglich.

Stille ist jetzt.

---

[1] vergl. etwa Ursula Gräfe, Blauer Berg und weisse Wolke, Insel Verlag Berlin 2015, S. 14

[2] vergl. Yamada Kôun Roshi, Hekiganroku, Kösel Verlag München, 2002, Bd. 2, S. 251 ff.

[3] Mumonkan, Fall 3, Yamada Roshi, Mumonkan, Kösel Verlag München 1989, S. 41

Bodhisattva des Mitgefühls

Unser Dasein ist in tiefer Stille verwurzelt. Wir erfahren darin die unermessliche Weite des Seins, die wir selber sind. Und zugleich sind wir Mensch in der Welt aller äußeren Erscheinungen. In unserem tiefen Wesen – im „Selbst", in der erfüllten Leere und Stille – da sind wir mit allem eins. Und darin liegt auch das wahre Mitgefühl mit anderen Menschen und allen Lebewesen begründet. Wahres Mitgefühl folgt nicht einem Bemühen, sondern entsteht in innerer Resonanz.

Im Buddhismus findet das Mitgefühl in der Gestalt des 1000-armigen Bodhisattva Avalokiteshvara Ausdruck, der alles Leid der Erde wahrnimmt und im entsprechenden Handeln heilenden Einfluss auf die Welt ausübt. Als „transzendenter" (nicht menschlicher) Bodhisattva verkörpert er ein archetypisches Prinzip. Wie Buddha meditiert Avalokiteshvara über das Leiden der Welt, ist voller Mitgefühl und hilft, wo er kann. Von ihm ist im Herz-Sutra die Rede, das mit den Worten beginnt: „Der tiefes Prajñāpāramitā (Weisheit, Tugend) praktizierende Avalokiteshvara sah klar, dass alle fünf Skandhas leer sind und jegliches Leid und jeglichen Schmerz verwandeln". In der Wahrnehmung der formlosen Tiefendimension allen Seins erfährt er Erlösung. In Japan erscheint Avalokiteshvara in weiblicher Gestalt als Kanzeon (Hören des Klangs der Erde) oder verkürzt als Kannon (Hören des Klangs). Das Kanzeon-Sutra, ein kurzer Text, der in vielen japanischen Tempeln und auch in manchen westlichen Zen-Zentren regelmäßig rezitiert wird, würdigt das Mitgefühl. Kannon verkörpert in besonderer Weise das allgemeine Bodhisattva-Ideal, sich zum Wohle alle Lebewesen einzusetzen.

Diese symbolische Gestalt zeigt sich uns als innere Kraft, wenn wir für die Tiefe unseres Seins offen geworden sind. Je mehr wir darin verankert sind, desto leichter schwingen wir im Mitgefühl, indem wir die Welt als ein energetisches Feld wahrnehmen, an dem wir Anteil haben. Jeder Mensch, aber auch jede Familie, jedes Haus, jede Ortschaft und jedes Land hat seine eigene Schwingung. Alles ist miteinander verwoben und letztlich eins. Kraft dieser Einheit schwingen wir mit allen Feldern mit, die wir nicht nur als Bilder wahrnehmen, sondern auch emotional erfahren. Wir fühlen das Leiden anderer Menschen in uns selbst, wir fühlen die tragische Schwingung eines vom Krieg geprägten Landes, wir nehmen die Spannungen in einer Ortschaft wahr – wir fühlen aber auch die Kraft der unberührten Berge, wir nehmen den tiefen Frieden einer Landschaft wahr, wir erkennen die innere Offenheit eines Menschen, dem wir begegnen.

Der frühere Vergleich von den Bildern des Lebens, die sich auf der unbewegten Leinwand des reinen Seins zeigen, kann um die emotionale Ebene erweitert werden: auch dadurch nehmen wir die Welt wahr. Die Emotionen kommen und gehen dabei ebenso wie die Bilder in unserem Lebensfilm. Jedes Ereignis ist im Grunde Bild und Emotion zugleich. Der Bodhisattva des Mitgefühls kann so als Verkörperung der „Emotionen der Welt" verstanden werden. Individuell sind es unsere Emotionen, die als Reaktion auf die Felder erscheinen, in welchen wir uns gerade befinden. Je weniger wir dabei von eigenen Problemstellungen belastet sind, desto genauer können wir die Schwingungen des jeweiligen Feldes der Umwelt wahrnehmen. Es ist wie mit einem Geigenkasten, der nur dann mit den Schwingungen der Saiten in gute Resonanz kommt, wenn sein Holz gut verarbeitet ist und darin auch keine Insekten herumfliegen. Die Behandlung und Klärung eigener emotionaler Angelegenheiten ist deshalb wichtig. Erst danach stellen unsere Gefühle und Empfindungen ein Abbild des Feldes dar und werden so zum unverfälschten Mitgefühl; erst so fühlen wir mit anderen Menschen wirklich mit. Wir verfügen über ein emotionales Instrumentarium zur Wahrnehmung der Welt, das wir nicht ungenutzt lassen sollten. Dabei ist die unbelastete Teilhabe am emotionalen Feld um uns her bereits Mitgefühl. Dafür brauchen wir gar nichts zu tun. Es geschieht einfach, und unsere Handlungen ergeben sich daraus ebenso ungezwungen, wie diejenigen der 1000 Arme und Hände des Avalokiteshvara.

Spirituelles Wachsein beinhaltet nicht nur die dauerhafte Verankerung im raum- und zeitlosen Urgrund, sondern ebenso die Verbindung mit allen Erscheinungen um uns her. In der Resonanz zu allem Geschehen erfahren wir uns als von der Welt ungetrennt, ja als dieses umfassende Geschehen selbst. Es gibt Orgelwerke Bach's, in denen sich diese Doppelnatur schön zeigt: Über lange Passagen hält sich ein tiefer Grundton – eine „Urschwingung" gewissermaßen, welche mit dem ewigen leeren Sein verglichen werden kann –, und darüber entwickeln sich Melodien und Akkorde. In dieser Weise sind wir Urgrund und Lebensgestalt gleichzeitig – Leere und Form, wie es im Herz-Sutra heißt; Unermesslichkeit und Lebensmelodie. Diese Lebensmelodie enthält unsere Emotionen, nicht nur die alltäglichen, sondern besonders auch diejenigen des Mitgefühls, die unverfälschten Reaktionen auf das jeweilige Feld. Begegnen wir anderen Menschen in dieser Weise, dann fühlen sie, dass wir mitschwingen, dass wir bei ihnen sind in wahrer Resonanz, und nicht aus sozialer Verpflichtung oder anderen äußeren Gründen. Die Welt beginnt als Einheit zu schwingen, und das ist für alle Beteiligten wunderbar. Die innerlich freie Wahrnehmung anderer Menschen ist auch die Grundlage von Beziehung und die Basis uneigennütziger Liebe. In der mitfühlenden zwischenmenschlichen Beziehung ist es dabei allerdings wichtig, sich nicht im anderen zu verlieren, sondern stets mit dem Urgrund und der eigenen Schwingung verbunden zu bleiben. Wir dürfen also auch jenen Menschen nicht vergessen, der wir selber sind: auch er verdient alles Mitgefühl. Liebe wiederum umfasst mehr als die zwischenmenschliche Beziehung. Als Qualität unseres Seins weist sie über das Persönliche weit hinaus, ist sie doch auf alle Menschen und die Welt schlechthin ausgerichtet. Ohne Unterscheidung und Beurteilung nach eigenen Bedürfnissen gründet das liebende Mitgefühl für die einzelnen Menschen in der Verbindung mit allem. Die Liebe zur Welt und diejenige zum einzelnen Menschen sind da eins. Manche weise Menschen zeigen in diesem Sinne universelle Liebe, und sie werden damit für andere zum Spiegel ihres eigenen Wesens und ihrer Möglichkeiten.

Um innerlich frei zu sein, braucht es innere Stärke. Freiheit verträgt sich nicht mit Abhängigkeit, und wahre Beziehungen sind keine abhängigen Beziehungen. Wo es an innerer Stärke mangelt, finden sich Meinungen, steife Ansichten, Rechthabereien und enge Glaubensinhalte. Besteht wenig strukturelle Ich-Stärke, muss das Ich mit Inhalten gefüllt werden, um sich stabilisieren zu können. Das gilt vermutlich auch kollektivpsychisch: Gesellschaften mit schwachen Ich-Strukturen brauchen starke Glaubensinhalte. Bewusstseinsentwicklung und Erwachen hat so gesehen auch mit innerer Stärkung zu tun – individuell wie kollektiv-gesellschaftsbezogen. Ein tiefes allgemeines Wissen um den Urgrund des Seins und die Verbundenheit aller Erscheinungen einschließlich der Menschen untereinander könnte Gesellschaften von der gegenseitigen Bedrohung, Ausnutzung und Abgrenzung befreien. Wie wohl die Weltwirtschaft und die politische Landschaft aussähen, wenn das Bewusstsein des Avalokiteshvara Allgemeingut wäre? Auch die individuellen zwischenmenschlichen Beziehungen wären in dieser Sichtweise anders: Die Partnerschaften und Ehen von starken Menschen wären voller Mitgefühl.

Der schon früher erwähnte Zen-Meister und Einsiedler Ryokan war ein im Urgrund verankerter Mensch von großem Mitgefühl – ein moderner Avalokiteshvara-Kanzeon. Das zeigt sich in einem eindrücklichen Gedicht:

„Wenn ich an die Leiden der Wesen in dieser Welt denke, so wird ihre Traurigkeit zu meiner.
O wäre meine Mönchsrobe weit genug, all die leidenden Menschen in dieser fließenden Welt zu bergen.
Nichts macht mich glücklicher, als Amida Buddhas Gelübde, alle Wesen zu retten."[1]

Ryokan fühlt die Leiden der Welt und geht in Resonanz damit – seine Emotionen sind die Reaktion auf die Schwingung aller Menschen, und er möchte heilen wie der transzendente Buddha Amida (Amitabha). Dieser Buddha des „reinen Landes" und der umfassenden Liebe hatte gelobt, die Lebewesen der Welt durch Wiedergeburt im reinen Land zu retten. Ryokan wird damit zu Amida, und Amida zeigt sich in Ryokan – beide sind eins. Das „reine Land" aber ist hier, und wir stehen schon darin; wir müssen es nicht erst suchen.

Niemand kann alle äußeren Lebewesen „retten", d.h. im buddhistischen Sinne, sie alle der Erfahrung des tiefen eigenen Selbst zuführen. Was aber möglich ist, sind starke Handlungen, die ihre Quelle im Urgrund unseres Seins und in der Verbundenheit mit allen Wesen haben. Dazu braucht es Vertrauen in das „Wissen des Universums", von dem wir uns selbst überraschen lassen müssen. Unsere Antworten und Handlungen aus dieser Quelle sind nicht überlegt und konstruiert oder in einem mentalen Sinne zielorientiert, sondern sie geschehen uns vielmehr so, wie uns das Leben allgemein geschieht. In der Verbindung mit anderen Menschen sehen wir uns selbst durch deren Augen, und wir realisieren, dass sich das große Eine in und durch uns selbst begegnet, sieht und erkennt. Dogen schreibt in einem kurzen Text über Kannon[2] in diesem Sinne, dass „unsere ursprüngliche Natur unseren Körper als Hände und Augen benutzt"[3]. Er zitiert dabei die Begegnung und den Austausch zweier Meister über die Frage, warum Kannon so viele Hände und Augen hat. Während der eine meint, dass Kannon auf ihrem ganzen Körper Hände und Augen hat, meint der andere; „Der ganze Körper sind Hände und Augen". Dogen erläutert dazu: „Diese sind nicht begrenzt auf irgendwelche Vorstellungen von Selbst, Bergen und Flüssen (..) oder darauf, dass unser Geist Buddha ist", und er sagt, dass wir vielleicht lernen können, „unsere eigenen Hände und Augen richtig anzuwenden". Alles Sehen und jegliches Tun liegt im Unbegrenzten.

Mitgefühl hat zunächst nicht zum Ziel, anderen zu „helfen", und wirkt oft gerade deshalb. Es bringt einfach das Wesen der Welt zum Ausdruck, und diese Resonanz ist hilfreich – noch vor jeder weiteren Unterstützung. Da ist keine Konkurrenz, kein Widerstand und auch kein Bemühen, sondern vielmehr Teilhabe am Geschehen dieser Welt wie auch am individuellen Leiden, und von beidem sind wir nicht getrennt. Das Bewusstsein von unserer wesensmäßigen Existenz als Urgrund und die Wahrnehmung allen Seins als Einheit sind ein und dasselbe. In diesem Sinne kann Mitgefühl als äußere Seite des Erwachens verstanden werden. Auch die ganzheitliche Begegnung von uns Menschen untereinander umfasst diese beiden Ebenen. Mitfühlende Wahrnehmung und mitfühlende Tat fallen ebenfalls in Eines, und beides gründet in unserem tiefen ganzheitlichen Sein. Dort haben wir das Gefühl, „zuhause" zu sein – frei von den Konditionierungen als „Person", als die wir gelernt haben, „jemand" zu sein, oder gar „jemand Besonderes".

Zwischen Menschen kann neues Bewusstsein entstehen, wenn nicht mehr einer der „Wissende" und „Helfende" ist, welcher die anderen unterweisend zu fördern versucht, sondern wenn sich alle auf einer Ebene des „Nicht-Wissens" und „Nicht-Ich" treffen. Dann entsteht ein kreativer Raum, in welchem sich der Geist tiefer unpersönlicher Weisheit ausdrücken kann. Wir müssen ihm dafür nur den Platz lassen, indem wir auf eigene Absichten verzichten. Und in diesem Raum können auch Impulse zu absichtslosen mitfühlenden Handlungen entstehen. „Loving action" im Sinne von Bernie Glassman[4] ist nicht eine persönliche Handlungsweise, eine Aktivität des Ich, sondern sie geschieht uns wie auch den anderen. Ganz ohne Anstrengung ereignet sich Faszinierendes, und stets sind alle Beteiligten davon berührt. Uns selbst überwachsend sind wir mitfühlende Wesen, ganz ohne Ich. Leicht zeigt sich, was getan werden soll, und ohne Mühe findet sich die richtige Form.

---

[1] Meister Ryôkan, Alle Dinge sind im Herzen, Herder Spektrum, Bd. 5718, S. 124
[2] Kapitel „Kannon" in Dogen Zenji, Shobogenzo, Angkor Verlag Frankfurt, 2008, S. 279-281
[3] Dogen Zenji, Shobogenzo, Angkor Verlag Frankfurt, 2008, S. 280
[4] Bernhard Tetsugen Glassman, The three Tenets, publiziert u.a. von www.zenpeacemakers.org, einer von Glassman gegründeten Organisation.

Einheit

Wohin führt die Reise, die viele als „spirituellen Weg" erleben oder bezeichnen? Man könnte sagen, sie führe ins Niemandsland – aber das ist nicht ganz richtig. Man könnte auch sagen, sie führe nirgendwo hin. Im Grund gibt es diese Reise aber gar nicht, weshalb sie nicht einmal nirgendwo hin führen kann. Was wir suchen, ist immer schon da, und deshalb ist alle Suche nutzlos – ja geradezu ein Verwirrspiel. Dennoch gibt es eine große Sehnsucht des Menschen nach dem, was er ist. Weil er es schon ist, sehnt er sich also nach sich selber. Wie aber kann man sich nach dem sehnen, was man schon ist? Das muss mit einem verstellten Blick zu tun haben, mit einer falschen Vorstellung von sich selber. Das dritte der buddhistischen „Geistesgifte" nebst Gier und Hass ist die Verblendung. Gemeint ist damit genau dies: eine falsche Auffassung von sich selber zu haben.

Wir gehen im Allgemeinen davon aus, ein Körper zu sein und in einer beständigen Welt zu leben. Wir leben nach einer Art Newton'schem Weltbild, wo alle Welt außen und dort greifbar ist. Dem stehen mittlerweile allerdings die Einstein'sche Relativitätstheorie und die Quantenphysik mit ihren Unschärferelationen entgegen. Was für die modernen Physiker eindeutig ist, ist für uns im Alltag allerdings schwer nachvollziehbar: was uns als Materie erscheint ist letztlich nur Schwingung – also Bewegung wie jedes Leben – und die Welt, wie sie uns erscheint, gibt es nicht „wirklich". Unsere Wahrnehmungen sind zutiefst vom eigenen Wahrnehmungsapparat geprägt, von dem wir allerdings in keiner Weise wissen, was er ist. Wahrnehmung von „etwas" und ein angenommener Wahrnehmungsapparat sind letztlich eins – beides bedingt sich gegenseitig und die Trennung in diese zwei Aspekte ist künstlich. Man könnte sagen: Da ist nur Wahrnehmung mit all ihren Inhalten, oder einfacher: Da ist nur Wahrnehmung, von der wir nicht wissen, was sie ist. Unser Leben ist eine große Unbekannte, vielleicht eine Spiegelung von etwas Unfassbarem in sich selbst – aber auch diese trennende Formulierung ist künstlich: da ist einfach Unfasssbares. Die Welt, das Universum, – oder was immer da ist, einschließlich unserer Selbst –, ist Einheit. Ein sich wahrnehmendes Etwas, das nur in der Unterscheidung in Einzelteile Form hat, im Ganzen aber unfassbar und unbeschreibbar ist.

Das Leben selbst ist nicht „etwas", so wie wir uns gewohnt sind, Gegenstände wahrzunehmen (deren Substanz wir letztlich aber nicht kennen). Da wir gewohnt sind, uns selbst als „etwas" wahrzunehmen (z.B. als einen Körper), übertragen wir diese Wahrnehmung auf das Leben und das Sein, und denken, dass auch dieses „etwas" sei (auch wenn wir es vielleicht nicht beschreiben können). Und wenn der Körper sich auflöst und stirbt, denken wir, dass alles stirbt, weil wir nur dieses „etwas" sehen. Weil wir nur das kennen, beschäftigen wir uns dauernd mit irgendwelchen Dingen und Aufgaben und verpassen so das Mysterium des Lebens. Das Leben ist nicht fassbar, nicht ein Ding. Es ist vielmehr das Gegenteil davon – no-thing[1]. Das Nichts können wir uns aber nicht vorstellen; es ist wie ein großer leerer Raum – ja nicht einmal das.

Wir haben uns schon in früheren Kapiteln damit beschäftigt, dass jede und jeder gemäß den individuellen Wahrnehmungsformen in ihrer / seiner eigenen Welt lebt. Dennoch meinen wir, dass wir uns in derselben Welt befinden. Wer davon ausgeht, neigt wiederum dazu, andere Menschen zu beeinflussen – sie gewissermaßen in die eigene Welt zu integrieren. Das klappt allerdings nicht, weil der/die andere seine/ihre Welt ja nicht zugunsten unserer Wünsche verlassen kann, und dies gibt zu vielen Streitigkeiten Anlass. Es scheint vielmehr, dass jede/r in einer eigenen Welt mit vielen Traumfiguren lebt. Diese mögen zwar eine gewisse Ähnlichkeit mit Menschen in der eigenen Umgebung haben, aber unsere Wahrnehmung ist zufolge der eigenen Prägung nicht objektiv. Im Grunde weiß keiner, wer der andere ist. Da es nur die eigene Wahrnehmung gibt, sind wir im vermeintlichen Kontakt mit anderen zugleich allein – begegnen wir doch einfach einem eigenen Spiegelbild. Darin sind wir auch im positiven Sinne All-Eins. Und da wir zudem nicht wissen, was das eigene Leben ist, drängt sich die Schlussfolgerung auf, dass das unfassbare Leben sich selbst begegnet. Dieses ist Einheit.

Wenn Einheit alles umfasst – alle vermeintlich getrennten Erscheinungen –, dann ist sie alles, was es gibt. Sonne, Mond und Sterne, Planeten, Galaxien, Gott, Bewusstsein, jedes Sandkorn, Unermesslichkeit. Einheit ist damit kein theoretisches Konzept, (welches etwa vom Ich vereinnahmt werden könnte,) sondern sie ist alles, was ist. Sie ist das einzige, was ist und in vielfältiger Form erscheint, resp. sich in vielfältiger Form wahrnimmt. Sie ist damit auch nichts Besonderes, denn das würde Trennung voraussetzen. Sie ist einfach das allumfassende Sein, das ist, einfach das was ist. Da sie sich gegen nichts abgrenzen kann, umfasst sie auch das Nicht-Sein und kann nicht beschrieben werden.

Stille ist Einheit, nicht einfach das Gegenteil von Lärm. Sie kann nicht gesucht und nicht hergestellt werden, da sie stets vorhanden ist. Alles Suchen ist Trennung, denn da gibt es einen Suchenden und ein Gesuchtes. In der Einheit muss nichts gesucht werden, auch wenn sie sich in verschiedener Weise äußern kann, z.B. als Freude, Ärger oder auch als Suchen. Einheit zeigt sich in einer Welt der Trennung in verschiedener Gestalt – aber das ist nur innerhalb der Formenwelt so (die im Buddhismus als Welt der Erscheinungen bezeichnet wird). Darin erfahren wir auch uns selbst als getrennt und meinen, der Welt gegenüber zu stehen. Dabei sind wir selbst diese Welt, wir selbst sind Einheit. Dieses reine Sein ist einfach. Da es alles umfasst, könnte man die Welt als erfüllt bezeichnen, aber das wäre schon Trennung. Sein, Welt, Erfüllung und Leere sind alle eins (womit die Begriffe transzendiert werden). Es ist einfach, unbeschreiblich.

Auch das „Ich", die getrennte Identität, als die wir uns erfahren, ist Einheit. Wenngleich es im Selbstverständnis von Trennung von „seinen" Erfahrungen spricht, sind da doch einfach nur Erfahrungen. Und es gibt auch Handlungen, die wir nur zu gerne uns selber zurechnen, auch wenn sie einfach „durch uns" geschehen. Sind wir etwa hingesessen und haben uns vorgenommen, den Gedanken x zu haben? Nein – der Gedanke x ist einfach gekommen. Und daraus hat sich vielleicht eine Handlung ergeben. Auch diese haben wir nicht gemacht – sie ist einfach geschehen. Die Welt gestaltet sich selbst - vielleicht auch nur als vermeintliche Welt; es ist das Unfassbare, das sich durch den Menschen in dieser Weise wahrnimmt.

Wenn die Dinge (in der vermeintlich getrennten Welt) geschehen, setzt sich das „Ich" gerne oben drauf und sagt: „ich habe es gemacht". Das ist meistens dann der Fall, wenn uns die Ereignisse gefallen. Gefallen sie uns nicht, distanziert sich das „Ich" und sagt: „es ist mir passiert". Vielleicht ist das die zutreffendere Formulierung für alles, was geschieht: es passiert. Das ganze Leben ist Bewegung, und das „Ich" setzt sich mitten hinein. Wenn das Ich die Gestaltungskraft für sich beansprucht, nennen wir dies „freien Willen". Dieser setzt aber voraus, dass wir uns von der Welt getrennt erleben. Wir können die Welt nur dann gestalten und beeinflussen, wenn wir ihr gegenüber stehen. Verstehen wir uns aber selbst als Welt, so fließt alles Geschehen ineinander – alles erscheint als ein sich selbst gestaltendes Mysterium. Wenngleich wir innerhalb des Ich Verantwortung wahrzunehmen glauben, ist doch auch dies einfach Weltgeschehen. Man könnte sagen: ein Gefühl von Verantwortung erscheint.

Im unfassbaren, unermesslichen Sein ist alle Welt eins, und das Ich – selber eins mit dem Unermesslichen – kann im besten Falle als wahrnehmende Instanz verstanden werden. So gesehen können wir die Welt einschließlich unserer selbst vielleicht als materiell-psychisches Bewusstsein beschreiben. Was dieses ist, wissen wir allerdings nicht. Die Wahrnehmung vom Unfassbaren ist das Ende vom Ich. Als Ansammlung von Erinnerungen existiert das Ich im Grunde nur vermeintlich, denn alles ist das unfassbare, ungetrennte Sein. So gesehen existieren wir nicht als „Ich", wohl aber als ein unermessliches Sein, das sich als Welt manifestiert. Innerhalb dieser Erscheinungswelt zeigen sich Formen als „Objekte des Geistes", die gemäß dem Diamant-Sutra[2] nicht als „nicht existent" betrachtet werden sollen. Nach dem früher erwähnten Koan vom Fuchsgeist[3] „kann das Gesetz von Ursache und Wirkung nicht verleugnet werden". Dennoch ist die äußere Welt nur die „Außenhaut" des unermesslichen Seins. Das Problem ist dabei nicht, dass gewisse Dinge zu existieren scheinen, sondern unsere Identifikation damit. Davon sprach schon Buddha in seinen „vier edlen Wahrheiten", wenn er sagte, dass das Leiden durch unsere „Anhaftungen" bewirkt wird – unsere Anhaftung an Dinge, Gedanken und Gefühle. All dies kommt aber und vergeht, und es ist nicht notwendig, uns damit zu identifizieren. Wir müssen uns nur gewahr werden, woher sie kommen – aus dem unfassbaren Raum – und dass nicht wir sie gemacht haben.

Die Welt und wir selbst sind Erscheinung – was immer das sei – und zugleich das Unermessliche, und beides ist ungetrennt. Erscheinung ist unbewegtes Sein und umgekehrt – Form ist Leere und Leere ist Form, wie es im Herzsutra heißt. Wir selbst existieren und existieren nicht – wir haben Form und wir haben keine; wir stehen nicht nur zwischen Erde und Himmel, wir sind Erde und Himmel zugleich. Und wir haben keine Ahnung, was das ist. Es gibt keinen Weg zum Unermesslichen, weil es immer schon ist und wir selbst es sind. Letztlich gibt es nichts zu erkennen und nichts zu tun.

Die Erfahrung von Einheit ist Befreiung. Frei zu werden heißt: Freiheit von sich selbst zu gewinnen. Es zeigt sich, dass unsere vermeintliche Identität nicht das Entscheidende unserer selbst ist. Es zeigt sich, dass es ein Ich als handelnde Instanz nicht wirklich gibt, sondern dass alles Leben geschieht. Wir haben unser Leben nicht geschaffen, nicht die Form, nicht die Ziele, nicht die Erfüllung und nicht die Schwierigkeiten. Auch die Stunde des leiblichen Todes liegt nicht in unserer Hand – warum glauben wir dann, dass wir der Schöpfer aller Dinge zwischendrin seien? Müssten wir mit unserem Willen und Bewusstsein unsere alle unsere Zellen steuern, wir wären dazu nicht in der Lage und in einer Sekunde tot. Das Leben ist unfassbar und unermesslich, und wir sind es selbst. Es ist nicht unserem Willen anheimgegeben, aber es ist unser Sein, unser „wahres Wesen".

Getrennt davon sind wir auf der Suche nach dem Fehlenden. „Wie traurig, dass die Menschen die Wahrheit in der Ferne suchen", heißt es dazu im Lied auf Zazen von Hakuin Zenji, „wie einer, der mitten im Wasser aufschreit vor Durst, wie ein Kind aus wohlhabendem Hause, das umherirrt unter den Armen". Die Suche kann sich dabei in vielen Formen zeigen, oft zuerst objektorientiert als Wunsch nach anderen Lebensumständen, nach mehr Geld, einer befriedigenderen Arbeit etc. und später vielleicht „spirituell" als Sehnsucht nach Erkenntnis, tiefer Erfahrung, „Erleuchtung", einem letztendlichen „Ankommen" usw. Das suchende „Ich" kann aber zu keinem Ergebnis kommen, weil es seinem Wesen nach Trennung ist und nicht erfahren kann, was darüber hinausgeht, nämlich Einheit. Das einzige, was der Einheit im Wege steht, ist unsere Identifikation mit jener Gestalt, die wir zu sein glauben. Ohne dieses „Ich" ist alles da. Da ist nur „alles", und dafür gibt es keine Erklärung. Dies zu erfassen ist das Ende vom Leiden, von dem Buddha in seinen „vier edlen Wahrheiten" spricht.

In der Einheit ist Frieden, weil sie nicht mit sich selbst in Widerspruch stehen kann. Die Erfahrung von Einheit zeigt, dass nichts fehlt, dass das wahre Sein allumfassend ist – eine sich gestaltende Unendlichkeit. Insofern als die Erscheinungen Bilder im Bewusstsein sind, werden diese in den östlichen Weisheitslehren – wie etwa von Ramana Maharshi vertreten – als "relativ" verstanden – demgegenüber das unfassbare, unergründliche letztendliche Sein als „absolut" bezeichnet wird. „Wirklichkeit muss immer wirklich sein. Sie hat weder Namen noch Formen, sondern ist das, was ihnen zugrunde liegt. Sie liegt allen Begrenzungen zugrunde, weil sie selbst grenzenlos ist. Sie ist jenseits von Sprache und von Bezeichnungen wie Sein oder Nicht-Sein," sagt er darüber[4]. Es ist dabei aber zu beachten, dass die Welt in den „relativen" Erscheinungen und dem „Absoluten" wiederum eins ist.

In der Einheit kann es auch nicht so etwas wie einen (davon getrennten) „Urgrund" geben. Die Erscheinungen selbst sind dieser Urgrund oder eben das Unbekannte. Ebenso kann es in der Einheit keine Trennung zwischen Innen- und Außenwelt geben, und es lässt sich daher auch nicht sagen, dass die Welt in uns sei oder dass wir in der Welt seien. Auch wir Menschen sind dieses eine Sein – nicht getrennt von etwas. Nur die Vorstellung, ein Ich zu sein, macht uns zu vermeintlich getrennten Wesen. Ebenso gibt keine Weisheit, keine Erkenntnis, die irgendwie getrennt vom Einen ist, und damit auch nichts zu erringen, und keine Erleuchtung, welche das Ich erleben könnte. Freiheit, Erlösung, der weite Himmel (Bodhidharma[5]) gibt es nur ohne Ich. Dass es da Wahrnehmung gibt, ist das Mysterium.

Einheit kann nicht gefunden werden – wir selber sind schon immer das Gesuchte. Es geht nur darum, uns selber in der ganzen Größe des Seins wahrzunehmen. Reines allumfassendes Sein ist nicht verstehbar. Es ist jenseits von Raum und Zeit, und das sind wir. Raumlos ist das Eine überall und alles – eine Tasse Tee, das Suchen, das Nicht-Verstehen, die Verzweiflung, die Freude, der Tanz des Shiva, das Leben. Zeitlos zeigt es sich als Zeit. Formlos erscheint es als Liebe – nicht von oder für etwas, sondern als die Liebe selbst. Unfassbar, unergründlich, nicht beschreibbar.

---

[1] vergl. Tony Parsons, nothing being everything, Open secret publishing, London 2007
[2] Diamant-Sutra
[3] Mumonkan, Fall 2, „Hyakujo und der Fuchs", Kösel-Verlag München, 1989, S. 35ff.
[4] Ramana Maharshi, Seine Lehren (A. Osborne), H. Hugendubel Verlag München 1983, S. 17
[5] Yamada Kôun Roshi, Hekiganroku, Bd. I, Kösel Verlag München, 2002, Fall 1, S.21 ff.

Ausklang

Zen-Meister Shibayama (1894-1974), ehemaliger Abt des Tempels Nanzenji in Kyoto, schreibt: „Man muss Zen unabhängig von der Zen-Schule des Buddhismus verstehen. Zen gehört weder einschließlich noch ausschließlich zu der buddhistischen Zen-Schule. Ich halte Zen für die universale Wahrheit, die wahres Wissen und Frieden in das Leben der Menschen in der Welt bringt. Jede Religion und Kultur sollte Nutzen ziehen aus dem, was Zen an geistigem Wert anzubieten vermag"[1]. Zen ist als das große geistige Geschenk des Ostens in den Westen gekommen, wie C.G. Jung sagt, und es wird hier inkulturiert. Die Übertragung des Zen in den Westen geschieht zugleich im Umfeld einer Globalisierung der Kultur. Die Kulturen werden entgrenzt und wachsen zu einer Hyperkultur zusammen. Nicht Grenzen, sondern Vernetzungen und Vermischungen organisieren den Hyperraum dieser Kultur, der durch das Nebeneinander und die Gleichzeitigkeit des Verschiedenen charakterisiert wird. Der Beitrag des Zen und der östlichen Spiritualität allgemein liegt in der starken Betonung des Hintergrundes aller Erscheinungen, den es auch im Westen zu erkennen gilt. Die entsprechende Erfahrung gibt allem Handeln Boden.

Die Begegnung des Zen mit dem Westen bedeutet aber auch eine Bereicherung für die jahrhundertealte Tradition des Zen im Osten, die ihrerseits einer Auffrischung bedurfte und bedarf. So streng, wie die Rituale in Japan einzuhalten sind, und so wie die Koan in Japan heute beantwortet werden müssen, scheinen manche Zen-Schulen mehr zu Zelebranten von Ritualen und zu Verwaltern alter Koan-Antworten geworden zu sein. In der Sôtô-Linie stehen die Rituale und das reine Sitzen im Vordergrund – wie immer die Tiefe der Erfahrung und Erkenntnis sein mag. Und in der Rinzai-Linie sind die „richtigen" Koan-

Antworten so fixiert, dass sie in den verschiedenen Klöstern und Linien sehr ähnlich dargestellt werden. Und wenn sie sich im Detail unterscheiden, wird manchenorts darauf beharrt, dass nur die eigene Antwort richtig sei. Der westliche Einfluss auf das Zen geht dahin, auch in Japan eine Auseinandersetzung über die Rituale und die Arbeit mit Koan anzuregen sowie größeren Wert auf die kritische Auseinandersetzung mit Umständen wie dem Lehrer-Schüler-Verhältnis, der Stellung der Frauen und generell der Umsetzung der Erkenntnisse in den Alltag zu legen. Wenn wir uns allerdings vor Augen halten, wie schwer sich die christlichen Kirchen mit Veränderungen tun, so dürfen wir auch von den Zen-Klöstern keine schnellen Entwicklungen erwarten.

Im Westen können wir mit den Formen des Zen freier umgehen, aber der Kern des Weges muss im vollen Umfang erhalten werden. Vielleicht kann dieser gar wieder deutlicher herausgearbeitet werden, indem wir jenes Element betonen, das mit „Erwachen" umschrieben wird. Wie dargelegt genügen dazu repetitive gute Koan-Antworten nicht – wir sollten diese vielmehr zum Anlass nehmen, unsere eigenen Formen zu erschaffen, welche die spirituelle Öffnung und den Durchbruch fördern. Es kommt letztlich auch nicht auf eine bestimmte Sitzhaltung an, sondern auf die innere Haltung. Wir können sehr wohl auch mit ganz offenen oder ganz geschlossenen Augen tief zentriert und verinnerlicht sein, nicht nur mit halboffenen Augen, wie dies im Zen praktiziert wird. Wir können auch stehen, auf einem Stuhl sitzen oder uns in sonst einer Haltung befinden. Selbst auf den Knien in einer alten Kirchenbank ist es möglich. Letztlich geht es immer um die Stille, in die wir einkehren, um die universelle Stille des Seins vor und in aller Schöpfung. Eine eigentliche Zen-Schulung muss die Formen der Sitzmeditation, der Rezitationen und der Rituale transzendieren. Der Kern des Zen liegt jenseits der Zen-Formen, letztere sind nur Hilfsmittel auf dem Weg. Man kann sie verändern und sich dazu manche Frage stellen wie etwa: Braucht es bestimmte Roben im Zen? Sollten Sutren im Westen in japanischer Sprache rezitiert werden? Sollen sie überhaupt übernommen werden? Welche Rituale sind für den spirituellen Weg wirklich hilfreich? Braucht es sie? Die Roben der Zen-Mönche waren ursprünglich einfach Arbeitskleider, welche für die Meditation getragen wurden, und diese Kleider wurden dann zusammen mit den Ritualen als „Element des Zen" eingefroren und konnten so in einigen Schulen die Epochen überdauern. (So verhält es sich übrigens auch mit den Kutten christlicher Mönche und Nonnen. Der Geist wird auch in den Roben konserviert.) Und weiter: Die in Japanisch rezitierten Sutren wirken wie Mantras, gerade weil viele Ausländer sie während des Rezitierens nicht verstehen. Das spricht für sie. Und sie haben auch einen hohen Wiedererkennungswert, wenn man sie in japanischen Klöstern hört. Die Frage ist aber dennoch, ob dies für den inneren Weg notwendig ist. Rituale, Versprechen, Gelübde und Regeln können ebenfalls überdacht werden. Helfen sie uns weiter oder dienen sie nur dazu, einen nachlässigen Geist etwas auf Trab zu halten? Und brauchen wir dies? Sicher ist: Sie finden innerhalb der „Blase des Ich" statt und reichen nicht in die Dimension, um die es geht.

Der Zen-Weg wird heute auch durch moderne Elemente ergänzt, etwa durch die von der Psychologie entliehene bewusste Arbeit mit dem eigenen „Schatten" oder die Arbeit an psychischen „Komplexen", welche uns das Leben schwer machen. (Komplexe sind unbewusste psychische Mechanismen, welche von uns Besitz ergreifen. Als Automatismen laufen sie oft zu unserem Nachteil autonom ab.) Bis zu einem gewissen Grad mag diese Arbeit zur spirituellen Schulung gehören, auch wenn sie Themen „innerhalb der Blase des Ich" betreffen. Da Erwachen auch mit Bewusstheit auf allen äußeren Ebenen zu tun hat – mit dem Alltag, den äußeren Lebensformen, der sozialen Dimension und der psychischen Ebene – ist diese Arbeit sicher angezeigt, wo auch immer sie stattfindet. Das neue Bewusstsein betrifft alle Lebensbereiche.

Im Westen fällt Zen in eine Phase der Entwicklung „transreligiöser Tendenzen", die ihre Basis in einer Rückbesinnung auf den Grund aller Religionen hat. Gerade die Verbreitung des Buddhismus leistet dazu einen wesentlichen Beitrag, und der Dalai Lama formulierte es einmal so: „Die Religionen haben alle den gleichen Mutterboden und ein gemeinsames Wurzelwerk. Die einzelnen Religionen sind Bäume, die aus der gemeinsamen heiligen Erde wachsen. Jeder möge in seiner Religion wachsen und den anderen mit Liebe, Achtsamkeit und Mitgefühl begegnen." Im Rahmen des Christentums vermögen die Kirchen das wachsende Bedürfnis nach spiritueller Erfahrung nicht abzudecken, was aber nicht ein Versäumnis der Volkskirche ist. Diese war nie mystisch orientiert, sondern vielmehr um die Vermittlung religiöser Erfahrungen einzelner, spirituell begabter Menschen (z.B. der Heiligen in der katholischen Kirche) für die breite Öffentlichkeit besorgt. Auch im Buddhismus gibt es eine „Volkskirche", die der breiten Öffentlichkeit religiöse und moralische Lehren zur Verfügung stellt und Orte der Verehrung eines göttlichen Prinzips anbietet. Für alle Menschen, deren Aufgabe es nicht ist, sich selber auf einen spirituellen Weg zu begeben, sind die Volkskirchen von großer Bedeutung. Wenn das spirituelle Streben nun größere Bevölkerungskreise erfasst, so ist dies für die Kirchen eine neue Situation, für die sie noch nicht gewappnet sind. Die mystisch interessierten Menschen treten gewissermaßen aus dem Kreis des Kirchenvolkes heraus und suchen nach neuen Wegen, die sie in ihrem Bemühen weiterbringen.

Soll eine tiefe Sicht und Freiheit gewonnen werden, müssen wir aus allen Glaubenssystemen heraustreten. Etwas nur zu glauben, ohne es erfahren zu haben, genügt nicht – ja es verhindert eine tiefere Sicht. Das Sein, das es zu entdecken gilt, ist jenseits aller Traditionen. Es ist nicht christlich und nicht buddhistisch, nicht Zen und nicht Yoga, nicht religiös und nicht profan, es ist jenseits von allem – unbewegte Stille. Wir werden zum Beobachter unseres Lebens und sind zugleich dieses Leben selbst. Sollte die Gesellschaft eine an der inneren Weisheit orientierte Sicht entwickeln, dann würden auch die Religionen ihre Projektionen zurücknehmen müssen. Die Göttlichkeit wäre dann in allem Sein wahrnehmbar und bräuchte nicht spezielle Orte und Riten, um ausgedrückt zu werden. Es bestünde auch eine Freiheit gegenüber bisherigen sozialen, gesellschaftlichen und geistigen Grenzen – das tiefe Sein könnte sich ungestört davon ausdrücken, je neu, je gegenwärtig. Mit einer vollzogenen „Demokratisierung des Geistes" steht die Quelle dann allen zur Verfügung und nicht mehr nur einzelnen Personen, die sich für ihre Repräsentanten halten. Es entstünde ein Leben ohne Ängste und ohne Berührungsängste, und in der Erfahrung tiefer Einheit würde altes Leiden erlöst.

Wahres Zen ist nicht verschieden vom Kern des Seins. Zugleich ist wahres Sein nicht die Zen-Tradition, und auch nicht irgendeine andere Tradition. Es ist weder darauf beschränkt, noch ist es überhaupt dort. Es liegt auf einer völlig anderen Ebene und wirkt nur insofern in die Zen-Tradition hinein, als es auch in allen anderen Erscheinungen der Welt präsent ist. Auf dem Weg führt nichts oder alles zum Erwachen. Das Heraustreten aus der Blase des Ich ist von nichts Äußerem abhängig, letztlich auch nicht von dem, was wir tun oder nicht tun. Es geschieht, wenn wir leer geworden und bereit dafür sind, „nichts" zu werden. Dogen sagte, dass die wahre Übungshalle nicht das Zendo ist, sondern dass sie sich im eigenen Herzen findet. Wir müssen uns fragen, was wir sind, und woher wir kommen. Und die Antwort wird auch dieses Herz übersteigen, sie reicht ins Unermessliche.

Gemäß Zen gelangt man zur spirituellen Erfahrung, indem man sich von den Konzepten über die Welt befreit, die man sich im Laufe des Lebens angeeignet hat. Yamada Kôun Roshi sagt dazu: „Wir alle tragen die schwere Last unserer eigenen Konzepte, Gedanken und Vorstellungen. Konzepte sind aber nichts anderes als Kleider, Gewänder, Umhänge und Verkleidungen des wahren Selbst, das in sich völlig nackt und frei von der geringsten Bedeckung ist. Nackt und frei von allen Konzepten sind wir geboren worden."[2] Dahin wird nicht nur Zen zurückkehren, denn auch die Zen-Schulen haben sich Konzepte zugelegt, sondern auch andere religiöse Wege, und dort können die entzweiten Menschen wieder zusammenfinden. Yamada wies darauf hin, dass das Formlose per Definition auch nicht einer „religiösen Form" entsprechen kann, und damit auch von keiner Religion vereinnahmt werden darf. Eigentliche und eigene religiöse Erfahrungen können nur in einem spirituell dogmafreien Raum gewonnen werden, in welchem nicht vorgegeben wird, was und wie etwas zu erfahren sei. Dieser aperspektivische Raum ist nicht durch bekannte Dimensionen begrenzt, und wenngleich er mit der Leere des Zen und der östlichen Weisheitstraditionen verglichen werden kann, ist es doch nicht deren Privileg, das Unfassbare ausschließlich zu verkörpern. Zen kann ähnlich wie die Religionen selbst Gegenstand der Globalisierung werden und sich dadurch erweitern und im Extremfall auflösen – dies zugunsten einer neuen höheren Bewusstseinsform, zu deren Entwicklung es seinen Beitrag geleistet hat.

Jetzt, da dieses Buch fertig gestellt ist, ergeht es mir wie dem Hirten im neunten Bild der mehrfach zitierten Geschichte vom Ochs und seinem Hirten. Im Gedicht dazu steht: „Heimgekehrt zum Ursprung sieht der Hirte, wie vergeblich alle Mühe war." Ja, wozu war all die Mühe? Es gibt nichts zu sagen und alles ist einfach so, wie es ist. Zen faltet sich ein, in ein reines Sein, wo jede Unterscheidung sinnlos, ja geradezu verwirrend ist. Hoch und tief sind zusammen, Berge und Täler bilden eine Einheit, Welt und tiefes Dasein lassen sich nicht unterscheiden. So lange war ich unterwegs, um dort anzukommen, wo ich immer schon war. Die Bilder meiner Kindheit scheinen wieder auf – ich blicke über die gleiche Wiese, hinter der sich jetzt in weiter Distanz einige Industriebauten auftürmen, dort wo früher die Apfelbäume standen. Aber der Hügel dahinter und der See dazwischen sind die gleichen geblieben, ebenso vergänglich wie unvergänglich, sich langsam wandelnd in der Zeit ohne dass ich es bemerken würde, weil meine Zeit zu kurz ist. Auch der Sternenhimmel steht noch immer über dem Hof, und in mondlosen Nächten kann man wie vor Jahrzehnten die Milchstraße sehen, so dunkel ist es immer noch an diesem Ort. Die Milliarden von Sonnen und Galaxien lassen mich das Unermessliche erahnen, das mir auf dem langen inneren Weg begegnet ist. „Alles ist vergessen" – auch der eigene Weg – und ich bin einfach hier. Reines Sein. Ganz still ist es jetzt, ganz unbewegt, und die Landschaft verschwimmt vor meinen Augen. Zen und Welt verlieren sich, und ich werde aufstehen und mir einen Matcha brauen – jenen wunderbaren japanischen Grüntee, dessen fein gemahlene Blätter sich im Wasser auflösen.

[1] Zenkei Shibayama, Zen in Gleichnis und Bild, O.W. Barth Verlag Bern, 1974, S. 70
[2] Yamada Koun Roshi, Hekiganroku, Kösel Verlag München 2002, Bd. 2, S. 406